AF222263

GUDJONS
DIDAKTIK ZUM ANFASSEN

DIDAKTIK
ZUM ANFASSEN

Lehrer/in-Persönlichkeit und lebendiger Unterricht

von

Herbert Gudjons

3., durchgesehene Auflage

2003

VERLAG JULIUS KLINKHARDT • BAD HEILBRUNN / OBB.

Cartoons:
Roland Bühs, Bremen

Die Deutsche Bibliothek – Cip-Einheitsaufnahme

Ein Titelsatz für diese Publikation ist bei
der Deutschen Bibliothek
erhältlich.

Druck und Bindung:
Friedrich Pustet, Regensburg
Printed in Germany 2003
Gedruckt auf chlorfrei gebleichtem alterungsbeständigem Papier
ISBN 3-7815-1269-X

Inhaltsverzeichnis

Vorwort und Einleitung

Didaktik zum Anfassen – das ist natürlich ein Bild. Meines Wissens stammt es von *Jank/Meyer* (2002, S. 306). Es meint: Nicht die Weiterentwicklung der Unterrichtstheorie steht im Mittelpunkt, sondern die Folgen der Theorie für die Praxis. Und mit dem „Anfassen" tun sich vor allem die Wissenschaftler schwer, wenn *Putzhammer* (zit. nach *Ulich* 1996, S. 11) recht hat: „Realen Lehrer- und Lehrerinnenalltag faßt ... der deutsche Professor der Pädagogik allenfalls mit spitzen Fingern an."

Ich sehe das anders: Es geht mir in diesem Buch genau um jenen Alltag, aber auch um das, was aus der pädagogischen Wissenschaft an „Anfaßbarem" fruchtbar gemacht werden kann, um den Schulalltag mit seinen praktischen Sorgen, Notwendigkeiten, Zwängen, Tabus ... zu bewältigen und zu verändern. Aber eben nicht auf der Ebene von Rezepten, sondern als Herausforderung, die Praxis immer wieder zu reflektieren, um sie zu gestalten. Meine eigene Tätigkeit als Lehrer und meine Auseinandersetzung mit der Wissenschaft von Schule und Unterricht als Hochschullehrer fließen in die Beiträge ebenso ein wie meine Erfahrungen als Elternvertreter von drei Kindern in unterschiedlichen Schulformen und meine regelmäßigen Besuche in Schulen mit Studierenden.

Sie finden in diesem Buch eine Sammlung von ausgewählten Texten, die verstreut in unterschiedlichen Zeitschriften, Büchern, Sammelwerken etc. erschienen sind. Der Zusammenhang von Entfaltung der LehrerInpersönlichkeit und dem lebendigen Unterrichten ist dabei die leitende Perspektive: Der Lehrer/die Lehrerin als Person ist das wichtigste Instrument und Medium im Unterricht. Trotzdem ist Handwerkszeug nötig, manche Ideen dazu bringen die folgenden Texte. Aber ohne eine echte Integration in den Wachstumsprozeß der Person bleibt das alles nur Technik.

Im *ersten Teil* finden Sie Arbeiten zum Thema LehrerIn-sein; und diese reichen von der Frage, welche grundlegenden Persönlichkeitsstrukturen sich bei den im Lehrberuf Tätigen finden. Wer bin ich eigentlich als Person, welches sind meine dominierenden Seiten? Ferner geht es um aktuelle Belastungsprobleme und Möglichkeiten zur Entlastung bis hin zu biographischen Fragen im Lehrberuf: z. B. Älterwerden, – ein Tabu in der Diskussion unter PädagogInnen.

Der *zweite Teil* enthält eine unmittelbar auf die Alltagspraxis zugeschnittene Auswahl von Möglichkeiten des lebendigen Lehrens (für LehrerInnen) und des Lernens (für SchülerInnen). Handlungsorientiert arbeiten, in Projekten lernen, Gruppenunterricht praktizieren, mit Interaktionsspielen die soziale Entwicklung der Klasse fördern, die eigene Rolle in offenen Unterrichtsformen gestalten, –

aber auch ganz realistisch Stoff darbieten und effektiv präsentieren, in Ruhe unterrichten und schließlich Beratungsgespräche führen und das Leben in die Schule holen, – das sind viel diskutierte aktuelle Herausforderungen. Manches, was uns heute beschäftigt, hätte ich darüber hinaus gerne noch angesprochen: z. B. Gewalt in der Schule, Autonomie und Schulentwicklung, ausländische Kinder und ihre Probleme, Veränderungen in der Jugendszene, Bildungspolitik nach PISA u. a. m. Vor allem zu den geschlechtsspezifischen Unterschieden zwischen Lehrerinnen und Lehrern sowie Schülerinnen und Schülern hat die neuere Forschung interessantes Material erbracht (Überblick bei Faulstich-Wieland 1995). Diese werden in der vorliegenden Textsammlung nur in einigen jüngeren Arbeiten einbezogen, ein konsequentes Durchhalten der geschlechtsspezifischen Differenzierung hätte aber die völlige Umarbeitung sämtlicher Beiträge bedeutet. Ich habe demgegenüber die beide Geschlechter betreffenden didaktischen Grundfragen in den Mittelpunkt gestellt. Auch Berufsbezeichnungen wie Lehrer/in (sowie entsprechende Schreibweisen) sind nicht einheitlich, obwohl auch im Lehrberuf das Geschlecht mehr und mehr als eine grundlegende soziale Kategorie anerkannt wird.

Die Beiträge wurden redaktionell überarbeitet, im wesentlichen aber unverändert gelassen und um neuere Literaturhinweise (auch in der zweiten Auflage 1998 sowie in der dritten, durchgesehenen Auflage 2003) ergänzt. Sie werden es sicher beim Lesen bemerken: Ich habe auch auf die stringente Beseitigung von Überschneidungen und kleineren Wiederholungen verzichtet. Sicher wird manche Leserin und mancher Leser nur einzelne Abschnitte lesen, – und da sind Redundanzen in einer Textsammlung sogar sinnvoll.

Zum Schluß danke ich Herrn Andreas Klinkhardt herzlich für die Ermutigung, diese Textsammlung zu veröffentlichen, und verweise zugleich auf zahlreiche Arbeiten vor allem in der Zeitschrift PÄDAGOGIK, die in dieser Veröffentlichung nicht berücksichtigt werden konnten.

Hamburg, im Januar 2003   Herbert Gudjons

Literatur

Faulstich-Wieland, H.: Geschlecht und Erziehung. Darmstadt 1995
Jank, W./*Meyer*, H.: Didaktische Modelle. Berlin 2002, 5., völlig überarb. Aufl.
Ulich, K.: Beruf: Lehrer/in. Weinheim 1996

Teil 1:
Lehrer/in sein –
die Persönlichkeit entwickeln

Also, ich für meinen Teil brauche Sie eigentlich nicht, denn ich betrachte bereits meine Arbeit in der Schule als eine Art Therapie für mich.

1. Die Lehrer/inpersönlichkeit
Grundlage aller pädagogischen Arbeit

Ein neuer Innerlichkeitskult?

Angesichts schmaler werdender öffentlicher Haushalte wird auch der Bildungs-bereich als Quelle von Einsparungsmöglichkeiten nicht geschont. Wo die Manö-vrierfähigkeit der öffentlichen Haushalte erschöpft ist, ist man versucht, nach einer billigen „Knetmasse" Ausschau zu halten. Da bietet sich z. B. die Lehrer/inpersönlichkeit an.

Sie zu entwickeln, das kostet – im Vergleich zu teuren neuen Planstellen für ar-beitslose Lehrer/innen – so gut wie nichts ... Und außerdem gebietet es unser pädagogisches Ethos: Ein guter Lehrer/eine gute Lehrerin ist ja auch eine Persön-lichkeit!

Also Tendenzwende nach innen, nachdem den Strukturreformen das Geld (und der Wille?) ausgegangen ist?

Keineswegs. Die Frage an den Lehrer und die Lehrerin, wer er/sie denn eigentlich als Person sei, ist ebenso alt wie provokativ. Die Kunst ihrer Ausblendung hat indes ebenso ihre Tradition. Kein Wunder: Welcher gestandene Pädagoge möchte sich schon von dem Philanthropen Ch. J. *Salzmann* provokativ und kritisch hin-terfragen lassen, der 1806 im „Ameisenbüchlein" behauptete: „Von allen Untu-genden seiner Schüler muß der Erzieher den Grund in sich selber suchen." – Sich darauf einzulassen, ist mühsam, Widerstand regt sich, Schuldgefühl steigt auf – wird aber gleich wieder heruntergedrückt durch unser in der „Umstände-Theo-rie" bewährtes Abwehrkostüm: Doch nicht ich, nein, die Umstände (von den zerrütteten Familien bis zu überhöhten Fernsehkonsum u.a.m.) sind zur Erklä-rung der „Untugenden" heranzuziehen.

Befriedigend ist das nicht. Warum suchen sonst in jüngster Zeit Lehrer und Leh-rerinnen nach neuen Wegen für „personale Beziehungen", für „den Austausch von Gedanken und Beziehungen", für „den Austausch von Gedanken und Ge-fühlen", für einen anderen „Umgang miteinander"?[1] Selbst bei Lernproblemen von Schülern und Schülerinnen werden neben den schülerbezogenen und schulorganisatorischen eben auch die „lehrerpersönlichkeitsbedingten" Aspekte diskutiert.[2] Schülerprobleme – mitbedingt durch die Persönlichkeit des Lehrers und der Lehrerin: Sollte Salzmann doch verstanden worden sein? Jedenfalls ist das kein Verrat des bildungspolitischen Veränderungsanspruchs objektiver Be-dingungen an die subjektive Innerlichkeit der Lehrer/inpersönlichkeit. Eher ein Wiederentdecken des „subjektiven Faktors", ohne den alle Veränderungsversuche in der Schullandschaft zu kalter Sozialtechnologie verkommen.

Die „echte" Lehrer/inpersönlichkeit ...

Freilich unterscheidet sich das im folgenden entwickelte Verständnis von Lehrer/ inpersönlichkeit von dem, was ein Schulleiter meinen mag, wenn er für die Rabaukenklasse im 8. Jahrgang eine „Lehrerpersönlichkeit" unter den Kollegen sucht. Nicht jene normative, bewertende Einfärbung des Begriffes Lehrerpersönlichkeit (eine „echte" Lehrerpersönlichkeit, souverän, voller Autorität, aber auch voll Güte, Milde und Weisheit, durchsetzungsfähig ebenso wie voller Verständnis usw., kurz: jemand, zu dem man aufschaut und den man noch lange in Erinnerung behält ...) ist gemeint. Jeder Lehrer und jede Lehrerin ist eine Persönlichkeit, jede Person hat ihre Wirkungen. Nicht, ob eine/r eine „echte" Persönlichkeit ist, scheint mir wichtig, sondern ob er/sie ständig mit einer Maske herumläuft, hinter der er/sie etwas versteckt, was er/sie selbst nicht kennt: seine Person. Ist man seinen Wirkungen auf Schüler/innen – auch den unbewußten – auf der Spur? Was tut einer für das Entdecken des Potentials seiner Persönlichkeit, für die Erweiterung seines Selbst-Konzeptes? Dabei ist die Persönlichkeit nichts Statistisches mehr, vor allem kein „Endzustand". Eher ist der Weg das Ziel. Was Persönlichkeit denn nun eigentlich ist, läßt sich nicht allgemeingültig definieren. Auch ist die Bedeutung der Kategorie „Persönlichkeit" umstritten: Soll man nicht lieber vom „Unterrichtsexperten", vom Kompetenten Fachmann oder allgemein von „Professionalisierung" des Lehrerberufes sprechen? (Gudjons 2000, S. 33ff.)
Wie kommt es aber, daß Lehrer und Lehrerinnen sehr unterschiedlich die objektiven Ansprüche und Bedingungen ihres Berufslebens verarbeiten? (Vgl. dazu grundlegend *Ulich* 1996) Hinter dem beobachtbaren und meßbaren Verhalten liegt bei jedem Lehrenden die individuell-einzigartige innerseelische Organisiertheit von relativer Stabilität, Strukturen der Persönlichkeit, „die als charakteristische Reaktionen auf Situationen zum Ausdruck kommen" (*Pervin*, S. 12). Diese Strukturen überhaupt erst einmal kennenzulernen, wahrzunehmen und anzunehmen, ist Basis jeder Veränderung des Selbst.
Ich möchte deshalb Kategorien eines Modells anbieten, das dem/der einzelnen helfen kann, sich selbst auf die Spur zu kommen, seine Persönlichkeit besser zu verstehen, und ermutigt zum Abenteuer, sich selbst zu begegnen. Fruchtbar wird das Weiterlesen vor allem dann sein, wenn die Lektüre durch Fragen begleitet wird: Wer bin ich, wo entdecke ich etwas von mir wieder, wohin will ich? – Ich wähle dazu einen Ansatz, der sich in der Praxis von Psychologie, Therapie und Beratung weitgehend durchgesetzt hat, der aber für die Frage nach der Lehrer/ inpersönlichkeit bisher (erstaunlicherweise) noch nicht fruchtbar gemacht wurde: die von Fritz Riemann entwickelten Grundstrukturen der Persönlichkeit.[3] – Ich werde sie durch Beispiele konkret auf die Person des Lehrers und der Lehrerin zuspitzen.

Auf der Suche nach sich selbst

Jede Persönlichkeit ist geprägt von Grundtendenzen, z. B. dem *Bedürfnis nach Distanz*, das vor Abhängigkeit und Einverleibtwerden schützt, andererseits aber – polar gegenüber – auch vom *Grundbedürfnis nach Nähe*, das vor Isolierung und Ungeborgtheit bewahren soll. Weitere Grundtendenzen sind *Neigung zu System, Ordnung, Dauer* als Schutz der Unsicherheit, Vergänglichkeit oder Chaos; schließlich wiederum als Gegenpol dazu die *Sehnsucht nach Freiheit/Spontaneität* als Gegengewicht zur einengenden Endgültigkeit, zur Unfreiheit, zum Zwang der bitteren Notwendigkeit. In einem Koordinationskreuz gedacht, ergänzen und widersprechen sich jeweils zwei dieser Grundimpulse: auf der Senkrechten oben die Distanztendenz, unten die Nähetendenz, auf der Waagerechten links die Ordnungs- und rechts die Freiheitstendenz.

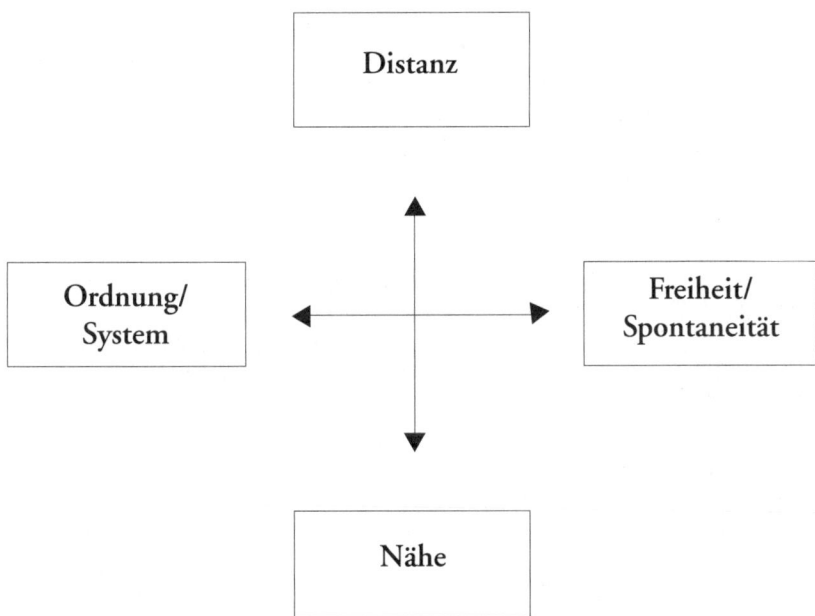

Abb. 1: Grundtendenzen der Persönlichkeit

Ich verwende diese Begriffe absichtlich anstelle der von *Riemann* benutzten (schizoid, depressiv, zwanghaft und hysterisch), weil sie alltagsnäher sind und nicht etwas Krankhaftes suggerieren. Auch verstehe ich darunter nicht „Typen" von

Menschen, sondern vier Grundtendenzen, die in unterschiedlicher Ausprägung in jedem Menschen vorhanden sind. Vergleicht man sie mit Speichen an einem Rad, so leuchtet ein, daß derjenige am ausgeglichensten ist, bei dem die Speichen etwa gleich lang sind. Umgekehrt wirkt eine Persönlichkeit um so weniger integriert, je verschiedener die Speichen sind. Unter meinen eigenen Lehrern in den 50er Jahren fanden sich noch viele, bei denen Ordnungs- und Systemtendenz überstark ausgeprägt war, die einen verräterischen Bezug zur zwanghaften Struktur der Schule als Institution hatten: Immer korrekt gekleidet, pedantisch bei der Fehlersuche, nüchtern und sachlich in den Beziehungen, formalistisch im Handeln, Ordnung, Ruhe, Gewohntes – das war ihre Welt. Wir werden gleich noch sehen, welche Strukturen *heute* schwerpunktmäßig im Vordergrund stehen. Zunächst aber die vier Strukturen – sehr knapp charakterisiert.

Grundtendenz: Distanz

Kommt uns jemand zu nahe, erleben wir dies nicht selten als Bedrohung unseres Lebensraumes. Angst vor zuviel Nähe führt dann zur „Versachlichung" von Beziehungen, das Gefühl bleibt gegenüber der Ratio zurück, im Kontakt zu den Schülern fehlen die „Mitteltöne". Bei stark dominierender Distanztendenz in der Persönlichkeit bleiben die Beziehungen unterkühlt. Liebe und Nähe werden erlebt als Angst vor Verschlungenwerden, wobei sich gleichzeitig starke Zweifel an der eigenen Liebes-Würdigkeit regen. Die Zuwendung von Schülern (Nähe) wird dann zum Beispiel als Ausdruck eines schlechten Gewissens gedeutet: Der Schüler, der dem Lehrer ein Bild schenkt, muß sich die Bemerkung gefallen lassen: „Na, was hast du denn wieder gutzumachen?" Oder als Bestechungsversuch: „Du schlawenzelst so herum, alter Freund, was willst du denn erreichen?" – Auch im Kollegium kann eine überstarke Ausprägung dieser Distanztendenz zur Isolation führen, zum Einzelgänger, zum hervorragenden Fachmann, der von allen geachtet, aber von niemand geliebt wird ...
Es ist sicher lohnend, den Zusammenhang dieser Tendenz mit der eigenen *Fächerwahl* (Naturwissenschaften?), vielleicht auch der eigenen möglicherweise vorhandenen Vorliebe für die *Fachlehrerrolle*, zu untersuchen. Eine starke Ausprägung der Distanztendenz führt auch dazu, daß Aggressionen weniger bei sich selbst wahrgenommen, sondern eher auf den anderen projiziert werden. Strafen sind dann hart, aber „gerecht", Witzigkeit wird zynisch und verletzend, wobei der Schmerz eines Schülers nicht wahrgenommen wird.
Einfühlung würde Nähe bedeuten und die eigene unbewußte Angst, verletzt zu werden, mobilisieren. Darum wird lieber der Abstand gesucht. – Im *Unterricht* herrschen darbieten und informieren vor; Sich-Darstellen kann dazu führen, daß Schüler oft nur Statisten, Publikum sind, der Lehrer hört sich am liebsten allein

reden ... – Die Leistungsbewertung ist an der Sache orientiert, es wird vor allem gefragt: „Wurden alle wesentlichen zur Frage gehörenden Punkte beantwortet?", nicht aber: „Wie groß war der Lernfortschritt bei *diesem* Kind?" – Soziale Lernziele spielen eine geringe Rolle, Gruppenunterricht ist uneffektiv, Leistung ist Sachleistung. Wenigstens die Frage soll erlaubt sein: Könnte eine überstarke, nicht integrierte Distanztendenz auch psychosomatisch (mit-)verantwortlich sein für bestimmte Krankheiten von Lehrer/innen, z. B. der Organe des „Kontaktes" wie Haut, oder Atmung (Asthma, Erkältungen)?[4]

Das mag überwiegend negativ klingen. Aber die Entwicklung der Distanztendenz befähigt durchaus auch *positiv* zur Unabhängigkeit, Selbständigkeit, oft zu einer hohen Sachkompetenz, zu Durchblick und Klarheit. Schüler sagen dann bisweilen: „Wir mögen ihn zwar nicht, aber bei dem kann man wenigstens was lernen!" – Eine unsentimentale Art, verbunden mit Mut zur Autonomie und wenig eingeengt durch starre Dogmen, nötigt Respekt ab. Die Kehrseite darf nur nicht übersehen werden: Eine einseitig ausgeprägte Distanztendenz gibt den Kindern zu wenig Wärme, kann Gefühlsbedürfnisse nicht adäquat annehmen und erwidern – damit fehlt für das Kind die Chance zur liebenden (nicht zur verehrenden) Identifikation.

Grundtendenz: Nähe

Während die Distanztendenz gerade den Abstand als Selbstschutz braucht, wird diese trennende Kluft für unser Bedürfnis nach Nähe, nach Angenommenwerden und Geliebtwerden zum Problem. Zu jeder Persönlichkeit gehört auch die – oft nicht bewußte – Angst vor dem Verlassenwerden, Abgelehntwerden, vor dem Alleinbleiben. Wird diese Verlustangst allerdings zu *dem* Thema des Lebens, wird die Nähetendenz ständig überlagert von der Angst, sich unbeliebt zu machen. Das „Du" erhält ein Übergewicht, ja wird zur Orientierung; nicht Ich-Werdung, sondern Ich-Aufgabe und Hingabe bestimmen das Handeln. So kann ein Satz wie: „Die Kinder brauchen mich!" unbewußt zur Versicherung dafür werden. Der Pädagoge, der selbst Angst vor trennender Individuation hat („in Einsamkeit und Freiheit"), sucht (oder schafft!) selbst Abhängigkeit, die Sicherheit gibt. Zu dem am meisten gefürchteten Berufstrauma wird es dann, ein „unbeliebter Lehrer" zu sein, von den Kindern nicht mehr geliebt zu werden, ja sie zu Gegnern zu haben ... –

Bei dominierender Nähetendenz fällt auch das trennende Fordern schwer, das Riskieren von Spannungen im Umgang mit Schülern und Kollegen, das Nein-Sagen und Verbieten. Dafür wird alles für *mich* zur Forderung, für alles fühle ich mich verantwortlich und auch schuldig, auch noch dafür, daß die KollegInnen ja ohnehin mehr können als ich. Das Selbstwertgefühl ist gering. Aggressionen werden – gegen sich selbst gewendet – leicht zu Depressionen; Wut, Haß oder Neid haben nach außen kein Ventil und wenden sich quälend nach innen. Die Angst davor, Schüler z. B. durch Strafen zu schmerzen, hängt eng zusammen mit der eigenen Angst vor Schmerzen. Zu beobachten ist auch, daß bei den verhängten Strafen „unbeabsichtigt" die Kontrolle ihrer Einhaltung vergessen wird. – Wichtig bei der Wahl von Methoden ist die Frage, ob es bei den Schülern ankommt, ob Schülerwünsche nicht vergewaltigt werden; in der Leistungsbewertung neigt man eher zur „pädagogischen Zensur", denkt vom Schüler her und wendet mildere Umstände an, um nicht weh zu tun.

Eine entwickelte Nähetendenz befähigt aber auch zum Einfühlen in den Kummer von Kindern, kann Zuwendung geben und Geborgenheit vermitteln. Oft werden solche Lehrer/innen aber auch enttäuscht dadurch, daß sie den Schülern ein gleiches Nähebedürfnis unterstellen, und es dann nicht verkraften, wenn die Schüler die von der Institution Schule nahegelegte Distanz zum „Zensurengeber" Lehrer/in suchen. Schlimm ist für solche Lehrer auch, wenn sie von Schülern ausgenutzt werden. Unverkennbar aber ist die Fähigkeit zur Fürsorge, die Hilfsbereitschaft, das Verstehen, auch die Bereitschaft zum Mit-Leiden, zum Mit-Tragen und Aushalten. Ich vermute, daß Lehrer/innen mit ausgeprägter Nähetendenz zu denen gehören, die am schlimmsten unter den Zwängen und Isolationen des Schulsystems leiden. Ob sie auch am ehesten aussteigen, wage ich zu bezweifeln.

Die *Gefahr dieser Tendenz* liegt in einer Neigung zur Selbstüberforderung, zur Anpassung, im ständigen Orientieren an der Zuwendung anderer – verbunden mit der Angst vor dem Verlust ihrer Zuneigung. Vielleicht gibt es auch eine unbewußte Tendenz zum Umgang mit jüngeren Schülern oder auch zum Klassenlehrersein. Vielleicht liegt im Nähebedürfnis überhaupt eine unbewußte, aber starke Wurzel für die Wahl des Lehrer/inberufes. In jedem Falle spielt es besonders beim Berufsanfänger (wie auch beim studentischen Praktikanten oder Referendar) eine enorme Rolle: Der erste unbewußte Kampf geht um die Liebe und Anerkennung der Schüler, der Verzicht auf autoritäres Gehabe; das Duzen, der lockere Ton, die vielen interessanten Gags, das fortschrittliche Denken, die gleiche Kleidung wie die Schüler u. a. m. drücken immer auch *das* zentrale Thema aus: „Wie komme ich an?" – Geliebtwerden-Wollen als die wichtigste Vergewisserung über die eigene Chance, ein guter Lehrer zu werden ...

Schulpraktikanten haben übrigens in einer Gruppe berichtet, daß ihre Träume sehr oft Grundmotive enthielten wie: Ich wollte etwas ergreifen, packen (auch essen!), aber vor lauter Hindernissen gelang dies nicht (Durchsetzungsthematik), ich fühlte mich irgendwie abhängig und wie gelähmt (Antriebsschwäche). Oder: Ich sollte über etwas unterrichten, wovon ich keine Ahnung hatte (Überforderungsthematik); meine Hauptsorge dabei war, daß mich kein Schüler deswegen auslacht (Bedürfnis nach Akzeptierung). – Wenn das „Nehmen-Können" zum Problem wird, liegt es auch nahe, Lehrer/inkrankheiten psychosomatisch unter diesem Aspekt nachzugehen z. B. in den Störungen des Aufnahmetraktes (Rachen, Magen, Darm); bekanntlich sagt man zur Fettsucht gelegentlich auch „Kummerspeck", auch Suchtprobleme haben eine starke orale Komponente. – Und: Wer meint, immer alles schlucken zu müssen, dem liegt eben auch viel im Magen ...

Grundtendenz: System / Ordnung

Ohne eine Grundtendenz, die sich auf Verläßlichkeit, Wiederkehr vom Bekannten und auf Überschaubarkeit richtet, wäre z. B. auch Unterricht nicht möglich. Wird daraus aber die zwanghafte Neigung zu Prinzipien, Regeln und Systemen, verbunden mit einer Angst vor allem Neuen, Unbekannten, Spontanen, ja „Chaotischen", dann dominiert das Absicherungsbedürfnis über die Beweglichkeit. Rituale, Zwangshandlungen und Kontrollen (pedantisches Führen von Listen aller Art, Zählzwang auf dem Wandertag; aufräumen, Kreide bereitlegen, Bücher ordnen vor dem Beginn des Unterrichtes), genaueste Planung des Unterrichts (einschließlich möglicher Schülerantworten), Einsatz von Bewährtem usw. werden Merkmale einer überdimensionierten Ordnungs- und systemtendenz, im Extrem endend in Konservatismus, Dogmatismus, Prinzipienreiterei. – Wichtiger als das Leben, das Lebendige in einer Klasse wird, daß sich nichts der Kontrolle und der Macht des Lehrenden entzieht. Verständlich ist auch, daß der Generationskonflikt (die Jungen als Inkorporation des Neuen, Unwägbaren, Unsicheren) besonders dann diesem Lehrer zu schaffen macht.
Die Beziehung zu den Schülern ist oft geprägt von einem unbewußten Machtkampf um Überlegenheit, in dem auch die juristische Seite pädagogischer Fragen betont wird. („Eine Mathearbeit darf bis zur 5. Stunde geschrieben werden! Hättet ihr eben vorher weniger toben müssen ...")
Schlimm wird es, wenn infolge einer ausgeprägten Ordnungstendenz unter dem Deckmantel der Korrektheit feindselige Gefühle und Machtansprüche agiert werden, wenn verdeckte sadistisch-quälende Züge in Gestalt von Pedanterie, Pflichtforderung, Ordnungsdruck zum Vorschein kommen. Dies hängt damit zusammen, daß man sich selbst die Aggression verbietet – sie aber bereits in ihren „Verboten" unnachsichtig bei den Schülern bekämpft und ahndet. Überhaupt wird verstärkt das, was die Ordnungstendenz bei mir selbst nicht zuläßt, vehement am Schüler bekämpft: das triebhafte Verhalten, die wilde Musik, die Körperlichkeit, die moralische Laxheit, Strafe muß sein! Wutanfälle bei Kleinigkeiten, z. B. bei Nicht-Schonung schulischen Eigentums, verraten einiges, auch über die hohe Identifikation mit der Schule (als Zwangsanstalt).

Darum sind Liebe und Anerkennung gegenüber einem Kind abhängig von dessen Leistung. In der Leistungsbewertung gelten für alle die gleichen Maßstäbe, die Begründungen für die Urteile (!) sind korrekt und exakt. Das hat auch *Vorteile*: Die Schüler wissen genau, woran sie sind, solche Lehrer/innen gelten in hohem Maße als berechenbar, aber auch zuverlässig und klar. Sie zeigen selbst ein hohes Verantwortungsbewußtsein, geben Halt, Führung, klare Orientierungen. Aber dennoch bleiben ihre Beziehungen überpersönlich anonym, karg, starr, eher am Festhalten orientiert als am Loslassen. – Jahrzehnte lang scheinen nur Lehrergenerationen mit dieser dominierenden Struktur die Schule bestimmt zu haben, gleichzeitig waren sie Gegenstand des extrem karikierenden Spottes auf das Tabu des „Steißtrommlers" (*Adorno*).

Grundtendenz: Freiheit/Spontaneität

Zu uns als Person gehört auch die Angst vor Einengung, Festlegung, vor dem Unausweichlichen, dem Starren, aber auch vor dem Stück unveränderbarer Realität in unserem Leben. Unsere Grundtendenz nach Neuem, Veränderung, Risiko, Nicht-Festlegung, nach schöpferischer Spontaneität entscheidet wesentlich über unseren Realitätsbezug. Der Umgang mit den „ehernen" Zwängen der Schule wird beim Vorherrschen dieser Grundtendenz in einer Persönlichkeit eher großzügig, locker, bagatellisierend oder ausweichend sein. Man lernt, flexibel Rollen zu spielen, liebt im Unterricht die Abwechslung, ja das „Spontihafte". Man ist lebendig – aber nichts wird richtig durchgezogen, anregend – aber nichts wird bis in die Tiefe verfolgt, spannend – aber der Spannungsbogen wird aufgelöst in ständig neue „Knüller". Lehrer/innen mit ausgeprägter Freiheits-/Spontaneitätstendenz können begeistern, mitreißen, sind oft voller Temperament und Phantasie. Die Unterrichtsvorbereitung lebt von Improvisationen, Ideenreichtum, kaum von langfristiger oder detaillierter Planung. Bei Situationen, in denen es „klemmt", hofft man auf den deus ex machina. Weil man nicht pedantisch und kleinlich sein will und weil genaue Zeiteinteilung lästig ist, gerät bisweilen die Zeitplanung völlig durcheinander.
In der Beziehung zu den Schülern gibt es wohl starke emotionale Bindungen, aber ebenso Probleme, diese durchzuhalten. Einerseits werden Kinder stark angesprochen, z. B. durch ganz intensives Helfen des Lehrers (das auch den *Helfer* ins rechte Licht rückt!), andererseits werden Kinder wie eine heiße Kartoffel fallengelassen, wenn wirklich belastende Probleme auf den Lehrer zukommen. Böse gesagt: Der Umgang mit Kindern kann zur bloßen „show" werden. Verwöhnen und Verbieten liegen eng beieinander; bei der oft mangelhaften Konsequenz und Eindeutigkeit pädagogischer Maßnahmen können sich die Kinder nur schwer orientieren. Das „seelische Aprilwetter" wirkt chaotisierend auf die Kinder. Oft hat

man den Eindruck, daß es mehr um Eitelkeit und Ruhm des Lehrers geht, um *sein* Ansehen, *seinen* Glanz. – Zum Geltenwollen gehört als aggressive Komponente auch das Rivalisieren und Konkurrieren (z. B. mit gleichgeschlechtlichen Schülern um die Gunst des anderen Geschlechts), Imponiergehabe und wenig ausgeprägte Selbstkritik. Aggressionen sind dagegen nicht tiefgreifend und nachtragend, wenn auch Kritik von außen nicht so leicht ertragen wird. Notfalls bleibt die Flucht in eine Pseudowirklichkeit.

Ganz im Gegensatz zur Ordnungstendenz finden wir hier die Offenheit für Neues, Wendigkeit, Kontaktfreude, Darstellungsfähigkeit – aber auch Schauspielerei, verdrängte Unsicherheit und auch eine inadäquate Einschätzung der Realität von Schule, die Fluchttendenzen begünstigen kann.

Lehrer/inpersönlichkeit im Wandel

Selten verdichtet sich eine der beschriebenen Tendenzen zu einem „Typ". Die meisten Lehrer/innen haben alle vier (zumindest) dieser Grundtendenzen in sich, allerdings mit sehr verschiedener Mischung und ganz unterschiedlicher Ausprägung. Von „Lehrer/in-Typen" zu sprechen ist deshalb nicht sinnvoll. (Ebenso wäre es unsinnig, von Einzelheiten – mein Schreibtisch ist immer aufgeräumt, also bin ich ein Ordnungstyp – auf seine Persönlichkeitsstruktur zu schließen.) In der Unterschiedlichkeit der *Ausprägung einzelner Tendenzen* hat sich m. E. ein starker *Wandel* vollzogen. Beherrschten früher die Distanz- und Ordnungstendenz die Szene, so haben wir es heute verstärkt mit ihren Gegenpolen zu tun: Nach meiner Vermutung herrscht heute bei vielen Lehrer/innen eine ausgeprägte Nähe-Tendenz vor – mit allen ihren Vorteilen für die Verbesserung der Beziehungen in der Schule. Aber auch mit allen Risiken, wenn man das eigene (kindliche) Nähebedürfnis, die unbewußte Angst vor dem Ich-werden, vor der (immer auch ein Stück Einsamkeit bringenden) Individuation vorschnell und ohne sich selbst genauer zu kennen ausgibt als sozial-integrativen Umgangsstil. Liebe zu Kindern aus unbewußter Ich-Schwäche meint letztlich nicht das Kind, sondern ist ein Stück Eigentherapie. *Riemann* spricht bei solchen Menschen davon, „daß sie fühlen, vor einer der großen Forderungen des Lebens auszuweichen, indem sie nicht voll erwachsen werden wollen" (*Riemann*, S. 97).

Auch die Freiheits- und Spontaneitätstendenz tritt heute stärker in der Persönlichkeitsstruktur hervor. Doch bei manchen Verkrustungen der Institution Schule haben es vor allem die Berufsanfänger schwer. Einerseits sind ihre neuen Ideen angesichts überalterter Kollegien gefragt, andererseits stoßen sie auf Widerstände, wenn sie die jugendliche Lebenskultur zu stark betonen. *Riemann* bemerkt zur Dominanz dieser Tendenz, daß auch sie eine tiefe Abwehr des Erwachsenenwerdens und des Alterns enthält, man meint, man könne „die Illusion ewiger Jugend aufrecht erhalten" (*Riemann*, S. 161).

Dem Vorherrschen dieser beiden Grundtendenzen entsprechen zwei heute vielfach dominierende Grundgefühle: Erstens in der Schule eher Objekt zu sein (sich nicht subjekthaft verwirklichen zu können), und zweitens sich nicht wirklich auf die Realität dieser Schule einlassen zu können (sondern ständig wie ein Schauspieler Rollen spielen zu müssen). In welchem Ausmaß aber favorisiert und fixiert eigentlich die Institution Schule bestimmte Grundtendenzen der Persönlichkeit und verhindert damit das Erwachsenwerden der Lehrer/in? Und: Sind nicht die destruktiven Folgen der Erwachsenheit heute überall erlebbar?

Literatur und Anmerkungen

Dieterich, R. u.a.: Psychologie der Lehrerpersönlichkeit. München 1983.

Gröschel, H. (Hrsg.): Die Bedeutung der Lehrerpersönlichkeit für Erziehung und Unterricht. München 1980.

Gudjons, H./*Reinert*, G.-B. (Hrsg.): Lehrer ohne Maske? Grundfragen der Lehrerpersönlichkeit. Königstein 1981.

Gudjons, H.: Belastungen und neue Anforderungen. Aspekte der Diskussion um Lehrer und Lehrerinnen in den 80er und 90er Jahren. In: Bastian, J. u.a. (Hg.): Professionalisierung im Lehrerberuf. S. 33–51. Opladen 2000.

Katholische Erziehergemeinschaft in Bayern e. V. (Hrsg.): Die Bedeutung der Lehrerpersönlichkeit für Erziehung und Unterricht. Donauwörth 1980.

Riemann, F.: Grundformen der Angst. München 1975.

Schnitzler, A. (Hrsg.): Schwerpunkt: Lehrerpersönlichkeit. München 1980.

Ulich, K.: Beruf Lehrer/in. Weinheim 1996.

[1] Alle Zitate aus der Zeitschrift Gesamtschulkontakte, H. 1 (1982), S. 5

[2] Ebenda, S. 2

[3] Riemann, F.: Grundformen der Angst. München 1975. – Zu den pathologischen Dimensionen vgl. besonders R. Winkel: Pädagogische Psychiatrie für Eltern, Lehrer und Erzieher. Frankfurt 1980, Kap. III, IV, VI, VII

[4] Vgl. dazu Dieter Beck: Krankheit als Selbstheilung. Frankfurt/M. 1981

Ich find's ja gut, dass Sie Ihre Klasse immer so engagiert vertreten, aber dieses Robin-Hood-Kostüm....

2. Klassenlehrer/in sein –
Verantwortung übernehmen, Beziehungen gestalten

Der Klassenlehrer (ich meine im folgenden auch immer die Klassenlehrerin) hat in der Alltagserfahrung von Schule und Schulleben für Schüler eine besondere Bedeutung. Gemeinsame Klassenfahrten oder Projekte, aber auch Gespräche über Konflikte mit der Klasse, zahlreiche Gespräche mit den Eltern „seiner" Klasse, – bis hin zur Unterschrift auf dem Zeugnis hinterlassen ihre Spuren im Erleben der Schüler. Auch unter Lehrern ist es in der Regel nicht sehr beliebt, ausschließlich als Fachunterrichtslehrer tätig zu sein (zumal in sog. „Nebenfächern" ohne versetzungsrelevanten Zensureneinfluß) und keine „eigene Klasse" zu haben. Auch in der schulischen Normalbiographie des Lehrers würde ohne das Amt des Klassenlehrers ein wichtiges Stück fehlen, mit anderen Worten: *Jeder Lehrer ist* – bis auf Ausnahmejahre – *auch Klassenlehrer.*

Um so erstaunlicher ist es, daß in der Literatur über Lehrer, Lehrerrolle, Lehrerpersönlichkeit, Lehrerberuf, ebenso wie zur Theorie der Schule usw. das Problem der Klassenlehrerfunktion so gut wie gar nicht behandelt wird; selbst in einschlägigen Handbüchern über Schule und Unterricht taucht das Wort „Klassenlehrer" ganz selten im Schlagwortregister auf. Auch in der Lehrerausbildung (jedenfalls der 1. Phase, im Referendariat wird durchaus darauf eingegangen) spielt die Vorbereitung auf dieses Amt kaum eine Rolle. Vermutlich liegt dies u. a. daran, daß in der Literatur zur Lehrerrolle in den letzten zwanzig Jahren

- die *gesellschaftstheoretische Perspektive dominierte* (also der generelle Funktionszusammenhang von Gesellschaft und Schule und die Bestimmung der Lehrerrolle darin),
- man sich zum andern unter *organisationssoziologischen Aspekten* mit den Widersprüchen der Lehrertätigkeit zwischen Verwaltungsstrukturen und pädagogischen Ansprüchen beschäftigte
- und schließlich die Bedeutung der *Lehrerpersönlichkeit* sehr allgemein analysierte.

1. Die aktuell wachsende Bedeutung des Klassenlehrers

1.1 Alle Schularten sind betroffen

Die heutige Realität der Schule mit den Problemen von Unterrichtsstörungen, fehlender Lernmotivation, Leistungsversagen, Verkopfung, gestörten Familienhintergründen, Belastungen durch soziale Schwierigkeiten, unkonzentrierter bis neurotischer Schüler bringt den Ruf nach *verstärkter Entwicklung der Beziehungsebene* und einer entsprechenden Unterrichtsorganisation und Didaktik hervor. Vorbei sind die Zeiten, in denen alles von perfektionierten Curricula abhing, in denen die hohe Kunst der *lernzielorientierten Unterrichtsvorbereitung* Garantie für erfolgreiche Lehr-/ Lernprozesse sein sollte. Spätestens die Wirklichkeit der *Hauptschule* in ihrer aktuellen Entwicklung macht klar: Ohne intensive Beziehung zum Lehrer, der mit möglichst vielen Stunden in seiner Klasse unterrichtet und sich intensiv um seine Schüler – weit über das „Stundehalten" hinaus – kümmert, läuft nichts mehr.

Ein Rundschreiben aus dem Kieler Kultusministerium vom April 1988 formuliert in eindrucksvoller Offenheit und Realitätsnähe: „Dem Klassenlehrer wächst verstärkt die Aufgabe zu, bei seinen Schülern eine *positive Grundeinstellung zur Schule* zu entwickeln. Damit dies auch im Schulalltag verwirklicht werden kann, soll der Klassenlehrer täglich für seine Klasse in möglichst zwei oder mehr Stunden 'da sein'. Wünschenswert ist es, einen ganzen Vormittag als Klassenlehrer-Tag im Stundenplan auszuweisen. Vor allen anderen Lehrern kümmert sich der Klassenlehrer um seine 'Schutzbefohlenen': Er tröstet, er ermutigt, er berät, er schafft Gewohnheiten, er übt Verhaltensweisen ein oder überträgt Verantwortung. Die hierfür erforderliche Verfügungszeit kann der Klassenlehrer dem Stundenansatz seiner Fächer entnehmen."

Die wachsende Bedeutung des Klassenlehrers ist deutlich: Gefragt ist heute seine besondere Fähigkeit, als kompetenter Pädagoge *Identifikationen der Schüler mit der Schule* zu „entwickeln" und ausgesprochen *sozialerzieherische Aufgaben* wahrzunehmen.

• Ein weiterer Beleg für die zunehmende Bedeutung der Klassenlehrerfunktion über die Hauptschule hinaus ist die Entwicklung der – ehemals als anonyme „Großsysteme" geschmähten – *Gesamtschulen*. Längst ist der häufige, desorientierende Wechsel von Lerngruppe zu Lerngruppe und von Lehrer zu Lehrer aufgefangen durch Modelle jahrgangsweise eng zusammenarbeitender Lehrerteams, durch Team-Kleingruppen-Organisation, die für jedes Kind überschaubar Lehrer- und Gruppenbeziehungen gewährleistet. Der Kritik, daß der Tutor kaum unterrichtsbezogen in Erscheinung trete und sich auf die neben dem Fachunterricht eingerichteten „Tutorenstunden" beschränke, wird neuerdings auch (so in Hamburger Gesamtschulen) dadurch begegnet, daß bereits ab

Klasse 5 zwei Tutoren mit möglichst hoher Stundenzahl im Fachunterricht die Schüler betreuen. Auch in Hauptschulen gibt es mit dem Modell der Doppelbesetzung der Klassenlehrerposition inzwischen gute Erfahrungen.

• Die Auffassung, daß der Klassenlehrer am *Gymnasium* gegenüber dem Fachunterricht keine besondere Rolle spiele, ist so falsch wie praxisfern. Nicht wenige Gymnasien legen z. B. größten Wert darauf, daß bei den Vorstellungsabenden in den abgebenden Schulen den Eltern gerade die Klassenlehrer der beginnenden Gymnasialklassen vorgestellt werden können. Die zunehmende Heterogenität der Schülerschaft des Gymnasiums (vgl. die ironisierenden Schlagwörter vom „Gesamtgymnasium" oder der „Edelgesamtschule") und zunehmende Verhaltensschwierigkeiten von Schülern werden dazu führen, die sozialerzieherische Komponente auch an Gymnasien ernster zu nehmen als bisher. Im Zuge des Verlustes des „Elite-Charakters" des Gymnasiums (inzwischen wollen ca. 50 % Eltern das Abitur für ihre Kinder) bleibt kaum eine andere Chance, als die notwendigen Maßnahmen zur pädagogischen Stützung der Schüler zunächst dem Klassenlehrer aufzugeben; ein „Beratungsdienst" am Gymnasium kommt vor allem auf die Klassenlehrer zu.

• Eindeutig hingegen ist die Situation an *Sonderschulen*. Als Schüler nach einigen Stunden spannenden Projektunterrichts – so berichtet der Sonderschullehrer Dr. Lutz *van Dick* – wieder zum „stinknormalen" Unterricht zurückkehren sollten und deshalb „durch die Klasse rotzten und mit Büchern warfen", kommentierten sie ihren Lehrerpersönlichkeitstest eigener Art mit Worten: „Wir wollten nur mal sehen, ob du echt bist."[5] Alles hängt für diese Schüler von einer stabilen Bezugsperson ab: „Können wir uns in dieser anonymen Welt auf dich verlassen? Hältst du dich an das, was du versprichst, und bist du in der Lage, dies auch gegen widerstreitende Meinungen in der Klasse durchzusetzen (im 'Guten' wie im 'Bösen')? Stehst du bei Konflikten mit Dritten auf unserer Seite, auch wenn wir diejenigen waren, die 'Scheiß gebaut' haben? Bist du ansprechbar für uns und bemühst dich auch darum, uns zu verstehen?"[6] Damit zeigen insbesondere die Sonderschüler auf, daß im *Klassenlehreramt* – jenseits von aller Amtsautorität – die *intensivste Form der pädagogischen Beziehung* stecken kann.

• Eine ganz besonders hervorgehobene Funktion hat der Klassenlehrer nach wie vor (also trotz zunehmenden Fachlehrereinsatzes) in der *Grundschule*. Nicht nur, daß er (heute in der Regel: „sie") den schwierigen Übergang von der Familienwelt in die Schulwelt unterstützen muß, die Aufgaben sind auch sonst besonderer Art. Er oder sie steht vor dem Problem, eine noch nicht selektierte Schülerschaft mit Kindern äußerst unterschiedlicher Lernbiographie zu integrieren, in nicht studierten Fächern zu unterrichten, um so mehr aber Methodenreichtum, Kontaktfähigkeit und emotionale Qualitäten (Geduld, Belastbarkeit, Empathie usw.) zu zeigen. Vor allem die neueren Ansätze im „Offenen

Unterricht" erfordern auch eine hohe Bereitschaft an Selbstreflexion (z. B. den Umgang mit den eigenen Ängsten zu lernen). Die *Reform der Grundschule* in der Bundesrepublik der letzten Jahre stellt hohe Anforderungen an die Person der Klassenlehrerin. Eine isolierte Übernahme allein von Unterrichtsmethoden und Techniken würde besonders in der Grundstufe schnell scheitern.

• Aber auch für die gesamte *Sekundarstufe I* wird die Bedeutung des Klassenlehrers in offiziellen behördlichen Quellen neuerdings wieder deutlich hervorgehoben. Die Richtlinien der Hamburger Schulbehörde (1986) betonen: Besonders in neu zusammengesetzten Klassen kommt es – als Grundlage und Voraussetzung schulischer Leistung – darauf an, eine Vertrauensgrundlage zu schaffen. Wir-Gefühl, Atmosphäre, Miteinander-Umgehen, Arbeit an den gegenseitigen Beziehungen, Entwicklung von Selbstvertrauen – „die hier liegenden Aufgaben werden vornehmlich vom Klassenlehrer bzw. von Lehrerinnen und Lehrern in entsprechender Funktion wahrgenommen."[7]

1.2 Gründe für den Trend zum Klassenlehrer

• *Erster Grund*: Die *Ambivalenz des Fachlehrer- bzw. Fachunterrichtssystems*. Einerseits hat die Einführung des wissenschaftlichen Studiums von ein bis zwei Fächern in der Reform der Lehrerausbildung ohne Frage zu einer enormen *Qualifikationssteigerung* geführt: In den Schulen unterrichten heute weithin keine Hobbybiologen und keine Schmalspurphysiker mehr, deren Kompetenzvorsprung sich auf die Kenntnis des nächsten Lehrbuchkapitels beschränkt, sondern fachwissenschaftlich und fachdidaktisch hoch qualifizierte Fachleute. Das darf bei der Kritik des Fachunterrichtssystems nicht übersehen werden. Gleichzeitig sind aber die negativen Auswirkungen deutlich. Durkheim hat die schöne Formulierung gebraucht, daß der in Fächern organisierte Unterricht eine „Kurzfassung der intellektuellen Kultur der Erwachsenen" sei.[8] In der Tat bestimmen Begriffe wie Intellektualisierung, Verkürzung auf isolierende Perspektiven, fehlende Integration der Fachaspekte, kognitives Übergewicht, mißverstandene Wissenschaftsorientierung usw. die Kritik am Fachunterricht.

In der pädagogischen Praxis hat der Fachlehrer wegen der wenigen Wochenstunden, die er in seiner Lerngruppe unterrichtet und in denen er ein umfangreiches Stoffpensum bewältigen soll, oft kaum die Zeit, sich um den einzelnen Schüler zu kümmern und *Beziehungen als Grundlage von Lernprozessen* aufzubauen und zu pflegen. Schüler werden allzuleicht nur durch die Brille ihrer Fachleistung gesehen, und es soll Lehrer geben, die auch nach einem Schuljahr noch nicht die Namen aller Schüler einer Klasse kennen ... – Legitimation und Begründung für die zwei oder drei Wochenstunden leiten sich aus den fachspezifischen Lernzielen (bzw. der benötigten Zensur aus Schülersicht) her, nach 45 Minuten muß das vorgesehene Häppchen geschluckt sein; die Schüler werden mit *ständig wechselnden Unterrichtsstilen* konfrontiert. Andererseits ist es bei langweiligem Unterricht für die Schüler bisweilen eine Erlösung, wenn in der nächsten Stunde ein neuer Fachlehrer vor ihnen steht. Insgesamt liegt aber die Vermutung nahe, daß gerade das Fachunterrichtssystem bei Schülern zu einer genau kalkulierten Leistungsbereitschaft geführt hat: *motivationaler und kognitiver Einsatz-Stop* nach Erreichen der vorausberechneten Stelle hinter dem Notenkomma ...

• *Zweiter Grund*: Hinzu kommen *Professionalisierung und Verwissenschaftlichung des Lehrerberufs*. Neben der positiven Wertung als historischer Fortschritt (gegenüber den Lehrern als Küstern, Pfarrern oder entlassenen preußischen Soldaten) müssen Professionalisierung und Verwissenschaftlichung aber auch kritisch gesehen werden. Natürlich ist mit solcher Kritik keine Wiederbelebung der Berufsideologie (besonders des Volksschullehrers) gemeint, bei dem alles von seiner Person, seinem Charisma, der Spontaneität und Kreativität, verbunden mit der liebenden Hinwendung zum Kind als „pädagogischem Bezug" abhing. Nach dem von der Wissenschaft geprägten Bild des „professionals" hingegen „wird davon ausgegangen, daß der Lehrer seine Unterrichtstätigkeit auf der Grundlage wissenschaftlicher Erkenntnisse ... methodisch plant, angemessen instrumentalisiert, evaluiert und schließlich optimiert."[9] Als Folge aber „neigen heute viele Lehrer dazu, sich in ihrer Berufsrolle nur noch als Lehrer und nicht mehr als Erzieher zu verstehen."[10] Genau diese erzieherische Funktion aber steht im Zentrum der Klassenlehrertätigkeit.

• *Dritter Grund*: Der eigentliche gesellschaftliche Hintergrund aber für den verstärkten Ruf nach dem Klassenlehrer muß im Zusammenhang mit dem gesehen werden, was heute als *„Sinnkrise der Jugend"* und *Verlust von Orientierung und Halt gebenden Bindungen* beschrieben wird. Die Beobachtung, daß die gegenwärtig gesellschaftliche Entwicklung „durch einen Verlust an verbindlichen Normen und durch einen Zerfall ehemals starker Bindungsgemeinschaften (Familie, Nachbarschaft, Kirchengemeinde) gekennzeichnet ist"[11], enthält sicher etwas Richtiges: Jede dritte Ehe (in Großstädten jede zweite) wird inzwischen geschieden; in „Ehen ohne Trauschein" als institutionell-rechtlich ungesicherter Beziehungsform leben schätzungsweise zwischen 1 und 2,5 Millionen Personen (darunter viele Kinder) in der alten Bundesrepublik. Ulrich *Beck* warnt aber in seinem Buch „Risikogesellschaft" ausdrücklich davor, solche Entwicklungstendenzen „gradlinig im Sinne einer erwachsenden Anarchie und Bindungsflucht"[12] zu interpretieren. Im Gegenteil: Gerade Jugendliche streben in der Mehrzahl kein bindungsloses Leben an. *Beck* hat diese „Enttraditionalisierung der industriegesellschaftlichen Lebensformen" nicht als „Bindungsverlust" beschrieben, sondern im Begriff „Individualisierung" (auch sozialer Ungleichheit) die Widersprüchlichkeit dieses Prozesses analysiert.

Die Konsequenz einer neuen „*Bindungspädagogik*" übersieht die Ambivalenz und Widersprüchlichkeit dieser gesellschaftlichen Entwicklung. Die Betonung des sozialerzieherischen Auftrags der Schule darf also angesichts solcher neuartigen sozialen Einbindungen ihre kritisch-aufklärende Funktion nicht verlieren. *Soziale Erfahrungen* und *soziales Lernen* in der Schule als Wiederbelebung der familienorientierten Interpretation des „pädagogischen Bezuges" wären ein schulreformerischer Rückschritt. Abgesehen davon, daß die Schule allein den Verlust traditioneller Bindungen ohnehin nicht kompensieren kann, führt die „These, daß eine derartige umfassende erzieherische Arbeit ... eigentlich nur von der Person des Klassenlehrers geleistet werden kann"[13], allerdings zur Überschätzung und Überforderung der Möglichkeiten dieser Funktion des Lehrers.

1.3 Zwischen „Amtsinhaber" und „Beziehungsfachmann"

„Das Ordinariat haben" hieß früher die Klassenlehreraufgabe. Damit wurde ausgedrückt, daß der Klassenlehrer zunächst ein durch Gesetz und Erlaß geregeltes Amt auszufüllen hatte. Eine Durchsicht der kultusministeriellen Regelungen der Länder zeigt in der Tat, daß die Klassenlehrerrolle explizit fast in jedem Bundesland als besondere Aufgabe genannt wird, die von der Verantwortung für das ordnungsgemäße Führen des Klassenbuches, dem Überwachen von Entschuldigungen für das Fehlen im Unterricht über die Einberufung regelmäßiger Elternabende und die Durchführung von Klassenreisen bis zum Unterschreiben der Zeugnisse reicht; qua Amt kann er bis zu drei Tagen vom Unterricht beurlauben, Beschlüsse der Klassenkonferenz über Verweise herbeiführen, Ämter in der Klasse verteilen u.a.m.

Damit ist zunächst einmal gegenüber dem Fachlehrer ein nicht unerheblicher formaler Autoritätszuwachs verbunden. Bezeichnend ist in diesem Zusammenhang das weit verbreitete Ritual zum Schulbeginn der Erstkläßler: Im Anschluß an die allgemeine Feier gehen die Klassenlehrer mit ihren neuen Klassen für kurze Zeit, gleichsam als symbolische Trennung von den „draußen" wartenden Eltern, in den Klassenraum. Es drückt (wie auch andere Eintritts- oder Austrittsrituale) die geforderte institutionelle Solidarität aus, wobei bereits sehr früh gerade der Klassenlehrer dazu beiträgt, das Funktionieren der internen Regelungen und Differenzierungen (z. B. nach Alter und Klassen) der Institution Schule zu gewährleisten. Klassenlehrer sein heißt also auch, in besonderer Eindeutigkeit Verordnungen, Dienstvorschriften, administrativen Regelungen, Konferenzbeschlüssen usw. zur Durchsetzung zu verhelfen – und zwar zunächst unabhängig von persönlichen pädagogischen Auffassungen. Dazu verpflichtet den Klassenlehrer sein *Amt*.

Auf der anderen Seite wird immer wieder die *besondere pädagogische Aufgabe* des Klassenlehrer betont, die Herausforderung als „Erzieherpersönlichkeit". Er soll die Klassengemeinschaft fördern, sich in besonderer Weise Kindern mit Motivations- und Lernschwierigkeiten zuwenden und dazu beitragen, daß Schüler soziale Verantwortung entwickeln u. a. m. In der Tat ist der Lehrer – und nicht nur der Klassenlehrer – heute mehr als früher gezwungen, wie es T. *Ziehe* formuliert, „das Vakuum an kulturell präsenten Sinnmöglichkeiten durch gute Beziehungen zu ersetzen".[14] Das erfordert die Bereitschaft zur Gestaltung von Beziehungsprozessen, also psychosoziale Handlungskompetenz.

Als Klassenlehrer sind Lehrer in besonderem Maße Subjekte ihrer Arbeitssituation. Deshalb gewinnt die eigene Person eine so große Bedeutung, denn in der Beziehungsgestaltung ist die ganze Person in den verschiedenen, auch außerschulischen sozialen Bezügen gefordert.

Spätestens an dieser Stelle ist auf eine notwendige Differenzierung der Klassenlehrer-Rolle zwischen Männern und Frauen hinzuweisen. Lehrerinnen neigen nach neuesten Untersuchungen (z. B. von Karin *Flaake*) eher als Lehrer dazu, sich „auf Beziehungen zu Schülerinnen und Schülern einzulassen und ihnen auch als Ansprechpartnerin für persönliche Probleme zur Verfügung zu stehen, während Lehrer in stärkerem Maße institutionelle Erfordernisse wie Wissensvermittlung und Leistungsbewertung betonen. Das gilt sowohl für Lehrende an Hauptschulen als auch an Gymnasien".[15] Problematisch daran ist nach *Flaake* vor allem die Tendenz der Frauen, ihren eigenen Wert stark über die Wertschätzung durch andere zu bestimmen. Hinzu kommt eine zweite Tendenz, nämlich sich für (viel zu) vieles verantwortlich zu fühlen und die eigenen Einfluß- und Veränderungsmöglichkeiten als unbegrenzt zu phantasieren. Beide Tendenzen zusammen führen für die Funktion der Klassenlehrerin zu besonders starken Belastungen und Gefährdungen. Wesentlich ist darum gerade für die Klassenlehrerin die (zu lernende) Fähigkeit, sich abzugrenzen, und zwar sowohl gegenüber Schülern und Schülerinnen als auch durch Einsicht in die Begrenztheit der eigenen Möglichkeiten.

Auf die Klassenlehrer und Klassenlehrerinnen kommen insbesondere zwei Aufgabenfelder in verstärktem Maße zu: Einmal sind – im Sinne der Wichtigkeit von *Beziehungsgestaltung* und *orientierenden Bindungen* der Schüler – verstärkt Stabilisierungen notwendig. Wenn die Destabilisierung unter vielen Lehrern auch ebenso gravierend ist, so werden Schüler erst recht nur eine stabile Identität entwickeln, wenn sie sich mit „Objekten" (im psychoanalytischen Sinn) identifizieren können.

Zum anderen wird angesichts zunehmender Differenzierung der Schulformen vor allem den Klassenlehrern die *Aufgabe einer individuellen Bildungs- und Schullaufbahnberatung* zukommen, welche die Begabungen, Interessen, Leistungs- und Entwicklungsfähigkeit des einzelnen Schülers angemessen berücksichtigt.

2. Funktionsbereiche des Klassenlehrers

2.1 Einhaltung der Schulordnung

Es sind zunächst unter schulrechtlichem Aspekt vor allem vier grundlegende Funktionsbereiche, die die Aufgabe des Klassenlehrers kennzeichnen. Zunächst haben Klassenlehrer für die „Aufrechterhaltung der Schulordnung und für einen regelmäßigen Schulbesuch zu sorgen. Verletzungen der Schulpflicht und gröbere Verstöße gegen die Schulordnung sind dem Schulleiter zu melden." (Beamtengesetz Schleswig-Holstein, Erg. Lfg. 9 v. 12. 2. 1986, § 5). „Bei einem auffallenden Absinken des Leistungsstandes und sonstigen wesentlichen den Schüler betreffenden Vorgängen sorgt er ... für eine möglichst frühzeitige schriftliche Unterrichtung der Erziehungsberechtigten." (Schulr. Bayern Erg.-Lfg. 78 v. 18. 12. 1984).

Damit wird deutlich, daß der Klassenlehrer im ersten Funktionsbereich vor allem die Belange der Institution Schule durchzusetzen hat; zu diesen gehört auch das Überwachen der Leistungsentwicklung und die Meldepflicht gegenüber den Eltern. Neben dieser „Disziplinierungsfunktion" gehören dazu aber auch Verwaltungsaufgaben (wie das Führen von Listen, Klassenbüchern usw.). Neben der Fachqualifikation bestimmt dieser erste Funktionsbereich aber auch das Image eines Kollegen an der Schule, denn es ist nicht unwichtig, wie gut er gerade mit einer „schwierigen" Klasse als Klassenlehrer fertig wird. Darum ist für den Klassenlehrer die selbstkritische Frage zu stellen, wie er mit der seinem Amt innewohnenden Macht umgeht.

Die sich aus diesem Aufgabenbereich ergebenden *Konflikte* liegen auf der Hand: Stärker noch als die Fachlehrer kann der Klassenlehrer in den Widerspruch zwischen seinen eigenen pädagogischen Auffassungen von Freiheit, Selbstbestimmung und Selbstverantwortung der Schüler und den Anforderungen der Schule nach einem „geregelten" Schulbetrieb geraten. (Wenn er z. B. die Schüler einer Schülerdemonstration während der Unterrichtszeit teilnehmen läßt, ohne das damit verbundene Unterrichtsversäumnis der Schulleitung zu melden.) Ein Konflikt zwischen eigener Parteilichkeit und amtlichem Einschreiten liegt nahe, wenn er sich gegenüber Dritten auf die Seite seiner Schüler stellt, „die Scheiß gebaut haben."[16] Oder er gerät in den Zwiespalt zwischen Toleranz und Meldepflicht, wenn er in Erinnerung an seine eigene Schülerzeit das gelegentliche „Blaumachen" seiner Schüler augenzwinkernd duldet ...

Allerdings ist dieser erste Aufgabenbereich keineswegs allein gegen die Interessen der Schüler gerichtet. Amtlich wird nämlich auch verordnet: „Der Klassenlehrer unterrichtet sich über Leistungen, Fähigkeiten und Verhalten seiner Schüler, auch soweit der Unterricht von anderen Lehrern erteilt wird, und sorgt dafür, daß sich die in seiner Klasse tätigen Lehrer hierüber verständigen. Überbürdung und ungleichmäßige Belastung der Schüler sind zu vermeiden." (Dienstanweisung für Lehrer..., Hamburg, Vw Hb Schul 6. Nachtrag Mai 78, s. 13).

2.2 Die Schüler schützen und vertreten

Der zweite, durchgehend in den Ländern genannte Funktionsbereich ergibt sich z. B. durch diese Koordination der verschiedenen Tätigkeiten der Fachlehrer seiner Klasse und dem Schutz vor Überbürdung in der Vertretung der Belange und Interessen „seiner" Schüler. In Rheinland-Pfalz heißt es ausdrücklich: „Er vertritt die Belange der Schüler seiner Klasse gegenüber den Lehrern, den Konferenzen und dem Schulleiter" (Dienstordnung ... 6.2.2 Rheinland-Pfalz, Grundwerk 1980) und „berät mit dem Klassensprecher besondere Anliegen der Klasse" (a.a.O. 6.2.7). Verbunden mit dieser Funktion ist eine explizit betonte *Beratungspflicht.*

In der Praxis ist dies nicht immer leicht: Da beschwert sich eine Klasse über den „unmöglichen" Unterricht eines Fachlehrers, und prompt gerät der Klassenlehrer im Gespräch mit dem Kollegen in Konflikt zwischen dem Vertreten der „Belange seiner Klasse" und den pädagogischen Vorkriegsauffassungen des Kollegen. Oder die Klassenkonferenz ist nach wiederholten Prügeleien des Schülers Michael S. für einen zeitweisen Ausschluß vom Unterricht, während der Klassenlehrer durch verschiedene Hausbesuche um die bedrückende Atmosphäre des Elternhauses weiß und sich in die aggressiven Ausschreitungen Michaels ganz anders einfühlen kann: Denkzettel oder pädagogische Geduld? Oder der Klassenlehrer hat mit viel Mühe Gruppentische arrangiert und bemüht sich, nach gruppenpädagogischen Grundsätzen zu arbeiten; Fachlehrer aber lassen regelmäßig am Anfang der Stunde erstmal eine „vernünftige" Sitzordnung herstellen, damit sie eine bessere Übersicht haben. Eine andere Klasse möchte unbedingt ins Ausland fahren, der Schulleiter aber verweigert die Genehmigung. Viele Beispiele (übrigens auch mit umgekehrter Gewichtung: pädagogisch orientierte Fachlehrer gegen rigide Klassenlehrer) ließen sich nennen.

2.3 Kontakte zu Eltern pflegen

Der dritte Funktionsbereich, der sich in den kultusministeriellen Bestimmungen ausmachen läßt, ist eine *besondere Pflicht zur Beratung der Eltern und zum Kontakt* mit ihnen. Er reicht von der Empfehlung, die „häuslichen Verhältnisse" kennenzulernen (Schleswig-Holstein a. a. O. § 6) über die Veranlassung der Wahl der Klassenelternvertreter bis zu regelmäßigen Elternabenden.

Der Klassenlehrer sieht sich dabei aber keineswegs einer homogenen Elternschaft gegenüber. Vielmehr begegnen ihm *verschiedene Eltern-Typen:*

- Eine Gruppe von Eltern ist eher zurückhaltend, scheu, manchmal ängstlich oder beflissen, der Klassenlehrer wird als Fachautorität respektiert, Widerspruch wird selten geäußert.
- Eine zweite Gruppe hält eine ganzheitliche, bedürfnis- und inhaltsorientierte und kritische Erziehung ihrer Kinder für wünschenswert.
- Eine dritte Gruppe schließlich ist stärker auf Wissensorientierung des Unterrichts, Erlangung von Berechtigung und auf das traditionelle Wertsystem ausgerichtet, ihre Vorstellungen bauen eher auf Gehorsam und Konfliktvermeidung und stellen das Leistungsstreben stark in den Vordergrund.
- Eine weitere Gruppe sind Eltern mit „Behördenkomplex" (was zur totalen Anpassung führen kann, aber auch zu einem destruktiven Mißtrauen gegenüber allem, was von „oben" kommt).
- Schließlich gibt es die notorischen Nörgler, die Besserwisser und diejenigen, die den Klassenlehrer als eine Art „Hauslehrer" betrachten, der sich im Grunde nur um das Wohl ihres eigenen Sprößlings zu bemühen hat.
- Natürlich finden sich auch immer wieder Eltern, die schlichtend und konstruktiv mitarbeiten.

Die alltäglichen *Verkehrsformen* zwischen Klassenlehrer und Eltern haben sich – außer Spontankontakten wie z. B. dem Telefongespräch – weitgehend institutionalisiert: Elternabende, Elternsprechtage, gelegentliche Mitarbeit von Eltern im Schulleben („Milchmütter"), einzelne Hausbesuche, Sprechstunden, manchmal auch Verkehrshefte oder Elternbriefe u. a. m. Dabei tritt der Klassenlehrer als offizieller Vertreter der Institution Schule auf, er hat die Informationen, die die Eltern nicht besitzen, Eltern hingegen sind „einzelne Partei" und haben keine Vergleichsmaßstäbe, um die Berechtigung der Lehrerwünsche überprüfen zu können.

Ein Grund für die Entwicklung gestörter Verkehrsformen liegt vor allem in den negativen Kontaktanlässen, meist Beschwerden. Abhilfe könnte darin liegen, daß der Klassenlehrer die Eltern eines Schülers z. B. gerade auch dann anruft, wenn es etwas Positives zu vermelden gibt.

Insgesamt lassen sich die Beziehungen zwischen den Eltern und dem Klassenlehrer erheblich verbessern durch kommunikationsorientierte „Aktionen": Vom Elternstammtisch, dem gemeinsamen Fest, Ausflügen, Spielabenden bis zum gemeinsamen Theaterbesuch und der Teilnahme an Stadtteilinitiativen etc. schafft ein gemeinsamer Handlungsbezug Kontaktmöglichkeiten. Viele gutgemeinte problemorientierte Elternabende mit einem an sich interessanten Thema erweisen sich als schwierig, weil diese elementare Voraussetzung nicht beachtet wurde.

Ein solcher Aktivierungsprozeß hingegen fördert auf zwanglose Weise das gegenseitige Kennenlernen, schafft Vertrauen und kann einen „Zwangsverband" von Eltern (und Lehrer) in eine lebendige Gruppe verwandeln, in der sich das Gespräch über inhaltliche Probleme aus dem informellen konkreten Erfahrungsaustausch ergibt.[17]

2.4 Pädagogische Verantwortung übernehmen

Der vierte Funktionsbereich liegt in dem, was des öfteren die „besondere pädagogische Verantwortung" (Schulr. Berlin Erg.-Lfg. 14 v. 9.3.84) genannt oder in Rheinland-Pfalz mit der Formulierung zusammengefaßt wird: „Der Klassenlehrer ist in besonderem Maße für die erzieherische und fachliche Förderung der Schüler seiner Klasse verantwortlich" (a. a. O. 6.2). Diese Zuweisung ist über die bereits genannten Aufgaben hinaus näher definiert durch zahlreiche Einzelbestimmungen zum Schulleben, zu Klassenfahrten, aber auch zur Sexualerziehung, zum Vermitteln von Werten und Normen, zur besonderen Verantwortung des Lehrers als Vorbild u. a. m.

Konflikthafte Kehrseite dieser besonders intensiven pädagogischen Beziehung zwischen dem Klassenlehrer und seinen Schülern ist z. B. die Tatsache, daß es Schüler gibt, die über längere Zeit mit ihrem Klassenlehrer nicht „klarkommen", die vielleicht sogar eine ausgesprochene Antipathie gerade zu dem Lehrer entwickeln, der ihnen am nächsten stehen sollte. Aber auch umgekehrt: Mancher Lehrer kann – wenn er authentisch ist und die Realität nicht durch das pädagogische Sollen idealistisch verschleiert – einfach den ein oder anderen Schüler seiner Klasse nicht ausstehen. Hier hilft nur die Bereitschaft, daß solche Schüler sich legitimerweise eher an Fachlehrern ihres Vertrauens orientieren dürfen als am institutionell verordneten Klassenlehrer.

3. Pädagogische Handlungsmöglichkeiten des Klassenlehrers

3.1 Klassen- und Schulleben prägen

Kaum jemandem ist geholfen, wenn die – an sich sehr berechtigte – Forderung nach *Intensivierung des Schullebens* (also z. B. Feiern, Feste, das Wandern, die räumliche Ausgestaltung, die außerunterrichtlichen Neigungsgruppen und Arbeitsgemeinschaften usw.) ein weiteres Mal erhoben wird. Die besondere Möglichkeit des Klassenlehrers liegt gerade darin, *Schulleben* nicht als „Ergänzung" des traditionellen Unterrichts aufzufassen, sondern *als* eine *„neue Unterrichtskonzeption"*[18] zu begreifen. Schulleben also nicht als „Gegengewicht" oder Alibi gegenüber dem theoretischen Unterricht, sondern: „Der Unterricht ist eingebettet in den sozialen Handlungsraum und das Gemeinschaftsleben der Schüler; Erziehung, Bildung und Unterricht sind im 'Schulleben' organisch miteinander verbunden."[19]

Ein Beispiel:
Eine 6. Klasse erarbeitet im Anschluß an das Thema „Die erste Besiedlung Nord-amerikas durch die Engländer" ein Spiel, das die entbehrungsreiche Fahrt auf der „Mayflower" darstellt, selbst entwickelt durch Nachspielen imaginierter Szenen auf dem Schiff. Die Turnhalle bietet die Möglichkeit, Phantasie und „action" zu verbinden. Über eine erste und zweite Fassung entsteht eine dritte, die dann schließlich auf einem Elternabend aufgeführt wird. Welche Handlungs-möglichkeiten sich z. B. für den Klassenlehrer in der Hauptschule durch Beto-nung solcher und ähnlicher projektorientierter Unterrichtsverfahren ergeben, hat M. Wolfhard[20] an eindrücklichen Beispielen demonstriert. Für den Klassenlehrer bedeutet dies die Übernahme möglichst großer Unterrichtsanteile, also von Fä-cher- oder Lernbereichen. Angesichts fehlender Fachqualifikation des einzelnen aber liegt die Perspektive in der engen Zusammenarbeit möglichst kleiner Lehrer-teams.

3.2 Die Klassenatmosphäre gestalten

Seit der bekannten *Rutter-Studie*[21] spätestens wissen wir um die enorme Bedeu-tung von Atmosphäre und „Klima" einer Schule für den Lernerfolg der Schüler. Von besonderer Wichtigkeit ist der *Lehrer als „Modell"* vor allen in seinem Interaktionsstil und in der Einstellung zur Schule: Nicht nur „die Pflege und Instandhaltung der Schulgebäude" sind unverzichtbar, sondern auch, daß „die Lehrer ihren Schülern jederzeit zu einem Gespräch über persönliche Angelegen-heiten zur Verfügung standen, ... weil sie die Sorgen ihrer Schüler ernstneh-men."[22] Zum Aufbau einer dauerhaften, zielgerichteten Zusammenarbeit gehö-ren nach *Rutter* auch möglichst viele gemeinsame Ausflüge und Exkursionen. Die Delinquenzrate z. B. lag niedriger, „wenn die Klassen bzw. Kurse während der gesamten Sekundarschulzeit im wesentlichen zusammenblieben."[23]

Praktische Möglichkeiten, das Klima zu verbessern, liegen z. B. im *offenen Unterrichtsbeginn*: Der Lehrer ist schon etwas eher da, und die Schüler können vor dem offiziellen Schulbeginn sich in der Klasse aufhalten und spielen, mit dem Lehrer reden, sich mit Aufgaben beschäftigen u. a. m. „Beratung" jenseits von Unterricht, das gelegentliche gemeinsame Frühstück, die durch eine Spiele- und Materialiensammlung angeregte „aktive Pause", aber auch der „Morgenkreis" mit Kurznachrichten über aktuelle Ereignisse (vielleicht sogar mit einem Lied), der Geburtstagskalender an der Wand, die Ausgestaltung des Klassenraums mit den Ergebnissen des gemeinsamen Lernens und Arbeitens, mit einer „Kuschelecke" oder einer Leseecke, einer Plattenausleihe, einer Bücher- und Heftesammlung, Pflanzen, vielleicht Tieren, selbstgedruckten kleinen Texten sind Möglichkeiten für den Klassenlehrer, eine Atmosphäre herzustellen, die über die *Zweck-*

rationalität betonierter pädagogischer Intentionen im modernen Schulbau hinausgeht.

3.3 Die Klassengemeinschaft fördern

Durch Umzug kommen neue Schüler in die Klasse, Sitzenbleiber müssen ihr Stigma bewältigen, Rückläufer aus anderen Schulen wollen (manchmal nicht) integriert werden und müssen ihren „Abstieg" verkraften, andere Schüler werden verabschiedet, hin und wieder ist jemand im Krankenhaus und wartet auf ein Signal, daß er nicht vergessen ist von „seiner" Klasse. Anlässe genug für den Klassenlehrer, solche Ereignisse ernst zu nehmen und mit sozialer Sensibilität zur Sprache zu bringen. Klassen werden neu zusammengestellt – für manchen Schüler geradezu ein neuer Schulbeginn mit alten Ängsten und Sorgen: Wer sind die anderen? Werde ich wohl akzeptiert? Wer wird hier der Boß? Wen kann ich leiden, wer mag mich? Wie komme ich mit „blöden Typen" klar, – unter Schülern und neuen Lehrern? Existentielle Fragen, für manchen wichtiger als die Sacharbeit im Unterricht.

Der Klassenlehrer muß wissen: Jede neue Klasse muß im Laufe ihrer Geschichte einige grundlegende „Entwicklungsaufgaben" lösen, bzw. *folgende Phasen* durchlaufen:[24]

1. Orientierung: Kennenlernen, Vertrautwerden
2. Einführung von Normen (z. B. zur kooperativen Selbstbestimmung der Klasse, zum Eingehen auf die anderen)
3. Umgang mit Konflikten
4. Produktivität
5. Auflösung (oder Erweiterung der sozialen Perspektive)

Wie man die Entwicklung der Klasse durch Spiele fördern kann, habe ich im Beitrag über Interaktionsspiele ausführlich beschrieben.

Zur ersten Phase: Eine große Hilfe kann der Lehrer bei der Entwicklung in dieser Phase leisten, wenn er zum einen von sich selbst etwas erzählt, seine Anforderungen und sein methodisches Vorgehen erklärt und viel Zeit zum Fragen läßt. Fragen dienen oft unbewußt mehr einem gefühlsmäßigen Sicherheitsbedürfnis als einem rationalen Informationsverlangen. Aber auch einfache Spiele können helfen, sich gegenseitig kennenzulernen, zu akzeptieren und unbewußte Ängste abzubauen.[25]

Zur zweiten Phase: Eine gemeinsame Aufgabe kann neue Normen vermitteln, wenn auch die Art und Weise der Bewältigung der Aufgabe zum Thema gemacht wird. Wichtigster Ansatzpunkt ist das Schaffen und Organisieren von Möglichkeiten für die Schüler, untereinander und miteinander zu kooperieren. Auch hier kann man mit einfachen Spielen beginnend (und deren gemeinsamer Auswertung) einen Prozeß der rationalen Verständigung über Normen der Zusammenarbeit initiieren.

Zur dritten Phase: Hilfen zur Konfliktlösung liegen vor allem im Beachten (und nicht im nichtwertenden Akzeptieren) des gefühlsmäßigen Hintergrundes von Äußerungen, im Einüben von „Ich-Botschaften" (*Gordon*), im Abklären von nicht geäußerten Hintergrund-Bedürfnissen (Was möchte ich eigentlich?), im Suchen von Lösungen, bei denen keiner verliert. Gelegentlich kann auch ein Rollentausch (Kontrahenten setzen sich jeweils auf den Stuhl des Gegners und fühlen/denken sich in dessen Anliegen hinein) nützlich sein, ebenso wie ein gemeinsames Brainstorming der Kontrahenten zur Entwicklung von Lösungen, denen beide zustimmen können.

Zur vierten Phase: Für die Produktivität auf der Sachebene bieten sich vor allem gruppenunterrichtliche Verfahren an, die einen engen Bezug zu den aufgebauten und angestrebten kooperativen Fähigkeiten haben.

Die *fünfte Phase* schließlich, nämlich Abschied und Beendigung der gemeinsamen Zeit, wird in der Schule selten bearbeitet, sieht man von den beschönigenden offiziellen Entlassungsritualen einmal ab. Daß Schüler aber auch Trennungsängste empfinden und traurig sind wegen des Endes einer erlebnisreichen Klassengemeinschaft, kann und soll genauso Thema sein wie der Beginn des Zusammenseins.

3.4 Erlebnisse und Erfahrungen ermöglichen

Es bedeutet für das „Wir-Gefühl" einer Klasse bereits sehr viel, wenn sie die Ergebnisse projektorientierter Arbeit der „Öffentlichkeit" (Schule, Eltern, Stadtteil) vorstellt. Vom Klassenlehrer angeregte Teilnahme an Wettbewerben, die Gestaltung von Fluren, Wänden oder des Schulhofes, aber auch gemeinsame Erkundungen, Unterschriftenaktionen, Sammlungen von Rohstoffen wie Aluminium usw. können ebenso die *Erlebnisdimension von Schule* fördern.

Vor allem aber bietet die Klassenfahrt ein reiches Feld von Erfahrungen und Erlebnissen: das Zeltlager mit Selbstverpflegung ebenso wie Kanufahrten, alternative Studienreisen mit Teilnahme an ökologischen Projekten, sozialpädagogisch orientierte Ferienlager (z.B. gemeinsam mit behinderten Kindern), die Türkeireise in die Heimat der ausländischen Schüler, aber auch Projekte im „normalen" Schullandheim, Untersuchungen im Wattenmeer unter fachkundiger Anleitung örtlicher Initiativen u. v. a.

4. Grenzen der Funktion des Klassenlehrers

Wir haben (unter 1.2) einige gesellschaftliche Gründe genannt, die den Ruf nach dem Klassenlehrer in seiner Erziehungsfunktion plausibel machen. Andererseits darf dem Klassenlehrer nicht als Bürde auferlegt werden, die Defizite der Gesellschaft auszugleichen. Die gelegentlich zu hörende Forderung einer *„Bindungspädagogik"* ist berechtigt, wenn die prinzipiellen Grenzen von Schule gesehen werden. Vor einer überzogenen Akzentuierung des „pädagogischen Bezugs", z. B. mit Begriffen wie „Umfassung" (im Anschluß an *Buber*) oder „Ganzheitlichkeit" der pädagogischen Beziehung oder auch „Freundschaft" oder „Liebe" (im Anschluß an Spranger), ist zu warnen. Auf den ersten Blick mögen sie einleuchtend sein, einer genaueren Analyse im Hinblick auf ihre Brauchbarkeit für die öffentliche Schule halten sie nicht stand.

Wir dürfen nicht übersehen, daß wir es – auch und gerade beim Klassenlehrer – mit einer professionellen pädagogischen Beziehung zu tun haben. Mit Giesecke[26] ist darauf hinzuweisen, daß *berufliches pädagogisches Handeln öffentliches Handeln* ist und insoweit in gesellschaftliche Institutionen eingebunden ist. Damit hat es – gleichsam gegen eine totalitäre Umfassung – eine partikuläre Perspektive, „d. h., es zielt nicht auf die ganze Persönlichkeit des anderen, sondern auf diejenigen Aspekte, die eben durch ein bestimmtes Lernen verändert werden sollen".[27] Deswegen schließen sich genaugenommen „Ganzheitlichkeit" und Professionalität aus. Zudem ist im Unterschied zu intimen Beziehungen wie Freundschaft und Liebe die pädagogische Beziehung gerade nicht auf Bindung, sondern immer wieder auf ihre Auflösung hin angelegt, sie endet gleichsam immer mit dem Ende ihres Zweckes, was jeder Lehrer in einer emotional traurig-freudigen Mischung erlebt, wenn er eine Klasse aus der Schule entläßt.

Es trägt darum nur zur Idealisierung der Bindung an den Klassenlehrer bei, wenn ausschließlich die Unmittelbarkeit der pädagogischen Beziehung gefordert und damit das pädagogische Charisma des Klassenlehrers gleichsam auf Serie gelegt werden soll. Zu bedenken ist außerdem, daß der Klassenlehrer ja mit mehreren Schülern gleichzeitig eine pädagogische Beziehung eingehen muß. „Das ist aber nur möglich, wenn sie so viel Distanz aufweist, daß alle in ihr verbleiben können, ohne ihre Individualität aufgeben zu müssen."[28] Damit wird die Klassenlehrerrolle auch von Schablonen (wie Tag und Nacht für die Schüler Dasein-Sollen) befreit, und pädagogische Beziehungsformen können jeweils in der spezifischen Situation zwischen Menschen neu entdeckt und entfaltet werden.

Die *besondere pädagogische Aufgabe des Klassenlehrers* muß sich also nicht in der pflichtmäßigen Wahrnehmung seines behördlich verordneten Amtes erschöpfen, sondern enthält eine Fülle von Handlungsmöglichkeiten, die dazu helfen können, daß Schule (wieder) Spaß macht, vorausgesetzt, man entdeckt die besonderen Chancen des Klassenlehrers zwischen Beamtenrecht und Sozialpädagogik ...[29]

Anmerkungen

[5] *Dick*, L. van: „Mal sehen, ob der Typ echt ist ...“ – Vom Dialog zwischen Leerkörpern und tobendem Leben. In: Bastian, J. (Hrsg.): Vor der Klasse stehen. Hamburg 1987, S 77.

[6] A.a.O. S. 77.

[7] Freie und Hansestadt Hamburg, Behörde für Schule und Berufsbildung, Amt für Schule: Sekundarstufe I – Richtlinien für Erziehung und Unterricht. Hamburg 1986, S. 10.

[8] *Durkheim*, E.: Die Entwicklung der Pädagogik. Weinheim 1977, S. 22.

[9] *Spanhel*, D.: Die Rolle des Lehrers in unserer Gesellschaft. In: Twellmann, W. (Hrsg.): Handbuch Schule und Unterricht. Bd. 1, Düsseldorf 1981, S. 109.

[10] A.a.O., S. 104.

[11] *Struck*, P.: Pädagogik des Klassenlehrers. Hamburg 1981, S. 6.

[12] *Beck*, U.: Risikogesellschaft. Frankfurt/Main 1986, S. 164.

[13] *Struck*, P.: Pädagogik des Klassenlehrers. Hamburg 1981, S. 6.

[14] *Ziehe*, T.: Von der Gratisproduktion der Kultur und der unsichtbaren Arbeit des heutigen Lehrers. In: Bastian, J. (Hrsg.): Vor der Klasse stehen. Hamburg 1987, S. 48.

[15] *Flaake*, K.: Grenzenlose Wünsche – Beschränkte Möglichkeiten. Lehrerinnen und Entlastungsmöglichkeiten. In: PÄDAGOGIK. 10/1980, S. 34.

[16] *Dick*, L. van: „Mal sehen, ob der Typ echt ist ...“ – Vom Dialog zwischen Leerkörpern und tobendem Leben. In: Bastian, J. (Hrsg.): Vor der Klasse stehen. Hamburg 1987, S 77.

[17] vgl. *Gudjons*, H.: „Hilfe – die Eltern kommen“ – Über den alltäglichen Kontakt Schule-Elternhaus. In: Hamburg macht Schule. 4/1990, S. 5ff. – Teile dieses Artikels wurden, ebenso wie größere Abschnitte aus früheren Arbeiten des Autors (Heft 9/1988 PÄDAGOGIK) , in den vorliegenden Beitrag übernommen.

[18] *Dietrich*, T.: Zeit- und Grundfragen der Pädagogik. Bad Heilbrunn 1988, S. 156.

[19] A.a.O., S. 156.

[20] vgl. *Wolfhard*, M.: Handlungsfähig durch Selbstvertrauen und Zuversicht. Hauptschüler und ihre Klassenlehrer. In: PÄDAGOGIK, 9/1988, S. 25 ff.

[21] Rutter, M. u. a.: Fünfzehntausend Stunden. Weinheim 1980.

[22] A.a.O., S. 222.

[23] A.a.O., S. 238.

[24] vgl. *Stanford*, G.: Gruppenentwicklung im Klassenraum und anderswo. Braunschweig 1980. – Eine empirische Studie zum positiven Effekt von Interaktionsübungen legt vor: Berg, H.-J.: Entwicklung einer Schulklasse zur Gruppe. Frankfurt/Main 1990.

[25] Weitere Beispiele in *Gudjons*, H.: Spielbuch Interaktionserziehung. Bad Heilbrunn 1995, 6. Aufl.

[26] *Giesecke*, H.: Pädagogik als Beruf. Weinheim und München 1987.

[27] A.a.O., S. 13.

[28] A.a.O., S. 109.

[29] Eine ausgezeichnete Beschreibung der Klassenlehrerfunktion findet sich bei *Martin*, L. R.: Klassenlehrer- und Tutor/innen. Bad Heilbrunn 1996 sowie bei *Glöckel, H.*: Klassen führen – Konflikte bewältigen. Bad Heilbrunn 2000.

Spielen wir heute Karten oder machen wir Selbsterfahrung?

3. Fallbesprechungen in Lehrer/innengruppen
Berufsbezogene Selbsterfahrung: Ein Leitfaden, wie man es macht

1. Das Konzept

Die Überschrift des Beitrages nennt vier Elemente, die das Gesamtkonzept charakterisieren.

Das *erste* Element markiert gleichsam das „Herzstück" des Konzeptes: *Fallbesprechungen*. Berufsbezogene Probleme werden nicht (wie in einem Seminar) als ein für alle Teilnehmer gleich formuliertes Thema bearbeitet, sondern durch das Berichten und Bearbeiten eines Falles, den ein Teilnehmer einbringt. Damit rückt die Gruppenarbeit von der Konzeption her in die Nähe der in Sozialarbeit, Psychotherapie und im Beratungsbereich praktizierten *Supervisionspraxis*. Jede Sitzung nimmt ihren Ausgang von der subjektiven Betroffenheit eines Mitgliedes durch eine Situation aus dem beruflichen Alltagsgeschehen, die – als Fallbericht eingebracht – Thema und Interaktion der Gruppe bestimmen.

Das *zweite* Element – *LehrerInnengruppen* – kennzeichnet zugleich Adressatenkreis und Sozialform. Die Teilnahme an einer Fallbesprechungsgruppe setzt Berufserfahrung voraus, zumindest aber (bei Studenten) Mitarbeit in der Praxis. Deshalb ist die hier beschriebene Gruppenarbeit eher Teil der Lehrerfortbildung als des Studiums in der 1. Phase. Die *Gruppe* als Sozialform ermöglicht – gegenüber dem Einzelgespräch – stärkeren Rückhalt, größere Solidarität durch gemeinsame Betroffenheit und reichere methodische Möglichkeiten in der Fallbearbeitung.

Das *dritte* Element ist der *Berufsbezug*. Im Unterschied zur strengen Ausrichtung klassischer gruppendynamischer Arbeit auf die „Hier-und-Jetzt-Situation" der Gruppe und die Thematisierung/Analyse des laufenden Gruppenprozesses setzt die Fallbesprechungsgruppe bei den – außerhalb der Gruppe liegenden – beruflichen Alltagsproblemen der Mitglieder an. Die „Back-home-Situation" ist nicht mehr mühsames Transfer-Ziel für das in einem „reinen" Selbsterfahrungsseminar Gelernte, sondern liefert selbst die Themen zur Arbeit in der Gruppe. Berufsbezug meint dabei mehr als Unterricht. Thema der Gruppenarbeit können alle Interaktions-, Beziehungs-, Persönlichkeits- und Institutionsprobleme sein, die das Berufsfeld eines Teilnehmers bestimmen.

Das *vierte* Element schließlich ist die *Selbsterfahrung*. Damit eine Fallbesprechungsgruppe nicht zum intellektualisierenden Debattierzirkel wird, nimmt die Arbeit ihren Ausgang von der persönlichen Betroffenheit des Teilnehmers, der einen Fall vorträgt. Es geht also nicht um „Problemschüler an sich", sondern um „Problemschüler für mich". – Zum anderen meint Selbsterfahrung auch die Ebene der Bearbeitung des Falles in der Gruppe, wobei der vom Berichtenden ausgelöste Gruppen-Interaktionsprozeß für ihn das zentrale Erfahrungsfeld sein wird. Jeder lernt also auch etwas über sich selbst (bezogen auf das eingebrachte Problem) durch die Art und Weise, wie er in der Gruppe und wie die übrigen Teilnehmer mit ihm und untereinander agieren.

Mit der Persönlichkeitsentwicklung allein ist es allerdings nicht getan. So wichtig sie für den Lehrer als Basis für die Verbesserung seiner pädagogischen Kompetenz ist, so wenig kann der Gipfel der Selbsterfahrung für Lehrer eine Flucht in das wärmende Bad der Psychoszene sein. Selbsterfahrung durch Fallbearbeitung in Lehrergruppen soll der Bewältigung und Veränderung des Alltagslebens in einer Institution dienen, die mancher heute gar nicht mehr für veränderbar hält.

Dieser Bezug der Arbeit zur Schulwirklichkeit erfordert vor allem auch einen theoretischen Bezugsrahmen zum Verständnis, zur Analyse und zur Bearbeitung der eingebrachten Probleme, der psychologische, soziologische und pädagogische Ansätze integrierend aufnimmt. (Zum Gesamtfeld der Lehrersupervision vgl. *Ehinger/Hennig* 1994)

Unbewußte und bewußte Handlungsstrategien des Lehrers sind immer auch psychischer Niederschlag der *äußeren Bedingungen* seines Berufsfeldes und seiner berufsspezifischen Rolle und Funktion als *Lehrer*. Wollte man etwa Beziehungsschwierigkeiten in der Schule ausschließlich psychologisch, als zum Beispiel als Resultat biographischer Psychodynamik bearbeiten, so würde man sie einseitig als individuell-persönliche Unzulänglichkeiten dem einzelnen Lehrer anlasten. Für die Bearbeitung von Ängsten zum Beispiel – so hat B. Weidemann (*Weidemann*, 1978) gezeigt – ist eine hilfreiche Analyse nur im Kontext der Funktionen des Erziehungssystems (z. B. Qualifikations-, Selektions-, Integrationsfunktion) sowie der widersprüchlichen Anforderungsstrukturen des Berufsfeldes möglich (z. B. extensive Zielformulierungen bei minimalen praktischen Annäherungschancen).

Für eine selbsterfahrungsorientierte Gruppenarbeit im Rahmen der Lehrerfortbildung hat dieses zur Folge, daß sie Handlungsprobleme des Lehrers immer auch im Zusammenhang mit der Institution Schule und nie allein bezogen auf das Selbstkonzept des einzelnen Lehrers reflektieren muß. Natürlich soll ein Lehrer durch die Selbsterfahrung in einer Gruppe und durch permanente Reflexion seiner pädagogischen Tätigkeit seine persönlichen Eigenheiten, seine Stärken, Schwächen, Wünsche, Ängste usw. genauer kennenlernen. Aber er muß darüber hinaus individuelle Eigenschaften von den an seine Rolle gerichteten Erwartungen unterscheiden können. Eine Klasse z. B., die den Unterricht einer neuen Lehrerin sabotiert, die Vorschläge der Lehrerin ablehnt und mit Disziplinlosigkeit beantwortet, nimmt die „Neue" zunächst primär als Rollenträgerin und damit auch als institutionalisierte Autorität wahr. Diese Wahrnehmung ist an Vorerfahrungen der Schüler gebunden, sie drückt eine Beziehungsdefinition aus, deren latent konflikthafter Charakter mit der bisherigen Sozialisation durch die Institution Schule zusammenhängt. Wenn nun die Lehrerin dieses Schülerverhalten nur als persönliche Kränkung und Bedrohung erlebt und ausschließlich auf dem Hintergrund ihrer persönlichkeitsspezifischen Defizite deutet („Ich kann mich eben nicht durchsetzen"), so werden damit die komplexen Bedingungsebenen in der Entstehung von Konflikten, Störungen und Schwierigkeiten bedenklich reduziert.

Die Schule selbst trägt durch entfremdetes Lernen, durch Konkurrenzorientierung, Selektionsdruck, deformierte Beziehungsstrukturen, Konformitätszwänge etc. (*Pongratz*, 1979) auch mit zu Beschädigungen von Persönlichkeiten bei; insofern dürfen *Schul*probleme nicht vorschnell als *Lehrer-* oder *Schüler*probleme gedeutet werden.

Mit dem generellen Verständnis der Gesellschaftlichkeit psychologischer Strukturen grenzt sich das Konzept der Fallbesprechungsgruppe auch theoretisch von der Balint-Gruppe und von dem ihr zugrundeliegenden Deutungsansatz ab. Ohne dies hier im einzelnen ausführen zu können, sei hier lediglich darauf hingewiesen, daß sich die Fallgruppenarbeit durchaus an unterschiedlichen Bezugstheorien orientiert; Elemente der Psychoanalyse (z. B. Übertragung, Widerstand, Spiegelphänomen, unbewußte Anteile in Interaktionen, Ich-Entwicklung usw.), der Kommunikationstheorie, der Rollen- und Handlungstheorie, aber auch der kognitiven Lerntheorie werden aufgenommen. Ebenso Methoden und Techniken praktischer Verfahren, insbesondere aus dem breiten Spektrum der humanistischen Psychologie: von der Gestalttherapie (z. B. in der Phase des „Durcharbeitens" eines Falles), der TZI (z. B. bei der Regel- und Normenbildung besonders am Anfang einer Gruppe), der Gesprächstherapie (z. B. im einfühlenden Reverbalisieren emotionaler Erlebnisinhalte) bis hin zur Bioenergetik (z. B. in der Sensibilisierung für körperliche Symptome und Signale). Insbesondere die methodischen Schritte der Balint-Gruppe (z. B. Fallbericht, Assoziationen, Phantasien, Deutungen, Arbeit mit dem Spiegelphänomen, Analyse der „Wiederaufführung" des Falles in der Gruppeninteraktion) und die Stufen der Supervisionstechnik (*Heigl-Evers*, 1975) bestimmen den praktischen Ablauf der Gruppenarbeit.

Welcher theoretische Deutungsansatz am fruchtbarsten für eine Problematik ist und welche methodischen Interventionen am ehesten Klärung und Hilfe erlauben, hängt konkret von der Person des Berichtenden, von der Eigenart des berichteten Falles und nicht zuletzt von der Kompetenz der Gruppe ab. Gerade diese Offenheit und Beweglichkeit in theoretischer und methodischer Hinsicht macht die Lebendigkeit der Gruppe aus, erfordert andererseits aber eine minimale formale Strukturierung durch einen Leitfaden zur Bearbeitung eines Falles in der Gruppe.

2. Das Ziel: Lehrer-Selbsthilfe-Gruppen

Aus den Bemerkungen zum theoretischen Vorverständnis schulischer Inter-aktionsprobleme ergibt sich die Notwendigkeit, die generelle Zielformulierung nicht einzig auf das Persönlichkeitswachstum des Einzelnen zuzuspitzen. Die zu verbessernde Fähigkeit zur emotionalen Bewältigung und zur kognitiven Analyse von Interaktions- und Beziehungsschwierigkeiten muß eingelagert sein in die Absicht, auch den Mut und strategische Kompetenz zur Veränderung institutio-neller (und letztlich politischer) Bedingungen der Lehrerarbeit zu steigern. Es kommt bei jeder einzelnen Fallbearbeitung entscheidend darauf an, die Schwelle zwischen individuellen und institutionellen Lösungsmöglichkeiten zu erkennen und auf der Grundlage persönlicher Reifung zum solidarischen, gemeinsamen Engagement zur Veränderung der Rahmenbedingungen zu befähigen. Konkret zielt die Fallarbeit auf eine differenziertere Wahrnehmung des eigenen Verhaltens, eigener und fremder Gefühle, Impulse, Reaktionen, Phantasien, der unbewußten Anteile in einer Problemsituation (und damit auf das Bewußtma-chen verborgener Erwartungen, Ziele, Beweggründe etc.). Eine realitätsge-rechtere Einschätzung des eigenen Verhaltens und der eigenen Möglichkeiten ist Voraussetzung für die Entwicklung eines umfangreicheren Verhaltensrepertoires, das einer Problemlösung in unterschiedlichen Fällen angemessen ist.

Das Konzept einer Fallbesprechungsgruppe für Lehrer soll ein Verfahren entwik-keln, das im Rahmen einer basisnahen, dezentralisierten Fortbildung Lehrern helfen kann, in Gruppen ihre Weiterqualifizierung in die eigene Hand zu neh-men ("SCHILF"). Die Adressaten dieses Konzeptes sind deshalb Lehrer aller Schularten und Altersgruppen, die sich als professionelle Pädagogen zur gegen-seitigen „Peer-Supervison" zusammenfinden. Damit sind vor allem die Gleichbe-rechtigung aller Gruppenmitglieder und die gegenseitige Beratung – ohne „Be-lehrung oder Führung" durch einen Gruppenleiter – gemeint, was nicht aus-schließt, daß besonders in der Anfangsphase ein erfahrener Leiter der Gruppe auf die Sprünge hilft. Die Entwicklung eines Leitfadens für Fallbesprechungs-gruppen hat aber eher die Gründung von „Lehrer-Selbsthilfe-Gruppen" zum Ziel.

Unter diesem Aspekt erscheint an der Balint-Gruppe vor allem problematisch, daß ihre qualifizierte Durchführung von einem ausgebildeten Psychoanalytiker abhängig ist, der in der Regel für selbstor-ganisierte Lehrergruppen nicht zur Verfügung stehen dürfte. Auch die Dominanz der Arbeitshypo-these des Balint-Gruppenleiters für die Interpretation des Geschehens und die Abhängigkeit seiner Interventionen von diesem anspruchsvollen theoretischen Konstrukt verstärken die Leiter-abhängigkeit der Gruppe und schränken die Übertragung dieser Methodik auf Selbsthilfe-Gruppen ein.

Ob eine Fallbesprechungsgruppe von einem Lehrerfortbildungsinstitut offiziell angeboten oder von Kollegen selbst organisiert wird, ist für ihre Zusammensetzung nicht entscheidend. Als günstig hat sich nach unserer Erfahrung eine bunte Mischung aus Lehrern aller Schularten erwiesen, eine Gruppengröße von 6–10 Teilnehmern, ein wöchentliches Treffen für etwa zwei Stunden und die feste Vereinbarung von zunächst 10 Sitzungen. Eine Verlängerung wird dann meist von der Gruppe selbst gewünscht.

3. Der Leitfaden: Arbeitskonzept und Gruppenpraxis

Das hier vorzustellende Konzept ist kein abgeschlossenes Modell. Gerade die jahrelange praktische Erprobung, die Anwendung in sehr unterschiedlichen Gruppen und das Anliegen, einen praktikablen und leicht erlernbaren Leitfaden zur Arbeit in selbstorganisierten Lehrergruppen zu entwickeln, führten zu ständigen Konkretisierungen, Vereinfachungen und Präzisierungen des ursprünglichen Konzeptes (*Gudjons*, 1977, 1981). Die verschiedenen Phasen des Leitfadens sind nur bedingt im Sinne einer zeitlichen Reihenfolge gemeint, eher als Elemente, die in unterschiedlicher Akzentuierung in jeder Gruppensitzung vorkommen sollen. Aber eine Struktur ist nötig, um ein zielloses Hin- und Herspringen zu vermeiden und um nicht in „Lehrer-Folklore" (ein gegenseitiges Wehklagen und Bestätigen des grauen Schulalltages) abzuleiten. Die von uns gegenwärtig praktizierte Form des Leitfadens ist in Abb. 1 als Übersichtsschema abgedruckt und wird im folgenden Teil erläutert, wobei Beispiele aus der Praxis die Prinzipien erläutern.

Leitfaden für Fallbesprechungen in Lehrergruppen	
1. Phase	*Fallbericht* (spontan, unvorbereitet, ungeordnet, assoziativ). *Aufgabe der Gruppe*: aktiv zuhören, genau beobachten, eigene Reaktionen registrieren.
2. Phase	„*Blitzlicht*" (=kurze Runde): *Was hat der Fall in mir ausgelöst, wie fühle ich mich jetzt?* (Keine Rückfragen, Gefühle ausdrücken, subjektiv bei der eigenen Befindlichkeit bleiben, sehr kurze Äußerungen). Knappe Stellungnahme des Berichtenden dazu.
3. Phase	Äußere Wahrnehmungen und Beobachtungen zum Fallbericht (keine Ratschläge und Deutungen; Leitfrage: Was ist mir an der Falldarstellung und am -darstellenden aufgefallen?).
4. Phase	Innere Wahrnehmungen (Phantasien – auch angeleitet –, Gefühle, Bilder, Identifizierungen – auch angeleitet – mit den am Fallgeschehen beteiligten Personen). Thema: Der Fall im Spiegel der Reaktionen der Gruppe
5. Phase	Durcharbeiten (Vertiefung von Einzelaspekten, theorieorientierte Deutungen, diagnostische Schlüsse, institutionelle, gesellschaftliche, politische Zusammenhänge. – Interpretationen der Gruppenreaktion in Hinsicht auf den Fall).
6. Phase	Lösungsmöglichkeiten (Ideensammlung, Verhaltensvorschläge, Handlungsalternativen, Rollenspiel etc.).

Abb.1: Leitfaden

Erläuterungen zum Leitfaden

1. Phase: Fallbericht
Was ist ein Fall? Nach unserer Erfahrung ist es von entscheidender Bedeutung, daß mit dem Begriff „Fall" nicht die Norm: „besonders gravierend, dramatisch, problematisch" verbunden wird, sondern daß unter „Fall" eine Szene, eine Situation, eine Erfahrung, ein Stückchen Ablauf aus dem normalen Alltag verstanden

wird. Nichts ist zu unbedeutend, um als Fall berichtet zu werden! Inhaltlich können sich Fälle auf alle Probleme und Personen beziehen, die im Alltag vorkommen: Schüler, Kollegen, Schulleitung, Hausmeister, Schulrat, Eltern, Studenten, Unterrichtsstunden, Pausenszenen, Klassenreisen u. a. m.

Die Darstellung des Falles soll spontan, ohne Vorbereitung, assoziativ, ohne Unterbrechung durch Fragen erfolgen.

Ein Beispiel:
Reinhard B. berichtet von einer Szene, die er vorgestern erlebt hat und die ihm „irgendwie unangenehm nachgegangen ist". Er kommt in die Klasse zum Deutschunterricht und wird laufend mit Störungen konfrontiert.
R. schildert, was in ihm vorgeht, wenn Schüler ungeniert die Füße auf den Tisch legen, essen, Karten spielen und ihm auf seine vorsichtige Bitte um Disziplin vorhalten, daß nur er so pingelig sei, während andere Lehrer sich nicht daran stoßen würden. Seine Ängste als Außenseiter zu gelten, als reaktionär in seinem scheinliberalen Kollegium angesehen zu werden usw., kommen zur Sprache. Der Berichtende erzählt, was ihm einfällt: unstrukturiert, weniger „objektive" Ergebnisse, vielmehr die eigene emotionale Beteiligung und die subjektive Erlebnisweise. – Lücken, Widersprüche oder Unklarheiten sind dabei zugelassen, ja werden wichtig, weil sie nicht selten unbewußte Anteile am Erlebnis enthalten, die dem Berichtenden unangenehm sind, die er nicht wahrnimmt, verdrängt, „vergißt".

2. Phase: Blitzlicht (=kurze Runde) zur Frage: Was hat der Fallbericht in mir ausgelöst, wie fühle ich mich jetzt?
An den Fallbericht schließt sich – besonders in ungeübten Gruppen – allzu leicht eine Frageflut an, oft bohrend, manchmal belehrend oder vorwurfsvoll, bisweilen auch Detektivarbeit in der Erforschung von Details. Manchmal kommen auch schnelle Ratschläge. All dies ist aber am Anfang völlig fehl am Platze, weil es die subjektive Brechung der Ereignisse in der perspektivischen Wahrnehmung des Berichtenden zu schnell durch das Bemühen um scheinbare Objektivität verwischt. Außerdem fördert eine Verhörsituation nicht das Gefühl, verstanden zu werden. Es kann auch sein, daß Engagement nur vorgetäuscht wird, um ein wirkliches „Sich-Selbst-Einlassen" auf den Fall abzuwehren.
Wertvolles Material ergibt hingegen das sich anschließende „Blitzlicht", bei dem jeder Teilnehmer ganz kurz – mit einem Satz, manchmal nur mit 2–3 Wörtern – sagt, wie er sich nach dem Bericht fühlt, wie es ihm im Moment gerade emotional geht. Dies hat folgenden Sinn: Einmal wird die Beteiligung aller sichergestellt, Konsumverhalten und Voyeurismus wird vorgebeugt, der Fall wird zum *emotionalen* Problem der Beteiligung. Vor allem aber spüren die Teilnehmer oft etwas

von dem, was der Berichtende an Gefühlen bei sich unterdrückt, verdrängt oder nur begrenzt zuläßt oder was die (in der Fall-Szene) Betroffenen auch fühlen, was aber der Berichtende nicht wahrnimmt. Auch wenn die Gefühle „negativ" sind, z. B. Langeweile aufkommt, ist dies von Bedeutung: Es kann ein Zeichen dafür sein, daß Gefühle in der Fallsituation abgespalten werden, daß dort rationalisiert und distanziert wird, daß auch dort eine geheime Strategie der „Nicht-Beteiligung" existiert. „Es ist ungeheuer spannend herauszufinden, mit welcher Technik ein Mensch den andern langweilen kann" (*Knoepfel*, 1979, S. 213). – Natürlich sind diese Äußerungen über die eigenen Gefühle durchsetzt mit Projektionen und Eigenanteilen jedes Mitgliedes. Dies kann in den Auswirkungen aber dadurch kontrolliert werden, daß der Berichtende am Schluß der Runde kurz sagt, welche Äußerung für ihn wichtig, neu, überraschend etc. ist, was ihm zu denken gibt, wo es bei ihm „geklingelt" hat ...

3. Phase: Äußere Wahrnehmungen und Beobachtungen zum Fallbericht
Im Gegensatz zur persönlichen, mehr emotionalen Reaktion der vorhergehenden Phase wird nun von den Mitgliedern beschreibend wiedergegeben, was sie am Berichtenden selbst und an der Art seiner Darstellung während der Fallschilderung wahrgenommen und beobachtet haben. Jetzt ist auch einleuchtend, warum die Fallschilderung spontan erfolgen soll: Eine Fülle wichtigen Materials ergibt sich aus Rückmeldungen über das *Wie* des Berichtens, über Akzentuierungen, Auslassungen, Unklarheiten, Widersprüche, Tonfall, Sprechtempo usw., aber auch unbewußt mit dem Körper ausgedrückte Signale (z. B. Diskrepanzen zwischen Inhalt und Ausdrucksweise: lächelnd über Wut reden, mit nervös spielenden Fingern die eigene Gelassenheit schildern). Die Falldarstellung soll nicht bewertet oder gedeutet werden. Vielen Teilnehmern fällt es sehr schwer, genau zu unterscheiden zwischen Beobachtung und Beurteilung. Diese Arbeitsphase hilft dem Berichtenden, die o. a. subjektive Brechung des erlebten Geschehens durch seine perspektivische Wahrnehmung besser zu begreifen und sich selbst darin genauer wahrzunehmen. Die Blickrichtung der Gruppenteilnehmer gilt dem Berichtenden und seinem Fall („äußere Wahrnehmung"). Das Thema dieser Phase ist der Fall im Spiegel des Berichtenden.

4. Phase: Innere Wahrnehmungen
Die Teilnehmer haben während des Erzählens des Falles nicht nur mit-denkend und beobachtend zugehört, sondern sich auch unbewußt emotional in die Szene hineinversetzt. Sie haben sich mit den in der Szene Beteiligten auf die eine oder andere Weise positiv oder negativ identifiziert, haben mit eigenen Gefühlen subjektiv reagiert. Was die Szenenschilderung bei den einzelnen emotional ausgelöst hat, z. B. an Phantasien, Bildern, Gefühlen, Identifizierungen etc., ist Gesprächs-

thema dieser Phase; die Blickrichtung geht nach innen („innere Wahrneh-mung").
Einerseits stehen diese jetzt geäußerten Rückmeldungen im Zusammenhang mit der jeweils sujektiven Innenwelt jedes Teilnehmers, andererseits sind sie gebun-den an die affektive Beteiligung (bewußt oder unbewußt) am Fall und den dort agierenden Personen.

Zu Reinhard B. äußern Gruppenmitglieder u. a.: „Während deiner Erzählung habe ich mich stark auf der Seite des Schülers erlebt. Ich hatte richtig Lust, dich fertigzumachen, jedenfalls dich herauszufordern zur Auseinandersetzung." Oder: „Ich wurde ungeheuer wütend auf die Störer, ich hätte sie am liebsten rausgewor-fen." – „Je mehr Verständnis du gezeigt hast, desto mehr wuchs mein Verlangen, dich zu provozieren."

Der Berichtende kann so Aufschluß gewinnen über mögliche Gefühle, Strategi-en, Absichten *anderer* an der Szene beteiligter Personen, denen er bisher blind gegenüberstand.

Reinhard B. fällt zum Beispiel erst jetzt auf, daß seine Angst in der Situation die Wahrnehmung möglicher Schülerintentionen in Richtung: „Stell dich zur Aus-einandersetzung!", oder „Nicht immer so scheinfreundlich alles akzeptieren!" usw., verhindert hat. Seine Ängste vor den „fortschrittlichen" Kollegen blockier-ten eine Initiative zur Auseinandersetzung oder Konfrontation mit den Schülern. (Er zieht daraus später die praktische Konsequenz, daß er das Schüler- und Lehrerverhalten gemeinsam mit anderen öffentlich im Kollegium zur Sprache bringt.)

Diese Identifikationen und Phantasien können vom Gruppenleiter oder Modera-tor auch gezielt angeregt werden, z. B. indem er die Teilnehmer auffordert, sich in die Schüler einzufühlen und in der Ich-Form zu verbalisieren, was sie dabei den-ken und empfinden. – Bisweilen bilden sich auch Untergruppen, die sich mit verschiedenen Partnern eines Konfliktes identifizieren.
Außerordentlich treffend sind gelegentlich auch Bilder, die sich bei Teilnehmern einstellen.

Ein Beispiel:
Als ein Kollege von seinen anstrengenden, aber erfolglosen Aktivitäten erzählte, auf jede Unmutsäußerung von Schülern partnerschaftlich, geduldig, verständnisvoll einzugehen und lieber auf Unterricht zu verzichten, um auch die kleinsten Konflikte erst zu bearbeiten, platzte eine Teilnehmerin mit einem Bildvergleich dazwischen: „Ich sehe dich da immer vor einer Wand mit lauter Löchern stehen, aus denen Wasser herausspritzt. Du läufst von einem zum andern, immer wenn du eines gestopft hast, ist schon wieder ein neues da, du zappelst dich ab, aber du schaffst es nicht." – Der Kollege äußert darauf spontan, daß er sich genau so empfindet: Bei allen freundschaftlichen Disziplinierungsversuchen (und als solche erkennt er die Absicht seiner Interventionen) ist das die Schwierigkeit: keinen Mut zur Durchsetzung eigener Ansprüche zu haben, statt dessen sich für andere zu verzehren ohne das Gefühl, damit Erfolg zu haben.

Oft ist das Bild, das sich vom Fallgeschehen bei der Gruppe einstellt, durchaus nicht das, was der Berichtende hat oder vermitteln wollte. Diese Diskrepanz hat sich oft als fruchtbarer Frageansatz herausgestellt, weil die Gruppenteilnehmer in der Wahrnehmung und Phantasie oft mehr „zulassen" als der Berichtende. Dies gilt insbesondere für die Ängste, die Lehrer (eine lächerliche Figur abzugeben, nicht ernstgenommen zu werden, als Schwächling dazustehen), aber auch erdrückende Hilflosigkeit gegenüber Anforderungen und persönlichen Möglichkeiten (große Klassen; Lernen im Gleichschritt, dabei aber jedem einzelnen gerecht zu werden; den Dompteur spielen müssen und doch die Schüler zur Mündigkeit erziehen wollen), bis hin zu der immer wieder bohrenden Frage: Was habe ich als Lehrer wirklich erreicht, habe ich versagt, hätte ich mehr tun können?
In dieser Phase spitzt sich eine – die gesamte Sitzung durchziehende – „Wiederaufführung" der ursprünglichen Szene in der Gegenwart der Gruppe zu. Sie wird natürlich gebrochen durch die Wahrnehmung im Hier-und-Jetzt und durch die Subjektivität und Selektivität der beteiligten Gruppenmitglieder, ihren Problemhorizont, ihre Interpretationen, Gedanken und Gefühle. Dieses „Wiederholungsspiel" wird also auf einer metakommunikativen Ebene (im Unterschied zur „Originalaufführung" der Szene in der Schule) mit Hilfe der reflektorischen (-widerspiegelnden) Fähigkeiten der Gruppenmitglieder begleitet (*Münch*, 1979). Bei diesem Bemühen um die affektive, jetzt aber metakommunikative „Wiederbelebung" der ursprünglichen Szene durch die Gruppenarbeit sind Identifizierung und Distanz gleichermaßen wichtige „Beteiligungsformen", um nicht in ein allgemeines und nutzloses Bemitleiden abzugleiten. – Notwendig ist in dieser „Runde", daß der Berichtende offen ist für die Rückmeldungen, sich nicht rechtfertigt, verteidigt, entschuldigt oder zur vermeintlich „sachlichen" Gegenargumentation verleiten läßt. – Thema dieser Phase ist der Fall im Spiegel der Reaktionen und Aktionen der Gruppe.

Oft beobachtet haben wir auch, daß zwischen Inhalt einer Berichtsszene und unserer aktuellen Gruppensituation ein unbewußter Zusammenhang besteht, so zum Beispiel, als eine Kollegin von ihrer Trauer und Angst berichtete, innerlich Abschied nehmen zu müssen von einer Klasse, an der sie außerordentlich hing (und umgekehrt auch die Kinder an ihr), weil sie sich versetzen lassen wollte; die Gruppe traf sich zu ihrer vorletzten Sitzung und sollte beendet werden ...

5. Phase: Durcharbeiten
Diese Runde dient vor allem der – entweder auf die Person des Berichtenden oder auf sachliche Aspekte des Falles bezogenen – Vertiefung von Einzelaspekten. Dies können diagnostische Schlüsse aus der bisherigen Fallbearbeitung sein; hier haben aber auch theorieorientierte Deutungen ihren Platz. Wir stellen sie allerdings bewußt an das Ende, damit die Gefahr verringert wird, daß sie als intellektualisierende Form von Widerstand die Gruppe von einer personnahen Fallbearbeitung abbringen.
Die vierte und fünfte Phase überschneiden sich oft, vor allem wenn jetzt die Deutung der bisherigen Gruppenreaktion in Hinsicht auf den Fall präzisiert wird. Durcharbeiten kann aber auch bedeuten, daß z. B. mit Hilfe von Rollenspielen bereits nach möglichen Lösungen gesucht, d. h. die letzte Phase eröffnet wird. Eine breite Platte von Möglichkeiten bietet sich für das Durcharbeiten an: von der vertiefenden Selbstexploration des Berichtenden über die Abklärung rechtlicher Fragen einer speziellen Situation bis zur „Trauerarbeit" über die Grenzen der eigenen Entwicklungsmöglichkeiten. – Die Phase des Durcharbeitens soll methodisch und inhaltlich bewußt offen gehalten und zeitlich flexibel gehandhabt werden. Obwohl sie hier am kürzesten beschrieben wird, dauert sie manchmal am längsten ...

6. Phase: Lösungsmöglichkeiten
Erst gegen Ende geht es um praktikable Lösungen für ein Problem. Zu schnell gegebene Ratschläge und Handlungsanweisungen decken oft nur zu, verhindern einen Blick hinter die Kulissen. Die Aspekte der bisherigen Arbeitsabschnitte fließen hier zusammen, denn Lösungsschritte schließen sowohl Veränderungen im persönlichen Verhalten als auch auf die Institution bezogenes, möglicherweise politisches Handeln ein.

Eine Kollegin z. B., die gegen ihren Willen durch dienstliche Anweisung des Schulleiters zur Weitergabe eines umstrittenen Rundschreibens gezwungen werden sollte, suchte sich zunächst Verbündete im Kollegium, schaltete den Personalrat, dann die Gewerkschaft ein: zweifellos eine politisch orientierte Strategie. Aber ist damit das Zittern in den Knien bei der Auseinandersetzung mit dem

Vorgesetzten verschwunden? Ist damit die Schlaflosigkeit bereitende Angst vor dem Versagen im Konfliktgespräch beseitigt?

Der Anspruch des Konzeptes zielt auf Lösungen, welche Hilfen zur Bewältigung des ganz persönlichen Anteiles, aber auch Möglichkeiten auf strategischer Ebene und theoriegeleitete Einsichten von Zusammenhängen enthalten.
Im eben genannten Fall hat das antizipierende Durchspielen erwarteter Situationen mit Gruppenfeedback und das Erproben von angemessenem Verhalten geholfen (Rollenspiel). Für andere Teilnehmer ist das gemeinsame Suchen und Diskutieren praktischer, unmittelbar am nächsten Morgen realisierbarer „Überlebenshilfen" nötig. Wieder andere entdecken Zusammenhänge in ihrer Persönlichkeitsstruktur – mit der Konsequenz einer langfristigen Notwendigkeit zur Änderung von Einstellungen, Prägungen, Attitüden.
Ganz sicher können in der Regel keine Rezepte vermittelt werden. Aber auch wenn sich am Ende einer Sitzung keine perfekte oder überhaupt keine Lösung abzeichnete, ist doch der Eindruck lebendig, daß es sich gelohnt hat, mit seinen Schwierigkeiten nicht mehr nur allein zu bleiben.

4. Probleme, offene Fragen

Ein spezifischer Vorteil der Gruppenarbeit zeigt sich darin, daß mehr oder weniger *alle* Teilnehmer sich mit den meisten der geschilderten Probleme identifizieren. So berichten die Gruppenmitglieder immer wieder am Ende einer Sitzung, daß sie vom Gruppengeschehen profitiert hätten, auch wenn sie selbst nicht mit einem Fall „dran" waren. Die emotionale Solidarität der Gruppe, das Sich-Einfühlen in die Probleme des anderen, das Aussprechen und Zulassen der ganz persönlichen Ängste und Erfahrungen, das Erleben kollegialer Betroffenheit geben dieser berufsorientierten Selbsterfahrung in der Gruppe eine hohe psychohygienische Qualität.
Daneben gibt es selbstverständlich eine Fülle ungelöster Probleme und Fragen, von denen hier nur fünf abschließend erwähnt seien. *Einmal* liegt in der Heterogenität der Teilnehmer bezüglich ihrer Fähigkeit und Bereitschaft zum „personnahen Arbeiten" eine große Schwierigkeit: Teilnehmer mit gründlicher gruppendynamischer Vorerfahrung haben Probleme mit Kollegen, die z. B. unfähig sind, ein persönliches Gefühl zu äußern, – und umgekehrt. – *Zum anderen* ist die Vermittlung des Konzeptes am Anfang der Gruppenarbeit nicht einfach: zu starke Fixierung auf die Führung anhand des Leitfadens macht die Gruppe unselbständig, zu große Laxheit in seiner Handhabung endet in uneffektivem Arbeiten. – *Drittens:* Neben der Fallarbeit bedarf die gruppendynamische Ebene bewußter Pflege: Vertrauen muß entwickelt, Kohäsion erreicht, Offenheit ermöglicht wer-

den etc., – für besonders „sach-orientierte" Teilnehmer sind metakommunikative Gespräche oft „reiner Zeitverlust" ... – *Viertens* müßte im einzelnen genauer abgeklärt werden, welche Methoden sich möglicherweise widersprechen bzw. zueinander passen, um der Gefahr eines blinden Eklektizismus zu entgehen. – *Fünftens* schließlich müssen langfristig die Bezugswissenschaft und die Gruppenpraxis genauer auf die theoretische Stringenz ihres Zusammenhanges untersucht werden. – Vorerst aber sind die Teilnehmer unserer Fallbesprechungsgruppen der Meinung, daß ihnen die Gruppenarbeit in der Praxis entscheidend geholfen hat.

Literatur

Ehinger, W./Hennig, C.: Praxis der Lehrersupervision, Weinheim 1994.

Geißler, K. (Hrsg.): Gruppendynamik für Lehrer. Reinbek, 1979.

Goldhammer, R.: Clinical Supervision. Special Methods for the Supervision of Teachers. New York, 1969.

Gudjons, H.: Fallbesprechungen in Lehrergruppen. In: Westermanns Pädagogische Beiträge, H. 9 (1977), S. 373–379.

Gudjons, H.: Berufsbezogene Selbsterfahrung als Möglichkeit zur Entwicklung der Lehrerpersönlichkeit. In: Gudjons, H./Reinert, G.-B. (Hg.): Lehrer ohne Maske? Königstein, 1981, S. 181–192.

Heigl-Evers, A.: Die Stufentechnik der Supervision. In: Gruppenpsychotherapie und Gruppendynamik, 1975, S. 43–54.

Hellwig, A.: Balint-Gruppenarbeit mit Lehrern. In: Gruppenpsychotherapie und Gruppendynamik, 1979, S. 265–275.

Knoepfel, H.-K.: Erfahrungen eines Balint-Gruppenleiters. In: Gruppenpsychotherapie und Gruppendynamik, 1979, S. 205–218.

Münch, W.: Supervision in Lehrergruppen. In: Geißler, K. (Hg.): Gruppendynamik für Lehrer. Reinbek, 1979, S. 145–181.

Pongratz, L.: Schule und Sozialcharakter. In: Z.f.Päd. H. 2 (1979), S. 169–180.

Raguse-Stauffer, B.; Raguse, H.: Ein TZI-Modell der Supervision. In: Gruppenpsychotherapie und Gruppendynamik, 1980, S. 78–90.

Seidler, B.: Balint-Gruppen für Lehrer. In: Zeitschrift f. Gruppenpäd. 6. Jg. (1980), H. 4, S. 237–243.

Strömbach, R./Fricke, P./Koch, H.-B.: Supervision. Gelnhausen, 1979.

Weidemann, B.; Lehrerangst. München, 1978.

Weißt du noch, Karl? Früher? In der Roten-Hilfe-Gruppe?

Tja – und jetzt in der Selbst-Hilfe-Gruppe!

4. Entlastung im Lehrberuf
Bildungspolitik und seelische Gesundheit

> „Der Lehrer hat die Aufgabe, eine Wandergruppe mit Spitzensportlern und Behinderten bei Nebel durch unwegsames Gelände zu führen, und zwar so, daß alle bei bester Laune und möglichst gleichzeitig an drei verschiedenen Zielorten ankommen."

Ein Wandspruch in einem Lehrerzimmer. Warum haben ihn die Kolleginnen uns Kollegen aufgehängt? Natürlich ist er witzig formuliert. Dahinter aber steht die einander verbindende Erkenntnis: Für die belastenden Probleme unseres Alltags sind wir nicht allein als Subjekte verantwortlich; was uns so oft überfordert, sind Ansprüche, die außerhalb von uns selbst liegen, die gar nicht erfüllbar sind! Alles Nachdenken über Möglichkeiten zur Entlastung im Lehrer/innenberuf würde zur Personalisierung objektiver Anforderungen führen, würde man die außerhalb der Personen liegenden Bedingungen nicht in die Strategien zur Entlastung einbeziehen.

Allein mit ein paar Tips zur Entspannung oder mit Rezepten zu mehr pädagogischer Zufriedenheit ist es also nicht getan. Ebenso wenig helfen allerdings die stereotypen Forderungen nach Arbeitszeitverkürzung oder mehr Geld für Lehr- und Lernmittel. Beides tut not: seelisches Wohlbefinden und materielle Verbesserungen. Denn übersehen wir eines nicht: Äußere Verbesserungen sind noch lange nicht identisch mit persönlichem Wohlbefinden. Ein einziger „Störer" in der Klasse, eine einzige komplizierte Lerngruppe kann zu enormen persönlichen Belastungen führen. Und da ist die große Bildungspolitik allemal am Ende, auch wenn von ihr die Sicherung der materiellen Grundlagen der pädagogischen Arbeit immer wieder einzufordern ist. (Zum Gesamtzusammenhang vgl. neuerdings *Ulich* 1996, *Spanhel/Hüber* 1995, *Combe/Buchen* 1996)

Klappern gehört zum Handwerk

... meinte jedenfalls mein Nachbar, als ich ihn vor einiger Zeit fragte, was er denn von der Lehrerbelastung hielte. Und er ergänzte es präziser: „Stöhnen gehört zum Lehrerberuf." Während Adorno in seinen „Tabus über dem Lehrberuf"[1] verachtend-herabsetzende Bezeichnungen wie „Schultyrann" und „Steißtrommler" erwähnt, scheint die Skepsis heute etwas milder auszufallen: Häuslebauer, Mittagsschläfer, die abends noch Zeit für den Tennisclub hätten, im Jahr an die 12 Wochen Ferien, unkündbar seien sie, die Beamten mit Pensionsanspruch, und zudem könne sich das Gehalt doch auch sehen lassen, immerhin sei es der bestbezahlte Halbtagsjob der Gesellschaft... – So viele Vorurteile und heimliche Ressentiments hier deutlich werden, so wenig ist zu bestreiten: „Die berühmten schwarzen Schafe können im Lehrerberuf leider eine ganze Berufsgruppe in Verruf bringen und mindestens schwarzgefleckte Schafe sind schnell ausgemacht."[2] Historisch betrachtet, ist der Fortschritt in der materiellen Absicherung des Lehrerberufes unbestreitbar. So resümiert Ulf *Schwänke* in seiner umfassenden Analyse unter dem Stichwort „Professionalisierung" des Lehrerberufs, „daß der Lehrerberuf, der zu einem Lebensberuf mit akademischer Ausbildung geworden ist, auf dem Weg zu einem professionellen Beruf in den letzten 100 Jahren ein gutes Stück vorangekommen ist."[3] Vielleicht hat sich aber auch nur die Art der Belastung gewandelt...

Die guten alten Zeiten?

Um 1800: „Auf manchen Dörfern ist der Schulmeister und Küster eine Person, und beide Bedienungen tragen doch nicht soviel ein, daß er davon seine Haushaltung durchbringen könnte... Das schlechte Gehalt und der schlechte Lohn haben dieses Amt... in solchen Abfall gebracht, daß man eher die schlechtesten als die besten Leute dazu wählt."[4] Oder noch drastischer 1811: „Überall entweihen verdorbene Schneider, Garnweber etc. und abgedankte Soldaten das heilige Geschäft der Erziehung. Die Bildung des Volkes war in den Händen unwissender, roher, unsittlicher, halbverhungerter Menschen. Die Schulen waren zum Teil wirkliche Kerker und Zuchthäuser."[5] Eine Zustandsbeschreibung der Bildungsstätten für die Mehrheit der Bevölkerung! Von 1800 bis 1900 verdreifachte sich die Bevölkerung in Deutschland (auf fast 70 Millionen), wobei zwischen 1850 und 1880 die Industriearbeiterschaft auf ein Drittel, in Preußen sogar auf die Hälfte der Gesambevölkerung anwuchs.[6] (Man muß sich gleichzeitig bewußt machen, „daß zu den ... höheren Schulen nur ein sehr geringer Anteil der Bevölkerung – weniger als 10 Prozent – Zugang hat."[7]) Die Expansion und Differenzierung des Schulwesens im 19. und 20. Jahrhundert kann indes wohl kaum als Geschichte zunehmender Entlastung des Lehrberufs geschrieben werden.

Belastung: schwer zu berechnen

Dies wird sehr schnell deutlich, wenn man mit Schönwälder[8] die Arbeitsbedingungen, etwa die Pflicht-Wochenstundenzahl, unterscheidet von dem Belastungserleben der Lehrer und Lehrerinnen. Obwohl die Untersuchungen zur tatsächlichen Lehrerarbeitszeit pro Woche methodisch außerordentlich problematisch sind (Repräsentativität und Validität sind ungeklärt, – wer traut schon einem „Selbstveranlager" bei Angaben über die eigene Arbeitszeit ... [9]), weisen diese doch mit 53,4 Stunden (1979) und 46,3 Stunden (1985) Wochenarbeitszeit darauf hin, daß Lehrer „nicht zu den Begünstigten der generellen Arbeitszeitverkürzung in der Bundesrepublik"[10] gehörten! Hinzu kommt die in der Eigenart der beruflichen Tätigkeit liegende Diskontinuität der Arbeitszeitbelastung (Wochenend- und Sonntagsarbeit, Zeugnis- und Prüfungszeiten etc.). Daß fehlende Zeit ein erheblicher Belastungsfaktor ist, weisen u. a. *Häbler/Kunz* in ihrer empirischen Untersuchung zur Arbeitszeitverkürzung im Schulbereich nach: „Die meisten Lehrer und Lehrerinnen sagen aus, daß es Dinge gibt, die zwar zu ihren Dienstaufgaben gehören, für die häufig aber die Zeit fehlt"[11] (vor allem für die individuelle Förderung und Betreuung ihrer Schüler und Schülerinnen sowie für die Erarbeitung neuer Unterrichtskonzeptionen). Und daß ausgerechnet die Berufsgruppe der Lehrer und Lehrerinnen durch unrationelle Arbeitsweise oder Planungsunfähigkeit unter chronischer Zeitknappheit leidet, kann wohl kaum unterstellt werden.

Von Beruf: Nörgler?

Allein mit Zahlen läßt sich dennoch die dringend notwendige Entlastung im Lehrberuf nicht begründen, das zeigen die stereotypen haushaltspolitischen Restriktionen der Finanzminister. Das Hervorheben der Arbeitszeitlänge kann die Belastungen durch die Institution Schule nicht erklären; denn – befragt nach ihrem Belastungserleben – gaben Teilzeitlehrer in einer Berliner Untersuchung gleichartige Antworten wie Vollzeitlehrer.[12] Einige der wichtigsten institutionellen Belastungsfaktoren werden von *Becker/Gonschorek*[13] unter der Frage nach der Entstehung des Burnout-Syndroms aufgedeckt. Sie entsprechen im wesentlichen den drei großen von *Häbler/Kunz* genannten Bereichen: zum einen die Vor- und Nachbereitung des Unterrichtes, zu große Klassen, mangelnde Motivation und Konzentrationsfähigkeit von Schülern, zum andern Disziplinprobleme und geringe Lernbereitschaft von Schülern, schließlich Verwaltungsarbeiten, Ärger mit Behörden und Institutionen etc..
Es spricht für das Berufsethos der Lehrer und Lehrerinnen, wenn trotz dieser hohen Belastungen in den Untersuchungen zur Berufszufriedenheit explizite Unzufriedenheitsäußerungen weitgehend fehlen. Dies darf aber nicht dazu führen, die Probleme zu verharmlosen oder die Arbeitssituation generell zu akzeptieren. Eher können nach *Schönwälders* Interpretation Lehrerinnen und Lehrer „ja auch stolz darauf sein, eine schwierige und mühevolle Arbeit zumindest mit Anstand, wenn nicht gar gut zu leisten."[14] Und das muß nicht zu einer grundsätzlichen Berufsunzufriedenheit führen. Im Gegenteil: Der ausdrückliche Hinweis auf die Berufszufriedenheit ist auch deshalb dringend nötig, weil er den in der Öffentlichkeit bisweilen vorherrschenden Eindruck zurechtrückt, die Lehrer-

schaft sei eine riesige Ansammlung von jammernden, wehklagenden und zeternden Nörglern!

Belastungen – nicht nur materiell

Bei den tieferliegenden qualitativen Belastungsgründen darf auch nicht übersehen werden, daß die Lehrer/inrolle in sich selbst strukturelle Probleme enthält. *Combe* (1997) faßt sie unter dem Begriff des Sisyphus-Phänomens zusammen: Was Lehrer/innen unterrichtlich auch tun, es ist im Erfolg letztlich nie meßbar; pädagogisches Handeln wird als nicht stillstellbare Bewährungsdynamik erlebt. Hinzu kommen die erheblichen Unterschiede in der Rollenauffassung zwischen männlichen und weiblichen Lehrkräften: Karin *Flaake*[15] weist ausdrücklich auf die stark beziehungsorientierte, auf persönlichem Engagement und emotionaler Beteiligung beruhenden Arbeitsweise von Lehrerinnen hin, die – in Verbindung mit der Phantasie, alles durch eigene Bemühungen erreichen zu können – zu einer frauenspezifischen starken psychischen Beanspruchung führt.

Ein bisher überhaupt noch nicht untersuchter Belastungsgrund liegt in den Folgen der Altersstruktur der meisten Kollegien. Wenn heute das Durchschnittsalter vielfach um die 45 (teilweise in Gymnasien um 55) Jahre liegt, sind damit spezifische biographische Altersproblematiken verbunden. Je näher man z. B. an das Ende der Dienstzeit kommt, desto geringer wird – so ist möglicherweise zu vermuten – die Kraft und die Risikobereitschaft, sich für einschneidende Änderungen einzusetzen. Man findet sich mit den gewohnten Belastungen ab, mancher mag sie auch verdrängen, – die (nach einer Nebenbemerkung eines Chefarztes) überdurchschnittliche Zahl von Lehrern auf neurologischen Stationen der Krankenhäuser könnte dafür ein Indiz sein. Auch die Auswirkungen der lebensalterssspezifischen persönlichen Krisen auf das Erleben von schulischen Belastungen sind bisher kaum untersucht worden, obwohl die Lebenslaufforschung dazu interessantes Material bietet.

Dennoch ist Grundlage aller Strategien zur Entlastung im Lehrberuf zunächst der Kampf um materielle Verbesserungen. Das Wort Kampf ist bewußt gewählt, denn nach *Bungardts* Sozialgeschichte des Lehrerstandes (vgl. Anm. 4) ist den Lehrern und Lehrerinnen nie etwas geschenkt worden. Ohne organisierte politische Strategie sind Verbesserungen der institutionellen Bedingungen, von fehlenden Räumen über mangelnde Lehr/Lernmittel bis zu Arbeitszeitverkürzung und ausreichenden Neueinstellungen kaum durchzusetzen. Lehrer und Lehrerinnen wollen nicht einfach nur weniger arbeiten (und mehr faulenzen), sondern intensiver und befriedigender arbeiten: Nach *Häbler/Kunz* gab lediglich jede/r Zehnte an, „die gesamte durch Arbeitszeitverkürzung gewonnene Zeit *nicht* (Hervorhebung durch mich, H.G.) in die Verbesserung der beruflichen Arbeit stecken zu wollen."[16] Darüber hinaus könnten auch Reformen der Struktur des Bildungswesens entlastend sein.

Möglichkeiten zur Entlastung

Äußeres ist die eine Seite. Keine einzige materielle Verbesserung entläßt uns aber aus der Notwendigkeit, äußere Bedingungen psychisch zu verarbeiten. Wie H.-G. *Schönwälder* in seinen Veröffentlichungen zur Theorie der Lehrerarbeit (vgl. Anm. 8) überzeugend dargelegt hat, führen gesellschaftlicher Arbeitsauftrag und konkrete Arbeitsbedingungen zunächst zu objektiv beschreibbaren Belastungen, die für jeden Lehrer gleicher Einstufung gleich hoch sind. Aber „jeder Arbeitsauftrag erfährt in der Realisierung eine je Individuum spezifische Brechung und auch Färbung."[17] *Schönwälder* nennt dies eine „Redefinition der Aufgabe", die mit den ganz persönlichen Voraussetzungen des Einzelnen (z. B. der Persönlichkeitsstruktur, dem Alter, dem Geschlecht, der Wertorientierung, aber auch den fachlichen und pädagogischen Qualifikationen) zusammenhängt und den subjektiv erlebten Schwierigkeitsgrad von Belastungen ausmacht.

... durch Veränderung von Einstellungen

Genau bei dieser Redefinition ist anzusetzen. Wie man dabei konkret mit Belastungen umgehen kann, haben u.a. *Gudjons* 1993, *Miller* 1993, *Spanhell/ Hüber* 1995, *Ulich* 1996 mit Beispielen und Vorschlägen beschrieben. Im Bereich der subjektiven Verarbeitung liegen mehr Handlungsspielräume, sich Entlastung zu verschaffen, als oft vermutet.

So können z. B. eine Veränderung der eigenen Einstellungen, eine Entscheidung für die Begrenzung der persönlichen Verantwortung, das gezielte Erschließen von Kraftquellen außerhalb der Schule, aber auch klare (von Projektionen befreite) Kontakte in hohem Maße entlastende Wirkung haben. Oder Einstellungen und Handlungsweisen von Lehrerinnen, die zur seelischen „Selbstverkleinerung und Selbstentwertung der Frauen bezüglich ihrer realen Leistungen" (*Flaake*, vgl. Anm. 15) führen, können durch Erfahrungsaustausch, durch „Veröffentlichen" der eigenen Arbeit, durch Diskussions- und Reflexionsprozesse verändert werden.

So wird die theoretisch beschriebene Notwendigkeit zur „Redefinition" von Ansprüchen konstruktiv praktisch gewendet.

... durch bewußtmachende Reflexion

Befreiende Wirkung hat es auch, sich bewußt zu machen, daß die vielfach zu beobachtende Unsicherheit und Diffusion, das Gefühl von Stagnation und Krise nach dem Versickern der Bildungsreform nicht Ausdruck des eigenen Versagens und persönlicher Unzulänglichkeit ist. Lehrer und Lehrerinnen scheinen bisweilen die Tendenz zu haben, sich für alles persönlich verantwortlich oder gar schuldig zu fühlen, – nicht erst seit dem Wutanfall Friedrich Wilhelms IV. gegenüber seinen Seminarlehrern nach 1848/49: „All' das Elend, das im verflossenen Jahre über Preußen hereingebrochen, ist Ihre, einzig Ihre Schuld, die Schuld der Afterbildung, der irreligiösen Massenweisheit, die Sie als rechte Weisheit verbreiten...“[18] (Oder auch umgekehrt die positive Ursachenzuschreibung für den Sieg bei Königgrätz 1866 an die Leistungen der Lehrerschaft in dem bekannten Zitat: „Der preußische Schulmeister hat bei Königgrätz gesiegt“.[19]) Damit ist nicht jener Rationalisierungstendenz das Wort geredet, die Gründe für Miseren immer nur beim andern sucht (und sich manchmal im schnoddrigen „Was kann ich denn dafür?!“ Luft macht). Angesichts der zerschlagenen Hoffnungen, Schule als wissenschaftlich-technisch konzipiertes und organisiertes zweckrationales System umfassend zu reformieren und damit für den Lehrberuf ideale Voraussetzungen zu schaffen, geht es heute um die Einsicht in die begrenzten Möglichkeiten von Erziehung und Schule, um Bescheidenheit und Nüchternheit in der Einschätzung ihrer künftigen Möglichkeiten.

Für mich war es zuerst ausgesprochen ärgerlich, als Hartmut von *Hentig* in seiner Bilanz der Bildungsreform auf dem Bielefelder Kongreß der Deutschen Gesellschaft für Erziehungswissenschaft (vgl. PÄDAGOGIK H. 6/1990, S. 49 ff) unsere politisch weit ausgreifenden 68er-Reformvorstellungen mit der schlichten These konfrontierte, Schule sei in erster Linie eine Einrichtung für Kinder und müsse deren (eigenen) Gesetzen folgen. Aber sehr bald wurde mir klar, wie entlastend diese Selbstbescheidung eines großen Pädagogen für die oft quälenden Selbstvorwürfe einer Generation sein kann, die angetreten war mit dem Ziel, die Gesellschaft über die Schule grundlegend zu verändern.

... durch konsequente Veränderung des Alltags

Sich in der Schule wohlfühlen – geht das überhaupt, – nach Aufweis so vieler und so unterschiedlicher Belastungsfaktoren? Es geht. Schule bringt erheblichen Streß mit sich, das weiß jede/r, der/die jemals in der Praxis war. Um so erstaunlicher ist, daß nur wenige die hilfreichen Methoden der Entspannung und Streßreduzierung anwenden. Reinhold *Miller* beschreibt in seinem Buch (1993) als erfahrener Praktiker und Lehrerfortbildner, wie man sowohl die belastenden inneren Imperative wahrnehmen als auch methodisch aktiv das Loslassen einüben kann. Wer dennoch Entspannungsübungen mißtraut (vielleicht als politisch bewußter Reformer, der mit Recht skeptisch gegenüber allen modischen Psychowellen ist), mag sich vielleicht an *Diesterweg*, den großen Vorkämpfer demokratischer Bildungsreform erinnern, indem er sich auf *Diesterwegs* Feststellung einläßt, daß ein Lehrer „nur so lange wahrhaft zu erziehen und zu bilden fähig ist, als er selbst an seiner wahrhaften Erziehung und Bildung arbeitet."[20]

... durch Tun, das es möglich macht

Selbstvertrauen, persönliche Effektivität und Zufriedenheit im Beruf müssen nicht dem Zufall überlassen bleiben. Umsonst ist dies allerdings nicht zu haben. Entlastung stellt sich nicht allein mit gelegentlicher Entspannung ein. Aber durch positive Selbstinstruktion und Klärung dessen, was man wirklich will, werden Veränderungen möglich: „Es tun machts möglich!" (Seminarspruch) Klaus *Ulich* (1996, S. 212 f.) faßt die wichtigsten Entlastungsmöglichkeiten ebenso einfach wie prägnant zusammen:

1. „Die Grenzen der eigenen Verantwortung bewußt machen.
2. Engagement für die Verbesserung der Arbeitsbedingungen.
3. Ursachen der Belastungen erkennen und Veränderungsmöglichkeiten entwickeln.
4. Realistische Erwartungen an die berufliche Arbeit ausbilden.
5. Über Schule sprechen, mit anderen Erfahrungen austauschen.
6. Belastungen *präventiv* begegnen:
   a) Unsicherheiten durch Aufklärung verringern;
   b) Bedrohungen durch überhöhte Ansprüche vermeiden (vgl. auch 4.);
   c) pädagogische Handlungskompetenzen durch Fortbildung verbessern."

Wem das alles zu „psychologisch" ist, kann sich persönlich entlasten durch effektivere Organisation seines Alltags, z. B. seiner Unterrichtsvorbereitung, die mehr entlastende Elemente, mehr Ruhepausen für den Lehrer enthält, durch Herstellung eines ausgewogenen Zeitrhythmus zwischen Anspannung und Entspannung, durch rationellere Arbeitsorganisation, die ein effektives Ablagesystem für Unterrichtsmaterialien ebenso einschließt wie die Planung von Klassenarbeiten und deren Korrektur. Spätestens das Älterwerden im Lehrberuf zwingt zur Entlastung, enthält zugleich aber die entscheidende Erfahrungsgrundlage dafür. Darum geht es im folgenden Beitrag.

Anmerkungen

[1] *Adorno*, T. W.: Tabus über dem Lehrberuf. In: Ders.: Stichworte. Frankfurt 1980, 5. Aufl., S.68–84

[2] *Schönwälder*, H.-G.: Die Arbeitssituation des Lehrers als Bestimmungsfaktor der Arbeitssituation der Schüler. In: J. Berndt/D. Busch/H.-G. Schönwälder (Hg.): Schul-Schüler-Eltern-Streß. Bremen 1988, S. 97–130, Zitat S. 115

[3] *Schwänke*, U.: Der Beruf des Lehrers. Weinheim 1988, S.221

[4] *Bungardt*, K.: Die Odyssee der Lehrerschaft. Hannover 1965, S.21

[5] *Bungardt*, a. a. O., S.21 – Vgl. dazu auch R. Bölling: Sozialgeschichte der deutschen Lehrer. Göttingen 1983

[6] *Schmitz*, K.: Geschichte der Schule. Stuttgart 1980, S. 51

[7] *Schmitz*, a. a. O., S. 74

[8] Vgl. *Schönwälder*, a. a. O., S. 101 und 111 – Ders.: Belastungen im Lehrerberuf. In: PÄDAGOGIK H.6/89 – Ders.: Lehrerarbeit – Arbeit ohne Theorie. Heidelberg 1983

[9] *Schönwälder*: Die Arbeitssituation...,a. a. O., S. 105

[10] ebd. S. 107

[11] *Häbler*, H./*Kunz*, A.: Qualität der Arbeit und Verkürzung der Arbeitszeit in Schule und Hochschule. München 1985, S. 22

[12] ebd. S. 22

[13] *Becker*, G.-E./*Gonschorek*, G.: Kultusminister schicken 55000 Lehrer vorzeitig in Pension. Konsequenzen aus dem Heidelberger Burnout-Test. In: PÄDAGOGIK H. 6/1989, S. 16–23

[14] Vgl. Schönwälder: Die Arbeitssituation...,a. a. O., S. 112 ff.

[15] *Flaake*, K.: Grenzenlose Wünsche – beschränkte Möglichkeiten. Lehrerinnen und Entlastungsmöglichkeiten. In: PÄDAGOGIK H. 10/1990. S. 34–37

[16] *Häbler/Kunz*, a. a. O., S. 24

[17] *Schönwälder*: Die Arbeitssituation...,a. a. O., S. 100

[18] zitiert nach *Schmitz*, a. a. O., S. 76 f.

[19] zitiert nach *Bungardt*, a. a. O., S. 63

[20] F.A.W.*Diesterweg*: Wegweiser zur Bildung für deutsche Lehrer und andere Schriften. Berlin (O) 1962, S. 63

Weitere Literatur

Combe, A: Der Lehrer als Sisyphus. In: PÄDAGOGIK H. 4/1997, S. 10–14.

Combe, A. / Buchen, S.: Belastung von Lehrerinnen und Lehren an unterschiedlichen Schulformen. Weinheim und München 1996.

Giesecke, H.: Was Lehrer leisten. Weinheim 2001.

Gudjons, H. (Hrsg.): Entlastung im Lehrerberuf. Hamburg 1993.

Miller, R.: Sich in der Schule wohlfühlen. Weinheim und Basel 1993, 5. Aufl.

Spanhel, D./*Hüber*, H. G.: Lehrersein heute – berufliche Belastungen und Wege zu deren Bewältigung. Bad Heilbrunn 1995.

Ulich, K.: Beruf Lehrer/in. Weinheim und Basel 1996.

Glauben Sie wirklich, es hilft, wenn Sie meine »BRAVO« lesen?

Wenn Lehrer älter werden...

„Was gibt es Angenehmeres als das hohe Alter, das umgeben ist von einer Jugend, die von ihm lernen möchte!" (*Cicero, Cato Maior de Senectute*)

5. Als Lehrer/in älter werden
Ein Tabu jenseits pädagogischer Illusionen

Schon seit längerer Zeit hatte der Schulleiter beobachtet, daß sich die Krankmeldungen des Kollegen S., 55 Jahre alt, häuften. Die Fehlzeiten wurden auch immer länger. Eines Tages steht Kollege S. im Schulleiterzimmer und eröffnet dem Chef, daß er einen Antrag auf vorzeitige Pensionierung stellen wird.
Kollege S. gehört damit zur anwachsenden Gruppe derjenigen, die wegen dauerhafter Dienstunfähigkeit vorzeitig in den Ruhestand gehen. Allein in Hamburg betrug 1991/92 der Anteil der wegen Dienst-, Berufs- und Erwerbsunfähigkeit Ausgeschiedenen 47,5 %. Damit sind mehr Lehrer und Lehrerinnen wegen Dienstunfähigkeit in Pension gegangen als durch Erreichen der Altersgrenze (dies waren 44,2 %) oder Tod (8,3 %). Je mehr die Finanzminister durch Streichungen bei den Arbeitszeitermäßigungen für Ältere einsparen wollen, desto mehr wird sich der Trend zur teuren Frühpensionierung verstärken. Und dies angesichts ohnehin überalterter Kollegien (der Anteil der 45–65-jährigen beträgt gegenwärtig 42 %) (alle Zahlen nach *Marckwald* 1993).

Macht die Schule die Älteren kaputt?

Vor mir liegt ein Buch mit dem Titel: *„Die Kunst alt zu werden"*, ein älteres Buch aus dem Jahr 1962 mit Beiträgen von so bekannten Autoren wie dem Pädagogen Ludwig von *Friedeburg* oder dem Mediziner Arthur *Jores*. Viel Kluges steht darin, – aber gilt das alles auch für den Lehrerberuf? Es scheint, die Schule habe keine Kunst des Altwerdens entwickelt. Im Gegenteil: Älterwerden im Lehramt ist ein Tabu-Problem, vielfach verdrängt statt bearbeitet, verschwiegen statt in pädagogischen Konferenzen thematisiert.
Aber das Alt*werden* ist auch ein „lohnendes" Thema: nicht Altwerden als zunehmendes Leiden an der Schule, sondern Altwerden als konstruktive Chance der Entwicklung, – für den einzelnen und für das Gesamt der Schule. Frühpensionierung darf nicht die einzige Antwort auf die wachsenden Probleme der älteren Lehrer und Lehrerinnen bleiben.

Wer ist „alt"?

Die klassischen Lebensphasen-Theorien legen in der Regel einfach das biologische Alter zugrunde und verbinden dieses meist mit soziologischen Gesichtspunkten (wie Schulbesuch, Berufstätigkeit, Familiengründung, Pensionierung etc.). So ergeben sich abgrenzbare *Phasen:* z. B. Kindheit, Jugend, Erwachsenenalter, spätes Erwachsenenalter. In der neueren Entwicklungspsychologie des Erwachsenenalters gibt es solche klaren Einteilungen nach Lebensjahren nicht mehr (*Faltermaier* u.a. 1992, 49).

Kritisiert wurde an solchen festen Einteilungen, daß sie normative Entwürfe und Vorstellungen enthielten, daß sie überwiegend am männlichen Lebenslauf orientiert seien und daß sie die Vielfalt und Variabilität von Lebensläufen nicht berücksichtigten (die Frau, die mit 40 Jahren ihr erstes Kind bekommt und schon eine berufliche Karriere hinter sich hat, der Manager, der mit 50 aussteigt und Heilpraktiker wird, oder der verheiratete 32-jährige, der als „Junger Kollege" seine erste Schule betritt, – sie alle zeigen, daß es heute keine vorgestanzten normativen biographischen Entwürfe mehr gibt).

Die Chiffre Ulrich Becks vom „*Individualisierungsschub*" in der gegenwärtigen Gesellschaft, Schlagwörter wie Pluralisierung, Entstrukturierung, Entstandardisierung und Differenzierung der Lebensplanung als Kennzeichen der „Postmoderne" (*Welsch* 1987, *Ferchhoff/Neubauer* 1989, PÄDAGOGIK H. 7/8 1996)) zeigen Wandlungsprozesse auf, die auch für das Älterwerden gelten: „Es ist noch nicht lange her, da war man mit 50 eindeutig alt. Dann verschob sich die Vorstellung vom Alter auf 60, 70 ... Heute gibt es so viele lebenssprühende Achtziger, daß 'alt' schon wieder älter geworden ist." (*Tavris* 1989, 23) Die neuere Erforschung des Älterwerdens versteht sich daher auch als „differentielle Gerontologie" (Hans *Thomae*, Ursula *Lehr*) und betont, daß Menschen das Älterwerden ganz unterschiedlich erleben: der 60jährige Alleininhaber einer großen Firma, der keinen Nachfolger finden will, anders als der 60jährige magenkranke Studienrat, der 30 Jahre am selben Gymnasium unterrichtet hat, die 60jährige Wahlkandidatin der Grauen Panther anders als die 60jährige Witwe im Altersheim. Entscheidend für das Verständnis des Älterwerdens sind also nicht mehr nur die äußeren Gegebenheiten, sondern die Art und Weise, wie man mit ihnen umgeht und was man daraus macht. Wann das „Alter" beginnt, kann weder von den Sozial- und Verhaltenswissenschaften, noch von der Biologie oder Medizin mit eindeutigen Kriterien festgelegt werden. (*Faltermaier* u. a. 1992, 140). Geht man pragmatisch von Menschen in der zweiten Berufshälfte aus, dann gehören im Lehrerberuf die Kollegen und Kolleginnen zu den Älter-Werdenden, die Mitte 40 oder ein wenig darüber sind. Dennoch gilt grundsätzlich: Jeder ist so alt, „wie er oder sie sich macht ...", auch wenn man pensioniert ist.

Konstruktives Altern

Diese neue Sicht hat einen ungemein wichtigen Vorteil: „Entgegen stereotypen Vorstellungen ist der Alternsprozeß nicht identisch mit einem Abbauprozeß." (*Faltermaier* u. a. 1992, 141) Altern muß nicht zwangsläufig unter „Verluste" gebucht werden, im Gegenteil: Man kann den Alternsprozeß aktiv mitgestalten, so daß es zu einem „konstruktiven Altern" (*Saup* 1991) kommt.

Der lange Zeit dominierende *Disengagement-Ansatz* ist out: Altern ist keineswegs ein unvermeidbarer Rückzug (disengagement), vielmehr können zurückgehende Fähigkeiten (ich spreche bewußt nicht einfach von zunehmender Schwäche!) in einem erstaunlichen Maß kompensiert werden: Abnehmende körperliche Kräfte lassen die Fähigkeit zu Ruhe, Krafteinteilung und Besonnenheit wachsen; das Erleben der eigenen Grenzen kann den Blick für realistische Möglichkeiten schärfen und die Tugend der Bescheidenheit und Selbstbescheidung fördern; die Verringerung des Tempos in der Arbeit ist keineswegs nur ein „Nachlassen" der Arbeitsfähigkeit, sondern nötigt zur größeren Intensität und Vertiefung in die Arbeitsaufgaben; die mentale Abneigung gegen kurzfristige Modewellen muß keine Altersstarrheit sein, sondern kann die Fähigkeit zum längerfristigen Überblicken, zur Geduld, Gründlichkeit und Kontinuität kultivieren; der Rückgang sexueller „Leistungsfähigkeit" eröffnet die Chance, die bisher unentdeckten „leisen" Seiten des Partners oder der Partnerin kennenzulernen u. v. a.

Es gibt also die Möglichkeit des „guten und erfolgreichen Alterns" (*Baltes* 1989). Das darf aber nicht darüber hinwegtäuschen, daß das Altern durch Krisen hindurch geht, die in ihrer Intensität keineswegs hinter den Stürmen der Pubertät oder der frühen Erwachsenenjahre zurückbleiben (*Erikson* 1983).

Nur als „Lehrer/in" alt werden?

Lehrer und Lehrerinnen werden genauso älter wie andere Menschen. Viele Probleme teilen sie mit dem Bankangestellten und dem Klempnermeister, mit der Rechtsanwältin und der Verkäuferin. Gerade deshalb ist es für den Lehrerberuf wichtig, den Prozeß des Älterwerdens nicht ausschließlich durch die Brille der eigenen Berufsrolle zu sehen.

Der Lehrerberuf ist ja bekanntlich oft geprägt durch ein idealistisches Ethos: Viele haben ihn gewählt, weil er Lebenssinn und hohe Identifikationsmöglichkeit bot. Wer bisher seine Befriedigung überwiegend aus der beruflichen Arbeit in der Schule zog, nun aber merkt, daß die Belastungen größer werden, daß Unzufriedenheit und Angst vor Versagen steigen, – der steht spätestens jetzt vor der Notwendigkeit, sich andere Quellen der Zufriedenheit und des Energiezuwachses zu erschließen.

Leben ist mehr als Lehrersein. Ich beschränke mich deshalb absichtlich nicht auf das Tätigkeitsfeld Schule. Älterwerden ist ein *innerer Reifungsprozeß*, der weit über die Verkraftung der Unterrichtsbelastung hinausgeht. Und vielleicht relativiert der Blick auf die allgemeinen Fragen des Älterwerdens auch eine mögliche pädagogenspezifische Larmoyanz ...

Dieser weitere Blick öffnet auch die große Chance, jenes mehr zu pflegen und zu intensivieren, was vor lauter Berufsstreß vielleicht jahrelang auf der Strecke geblieben ist: vom eigenen Fotolabor über das Theaterabo bis zu Vorträgen, den langen Abenden mit Freunden oder den eigenen Kindern, Lektüre von Literatur, Tätigkeit in Kirche, Umweltgruppe oder Kinderschutzbund. Damit ist kein Ausweichen vor den beruflichen Veränderungen gemeint, sondern eine umfassendere Perspektive angezielt: sich nicht mehr nur primär als Lehrer oder Lehrerin zu begreifen, sondern das Leben in seinen vielfältigen Möglichkeiten für sich neu fruchtbar zu machen.

Altersgebrechen? Begrenzungen annehmen ...

Voraussetzung dafür ist allerdings der ehrliche Umgang mit der zunehmenden Erfahrung der eigenen Begrenztheit. Medizinische, psychologische und soziologische Forschungen zeigen, daß es gravierende Veränderungen im Prozeß des Älterwerdens gibt.

Gut untersucht sind z.B. die Wandlungen in der Wahrnehmung (*Lehr* 1972, *Faltermaier* u.a. 1992):

• Die *Augen* verändern sich strukturell und funktionell: Veränderungen der Linse und Retina führen zu einem erhöhten Lichtbedarf (das Schummerlicht auf der Schülerfete macht also nicht nur aus moralischen Gründen Probleme), zu höherer Blendempfindlichkeit, zur Einengung des Gesichtsfeldes, zu verzögerter Dunkelanpassung.

• Die *Hörfähigkeit* zeigt Einbußen bei leisen Hochfrequenztönen, zunehmende Schwierigkeiten im Herausfiltern bei Schallvielfalt („Ich verstehe euch nicht, wenn es hier so laut ist" oder: „Wie könnt ihr euch nur unterhalten bei der lauten Disco-Musik").

• *Psychomotorisch* verlangsamt sich die Reaktionsgeschwindigkeit (die Schrecksekunde „verlängert" sich), das zentrale Nervensystem verarbeitet eingehende Informationen langsamer. Natürlich gibt es auch *direkte körperliche Beeinträchtigungen* (z. B. hypertrophiert bei Männern oft die Prostata, bei Frauen bringen die Wechseljahre körperliche Veränderungen durch Wandlung des Hormonhaushaltes mit sich – von den Hitzewellen bis zum „Damenbart", Osteoporose und Arthrose sind normal u. a. m.). Die Anfälligkeit für Krankheiten steigt: Das Immunsystem wandelt sich und bedarf besonderer Pflege und Aufmerksamkeit.

• Im *kognitiven Bereich* kommt es zu nachlassenden Gedächtnisleistungen (wobei die These vom besseren Langzeitgedächtnis umstritten ist, weil über die früheren Ereignisse vermutlich häufiger gesprochen wurde). Oft ist eine größere Anstrengung nötig, um Reize aus der Umwelt wahrzunehmen, man benötigt mehr Zeit, Informationen zu verarbeiten und wieder aufzufinden, man wird empfindlicher für Außenstörungen. Verminderungen der Gesamtheit der Intelligenzfaktoren wurden erst ab dem 80. Lebensjahr beobachtet. Es besteht ein noch ungeklärter Zusammenhang zwischen Herz-Kreislauf-Erkrankungen und Verminderung der Intelligenz, aber die allgemeine Intelligenzentwicklung ist hochgradig abhängig vom Stimulierungsgehalt der Umwelt (Lesen, Fortbildung, Studienreisen etc.). Schließlich verändert sich auch das Zeitempfinden: Die Zeit scheint zu rasen, das vergangene Schuljahr war doch gerade gestern vorbei. ...

Kritische Ereignisse

Sogenannte „kritische Ereignisse" können wichtige Lern- und Entwicklungsgelegenheiten sein.

Die *eigenen Kinder* gehen aus dem Haus, die neue Situation des „empty nest" muß verkraftet werden, beide Partner werden verstärkt auf die Beziehung untereinander zurückgeworfen. Die Pflegebedürftigkeit der *eigenen Eltern* oder ihr Tod sind Ereignisse, die in der beginnenden eigenen Altersphase zu erheblichen Belastungen führen können. Lag zudem eine eigene „midlife-crisis" gerade zurück, beginnt nicht selten eine Sortierarbeit in den Beziehungen, bis hin zu Scheidung, Umzug, Unterhaltsproblemen usw. (War es gar die Kollegin an der eigenen Schule, muß auch eine Versetzung einkalkuliert werden.)

Im fortgeschrittenen Erwachsenenalter können auch *externe Faktoren* wie atomare Bedrohung, Umweltzerstörung, politische Krisen aufgrund der gewachsenen Sensibilität und des Problembewußtseins zu Identitätskrisen und grundlegenden Neuorientierungen führen: SPD-Mitglieder wechseln zu den Grünen, langjährige Christen treten aus der Kirche aus, politisch engagierte Pädagogen driften in die Esoterik-Szene. Ein solcher „akkommodativer" Identitätsstil ist offen für neue Erfahrungen, während der „assimilative" Identitätsstil neue Entwicklungen eher in die bisherigen Maßstäbe und Schemata einpaßt, was zur Negation oder zum Umdeuten bedrohlicher Tendenzen in der Außenwelt oder bei inneren Prozessen führen kann. Eine generelle Tendenz zunehmender Starrheit in den Orientierungen und in der Wahrnehmung wird zwar oft landläufig behauptet („seit er 50 geworden ist, wird er immer konservativer"), empirische Belege lassen sich dafür jedoch nicht finden (*Faltermaier* u.a. 1992, 128).

Im Gegenteil: Insbesondere bei *Frauen* wurden außerordentlich hohe Tendenzen im Bereich positiver psychischer Veränderungen festgestellt (*Saup* 1991). Älter werdenden Frauen werden oft nach dem Auszug der eigenen Kinder eine innere Leere und Depressionen nachgesagt, – wobei sich in Wahrheit zeigte, daß Frauen wegen der gesellschaftlichen Erwartungen an eine „gute Mutter" ihre Erleichterungs- und Befreiungsgefühle lediglich versteckten und verdrängten (Faltermaier u.a. 1992, 132). 65 bzw.66jährige Frauen beschrieben ihre letzten zehn Jahre mit fast 60 % als Ausweitung von Interessen (versus Horizontverengung), mit fast 50 % als abwechslungsreicheren Lebensstil (versus Gleichförmigkeit) und in über 50 % als Entdeckung eigener Talente (versus abnehmendes Interesse an eigenen Talenten). Im übrigen steht die geschlechtsdifferenzierte Erforschung des Älterwerdens noch ganz am Anfang.

Existentielle Themen des Altwerdens

Typische, allgemein geltende „Entwicklungsaufgaben" für das Alter, wie sie noch *Havighorst* (1972, 108 ff.) formulierte (z. B. Anpassung an abnehmende Leistungsfähigkeit, an vermindertes Einkommen, an Partnerverlust, an ein reduziertes Rollenrepertoire u. a. m.) sind heute sehr umstritten, weil sie auch für andere Lebensabschnitte gelten können und stark geschlechts- und gesellschaftsspezifisch variieren.

Dennoch gibt es einige existentielle Themen, die sich spätestens mit dem Älterwerden unausweichlich stellen und von deren Bewältigung das Erleben des Alters als Phase der *Integrität versus Lebensekel* (*Erikson*) abhängen. Integrität meint nach dem bekannten Lebenszyklus-Modell von *Erikson* (1973) vor allem das Annehmen des persönliches Lebensweges, die Aussöhnung mit Fehlschlägen und eigenen Fehlern, aber auch das Anerkennen des Geleisteten, – Integration zu einem einmaligen individuellen Ganzen. Gelingt dies nicht, stellt sich leicht ein Grundgefühl tiefer Unzufriedenheit und Enttäuschung ein: Lebensekel kann die Folge sein.

Irgendwann im Prozeß des Älterwerdens, spätestens wenn die letzte Besoldungsdienstaltersstufe erreicht ist und sich der Lebensalltag undramatisch etabliert hat, kündigt sich die *Bilanzfrage* an: Was habe ich aus meinem Leben gemacht? Was habe ich gegeben, was habe ich bekommen, – von Freunden, Kindern, dem Partner, von Schülern, Kollegen, Vorgesetzen usw.? Was habe ich gewünscht, was habe ich erreicht? (Die Psychologie spricht hier von einem Gleichgewicht zwischen der kognitiven Struktur, z. B. eigenen Erwartungen, Selbstbild, – und dem Bedürfnissystem des Individuums, z. B. Wünsche, Pläne, Träume – *Thomae* 1983).

Für Lehrer und Lehrerinnen ist dies eine schwierige Frage, weil die Berufslaufbahn in ihrem Zenit zugleich eine gewisse Sackgasse ist: Nicht jeder kann Schulleiter oder Schulrat werden oder anders „aufsteigen". Bleibt die eingeschränkte Möglichkeit, die berufliche Bilanzfrage auf den eigenen Unterricht und den Umgang mit Kindern und Jugendlichen zu beziehen. Und da sind die Ergebnisse kaum meßbar. Wie gehe ich um mit dem, was ich nicht erreicht habe? Mit dem, was ich offenbar falsch gemacht habe? Vielleicht auch mit dem, was ich mir als persönliche Schuld zurechne? Wie mit dem, was andere mir zugefügt haben, wo sie an mir schuldig geworden sind? Kann ich ihnen – und mir selbst vergeben?

Als ich in einem Seminar mit diesen Fragen konfrontiert wurde, habe ich zunächst mit massiver Abwehr reagiert: „Ich stehe zu meinem Leben und zu meiner bisherigen Tätigkeit". Punkt. Es hat einige Zeit gedauert, bis ich die befreiende Wirkung des Loslassens, des Eingestehens nicht erfüllter Erwartungen und des Mir-selbst-Vergebens meiner Fehler erlebt habe. Und die Wunden tiefer Verletzungen durch andere verzeihen konnte. Das hat nichts mit Religion zu tun (oder vielleicht in einem tieferen Sinne doch). Jedenfalls war es das Gegenteil von Retusche meiner Bilanz.

Es ist die *Sinnfrage*, die sich bei Menschen am Beginn des Altwerdens hartnäckig stellt. Was war der Sinn dessen, was ich bisher gemacht habe? Auch bei Lehrern und Lehrerinnen hilft die Flucht in noch mehr Aktivitäten bei der Beantwortung wenig, ebenso wie der scheinbar coole Rückzug auf den Unterrichtsstoff, ohne sich weiter um die einzelnen Schüler zu kümmern.

Besinnung, Einhalt und Umkehr bei der Frage nach dem Sinn sind keineswegs Knick in der Leistungskurve, sondern mutige Schritte, die lebensrettend sein können, – bevor Herzinfarkt, Alkoholkonsum oder seelische Verzweiflung uns in den vorzeitigen Ruhestand zwingen.

Jenseits der Illusionen

Es ist ein schmerzhafter Prozeß, sich von Illusionen zu verabschieden, auch von dem, was man nicht mehr erreichen *wird*. Abschied ist immer wie ein bißchen Sterben, aber das Festhalten an den Illusionen früherer Lebensabschnitte führt allzu leicht in die Depression. Hilfreicher ist die Anerkennung der eigenen Wirklichkeit, die ruhige Einsicht und die nüchterne Klarheit über die verbliebenen eigenen Möglichkeiten (*Brocher* 1977, 146). Das führt zu einer konstruktiven Neugier für realistische Möglichkeiten. Es mag den alten Stolz und das frühere Allmachtsgefühl kränken, aber es schafft eine neue, reifere Offenheit, beugt der uneingestandenen Angst vor, am Ende zu versagen, reduziert körperliche, seelische und psychosomatische Abnutzungserscheinungen.

Und die jüngeren Kollegen brauchen solche älteren, die ihnen bei ihrer bangen Anfangsfrage helfen, ob sie nach dreißig Jahren wohl noch gern mit Kindern umgehen werden. Nur müßte die Antwort ungeschönt sein, ehrlich und offen, ohne Zynismus und Resignation. Gereifte alte Lehrer und Lehrerinnen mit geklärtem Selbstbild und klaren Positionen sind unverzichtbar, weil sie mit ihrem ausgeprägteren Gefühl für erforderliche Kontinuität und notwendigen Wandel einen wichtigen Gegenpart bilden zu den oft unbedachten und schnellen Trends der Gegenwart.

Beginnt das Leben nach der Pension?

Die Gefahr, in der Schule verschlissen zu werden, ist groß. Das Thema der besonderen beruflichen Belastungen im Lehrberuf, das Burn-out-Problem, die Lehrergesundheit und die dringende Notwendigkeit der Entlastung habe ich im Beitrag „Entlastung im Lehrberuf" angesprochen. Die steigenden Belastungen sind bekannt, ich brauche sie nicht zu wiederholen.

Kein Wunder, daß viele älter werdende Kollegen und Kolleginnen die Pensionierung herbeisehnen, – und manche gleichzeitig Angst davor haben. Die einen erwarten nun die goldenen Jahre, die endlich die ersehnte Freiheit bringen, die sie für all die Verzichte und Selbstverleugnungen harter Arbeitsjahre entlohnen, – das Paradies der unerfüllten Wünsche. Die andern haben so an ihrem Beruf gehangen, sind so sehr an die Belastung und ihre scheinbare Sinnstiftung gewöhnt, daß sie eine grenzenlose Leere befürchten, allenfalls ein Nachglühen von Erinnerungen in einer weitgehend passiven Zeit, in deren Mittelpunkt die Unausweichlichkeit des Endes steht.

Beide Einstellungen führen zu Tragödien (*Brocher* 1972, 169). Im *ersten Fall*, bei der Erwartung des eigentlichen Lebensglücks nach dem Beruf, werden nicht nur die realen Bedingungen des Altseins verleugnet, sondern implizit wird auch die eigene Berufstätigkeit in ihrer Sinnhaftigkeit untergraben: Glück nur danach, – also war wohl alles andere un-glücklich? Diese Abspaltung hält keiner innerlich lange aus. Im *zweiten Fall*, dem Verlust des Lebenssinns nach dem Ausscheiden aus dem Lehrberuf, wird das Leben immer weiter reduziert, das große Loch entsteht, die fruchtbaren Gelegenheiten im Hier-und-Jetzt des Lebens nach der Pension werden versäumt. Das bittere Wort vom Pensionärstod wird zur realen Gefahr. Wann beginnt das Leben? Auf jeden Fall *in* der Schule ...
Zum Schluß eine Geschichte.

Ein katholischer Theologe, ein evangelischer Pfarrer und ein jüdischer Rabbi stritten einst um die Frage, wann das Leben beginnt. Der katholische Theologe: „Selbstverständlich beginnt das Leben bei der Vereinigung der männlichen mit der weiblichen

Eizelle. Bereits die Eizelle ist von Gott beseelt. " *Der evangelische Pfarrer entgegnete:* „*Nein, man muß doch die Einnistung des Eies in die Gebärmutter abwarten, man kann doch nicht jede abgehende befruchtete Eizelle als Leben betrachten!*" *Da lächelte der jüdische Rabbi verschmitzt und sagte:* „*Nu, werd ich euch sagen, wann Leben beginnt: Nämlich wenn die Kinder aus dem Haus sind und der Hund tot ist, – dann beginnt LEBEN!*"

Auch eine Weisheit zum Thema Älterwerden ...

Literatur

Baltes, P. B. und *Baltes*, M. M.: Optimierung durch Selektion und Kompensation. Ein psychologisches Modell erfolgreichen Alterns. In: Z.f.Päd. H.1/1989, S. 85–105

Brocher, T.: Stufen des Lebens. Stuttgart 1977

Erikson, E. H.: Identität und Lebenszyklus. Frankfurt 1973

Erikson, E. H.: The Life Cycle Completed. New York 1983

Faltermaier, T. u. a.: Entwicklungspsychologie des Erwachsenenalters. Stuttgart 1992

Ferchhoff, W./*Neugebauer*, G.: Jugend und Postmoderne. Weinheim und München 1989

Havighorst, R. J.: Developmental tasks and education. New York 1972

Lehr, U.: Psychologie des Alterns. Heidelberg 1972

Marckwald, R.: Ab 50 in den Ruhestand. In: Erziehung und Wissenschaft, H. 11/1993, S. 19–20

PÄDAGOGIK H.6/1989, H.10/1990, H.1/1993, H.7/8, 1996

Saup, W.: Konstruktives Altern. Göttingen 1991

Tavris, C.: Was heißt schon „altersgemäß"? In: Psychologie heute, H. 10/1989, S. 20–25

Thomae, H.: Altersstile und Altersschicksale. Bern 1983

Welsch, W.: Unsere Postmoderne Moderne. Weinheim 1987

Teil 2:
Unterrichten –
Lebendiges Lehren und Lernen

Lasset uns lesen! Wir schlagen auf das Dritte Buch cohn, Vers 18.5, wo es heißt......

1. Lebendig lehren und lernen

Die Themenzentrierte Interaktion (TZI) als Weg zum
ganzheitlichen Unterricht

Ein Kontrapunkt zum traditionellen Unterricht

Seit einiger Zeit ist die Kritik am unlebendigen, verkopften, in Fächer aufgespaltenen Unterricht nicht mehr überhörbar. Die Stoff-Belehrung und die Vermittlung von Inhalten gemäß Lehrplan dominieren. Lernen in der Schule heißt immer noch weitgehend: Reproduzieren dessen, was der Lehrer oder die Lehrerin vorgibt. Schüler und Schülerinnen sind Objekte von Belehrungen, – statt Subjekte eigener Lernprozesse. Außerdem: Die Schule und das wirkliche Leben entfernen sich immer mehr voneinander.

Kontrapunkt wäre ein ganzheitliches Lernen, das lebendig ist, das die Interessen der Schüler, ihre Gefühle, die soziale Beziehungen in der Lerngruppe und persönlich wirklich bedeutsame Themen einschließt. Kurz: Das ICH (der einzelne Lernende), das WIR (die Klasse oder Lerngruppe) und das ES (das Thema, der Inhalt des Unterrichts) stehen ausgewogen in Balance. Gibt es das?

Man muß nicht lange nach Alternativschulen suchen, um ein didaktisches Konzept auszumachen, das solche Prinzipien realisiert. Im folgenden ist die Rede von der Themenzentrierten Interaktion (TZI), die eine neue und erfolgreiche Praxis lebendigen Lernens erprobt hat. Zur Anwendung im eigenen Schulalltag ist nur ein kleiner Schritt. Zunächst aber:

1. Was heißt Lebendiges Lernen nach der „Themenzentrierten Interaktion" (TZI)?

Die TZI wurde begründet von Ruth *Cohn*, geb. 1912 in Berlin, emigriert als Jüdin in die USA, heute in der Schweiz lebend. Beseelt von dem humanistischen Anliegen, die Prinzipien der Psychoanalyse weiter zu entwickeln, nach der Erfahrung des Nationalsozialismus für eine menschliche politische und pädagogische Praxis einzutreten, schuf sie ein Modell, das Lernen an die Person der Lernenden bindet, Lebendigkeit, persönliches Wachstum und Bezug zur Gesellschaft vereint. Ich habe Ruth *Cohn* in mehreren Seminaren erlebt und mich seitdem intensiv mit TZI beschäftigt. Für mich bedeutet dies Konzept eine große Hoffnung und Chance zur Humanisierung und Demokratisierung von Schule und Unterricht.

Ursprünglich für die Therapie entwickelt, hat sich das Modell der TZI inzwischen längst weiter gestaltet: Es wird heute in der Wirtschaft ebenso angewendet wie in der kirchlichen, gewerkschaftlichen und politischen Bildungsarbeit. (*Löhmer/Standhardt* 1992 a) Und natürlich in der Schule. In einer der bekanntesten Didaktiken der Gegenwart (Wolfgang *Schulz* 1980) hat es inzwischen grundlegende Relevanz gewonnen. Immer geht es um die Gleichgewichtigkeit von Sachbezug und Beziehungsebene unter lernenden und arbeitenden Menschen. TZI kann überall dort eingesetzt werden, wo es um persönlich bedeutsames Lernen in einer Klasse oder Gruppe geht, wo Menschen in Lernprozessen miteinander in Kontakt stehen (*Löhmer/ Standhardt* 1992 b, S. 12).
Ich stelle zunächst einige grundlegende Voraussetzungen dar. Lebendiges Lernen heißt:

1.1 ... Eigenständigkeit und Verbundenheit respektieren (Axiome)

Um das Gesamtkonzept zu erklären, stelle ich Ihnen zunächst das sog. „TZI-Haus" vor. Es beschreibt bildlich das gesamte System.

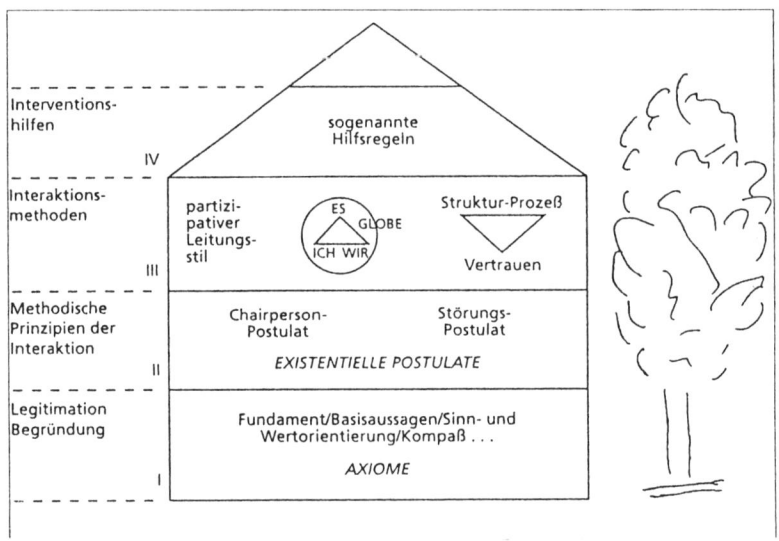

Abb. 1: Das TZI-Haus (Matzdorf 1993, S. 339))

Begleitet wird alles durch den Baum, ein wichtiges Symbol des lebendigen Wachstums. Man darf ihn deshalb aus der Abbildung nicht als „bloß schmückendes Beiwerk" streichen.

Beginnen wir ganz unten. Basis des TZI-Hauses sind grundlegende Wertentscheidungen (Axiome), die der Legitimation des Ganzen dienen. Sie sollten diese kennen, weil die Axiome uns davor bewahren, das System als eine technische Trickkiste mißzuverstehen und weil sie die wertgebundene, also ethische Ausgangsbasis für lebendiges Lernen darstellen. Axiome sind Grundsätze, die ohne weiteren Beweis einleuchten (sollen).Ruth *Cohn* hat sie so formuliert: *Erstes Axiom:* „Der Mensch ist eine psycho-biologische Einheit. Er ist auch ein Teil des Universums. Er ist darum autonom und interdependent. Autonomie (Eigenständigkeit) wächst mit dem Bewußtsein der Interdependenz (Allverbundenheit)." (*Cohn* 1975, S. 120)

Kommentar: Das klingt gewaltig und philosophisch. Für die Schule bedeutet es ganz einfach: Unsere Schüler und Schülerinnen sind freie Menschen (auch beim Lernen!), jede/r ist für sich verantwortlich. Und: Jede/r ist mit andern verbunden, mit den Klassenkameradinnen, der Schul-Umwelt, der Stadt, der Gesellschaft, der Kultur des Abendlandes, aber auch mit allen Menschen dieser Erde, ja mit dem Kosmos. Lernen ist autonom und interdependent: Schüler/innen geben sich selbst die Gesetze (autonom) und wachsen dabei persönlich in dem Maße, in dem sie *in* den Abhängigkeiten und Verbundenheiten ihres Lebens Verantwortung übernehmen.

Zweites Axiom: „Ehrfurcht gebührt allem Lebendigen und seinem Wachstum. Respekt vor dem Wachstum bedingt wertende Entscheidungen. Das Humane ist wertvoll, Inhumanes ist wertbedrohend." (Ebd.)

Kommentar: Wieder hohe Sätze. Aber haben Sie schon einmal bedacht, was „lebendiges Wachstum" bei Ihren Schülern und Schülerinnen eigentlich heißt? Unsere gesamte abendländische Kultur fördert einseitig Intellekt und Verstand, die emotionalen und körperbezogenen Seiten des jungen Menschen bleiben weitgehend unberücksichtigt. Sie gelten als nebensächlich. „Ehrfurcht" der Lehrenden vor den Lernenden – und umgekehrt, das klingt wie ein Wunschtraum für unsere heutige Schule. Und doch: Gerade schulisches Handeln ist eingebunden in die Wert- und Sinnhaftigkeit des menschliches Lebens, darauf zielt dieses Axiom.

Drittes Axiom: „Freie Entscheidung geschieht innerhalb bedingender innerer und äußerer Grenzen. Erweiterung dieser Grenzen ist möglich." (Ebd., S. 120)

Kommentar: Wer als Lehrer oder Lehrerin die einschränkenden Bedingungen der Schule hinnimmt, *hat* sich entschieden; aber Grenzen sind erweiterbar, Spielräume können entdeckt und genutzt werden, das gilt für die Innenseite unserer Person ebenso wie für die äußeren Verhältnisse. Ruth *Cohn* hat es so formuliert: „Ich bin nicht ohnmächtig, ich kann nicht gar nichts. Ich bin nicht allmächtig, ich kann nicht alles. Ich bin teilmächtig: Ich kann, was ich kann." (*Cohn/Terfurth* 1993, S. 331) Dieses „optimistische" Axiom ist Grundlage für unsere politisch-humane Verantwortung und damit auch für eine innovative Unterrichtspraxis. Diese grundlegenden Axiome werden sehr schnell praktisch in zwei Postulaten, die die Arbeit mit TZI in Gruppen bestimmen. Damit sind wir in der zweiten Ebene des TZI-Hauses: den methodischen Prinzipien der Interaktion. Lebendiges Lernen heißt also weiter:

1.2 ... Verantwortung ermöglichen, Störungen zulassen (Postulate)

Das erste Postulat: „Sei dein eigener Chairman/Chairwoman, sei die Chairperson deiner selbst. Mache dir deine innere und äußere Wirklichkeit bewußt. Benütze deine Sinne, Gefühle, gedanklichen Fähigkeiten und entscheide dich verantwortlich von deiner Perspektive her." (*Löhmer/Standhardt* 1992 b, S. 28)

Kommentar: In vielen Gruppen und Schulklassen besteht eine unausgesprochene Erwartungshaltung, der Leiter oder der Lehrer sei für das Wohlbefinden aller verantwortlich. Das Chairperson-Postulat (der in den USA von Ruth *Cohn* geprägte Begriff hat sich englischsprachig durchgesetzt) durchkreuzt genau diese Erwartungshaltung. Sowohl für die einzelne Lehrperson, aber auch – dem Alter und Reifegrad angepaßt – für Schüler und Schülerinnen gilt: Sei dein eigener „Vorsitzender"; nimm deine innere und äußere Welt wahr, deine Autonomie und deine Bindungen im Umfeld (z. B. der Lerngruppe), – und handle verantwortlich aus beiden Perspektiven. Wäge Entscheidungen sorgfältig ab, niemand kann dir deine Entscheidungen abnehmen. Es gibt Schulklassen, die ganz praktisch z. B. das Melden abgeschafft haben und sich umgestellt haben auf dies Postulat: Jeder spricht aufgrund seiner freien Entscheidung und in Rücksichtnahme auf die andern (nur) dann, wenn er selbst es will. „Versuche in dieser Stunde das zu geben und zu empfangen, was du selbst geben und empfangen möchtest".
Blauäugig wäre es allerdings, wollte man mit dem Chairperson-Postulat die Unterschiedlichkeit der Rollen von Lehrer/in und Schüler/in prinzipiell aufheben. Das heißt aber nicht, daß sich die Rollen durch TZI nicht verändern ließen: Der Lehrer wird sich vom „Instrukteur" zum „Lernberater" entwickeln (*Bastian* 1993), und der Schüler wird zunehmend Rollenanteile eines „Vorsitzenden" selbst übernehmen. Die starre Komplementarität der Rollen kann mit Hilfe des Chairperson-Postulates aufgelockert und in Richtung wachsender Symmetrie verändert werden.
Es ist wichtig, daß dieses Postulat langsam und langfristig eingeführt wird. Es stellt die gewohnte schulische Lernpraxis auf den Kopf, und SchülerInnen haben es außerordentlich schwer umzudenken. Das Beispiel vom Geschichtsunterricht (2.2) zeigt dies.

Das zweite Postulat: „Störungen und Betroffenheiten haben Vorrang. Beachte Hindernisse auf deinem Weg, deine eigenen und die von anderen; ohne ihre Lösung wird Wachstum verhindert oder erschwert." (*Löhmer/Standhardt* 1992 b, S. 31)

Kommentar: Störungen schaffen sich immer ihr Recht, egal ob Lernende oder Lehrende dies wollen oder nicht. Normalerweise werden Störungen möglichst unterdrückt, in der TZI werden sie ernstgenommen. Denn: Wenn jemand zerstreut, abgelenkt, gelangweilt, verärgert, von persönlichen Belastungen betroffen oder aus einem andern Grund nicht „dabei" ist, verliert nicht nur er selbst den Kontakt zum Lern- und Gruppenprozeß, sondern geht auch als aktives Mitglied der Gruppe verloren. Wer aus irgendeinem Grund nicht beim Thema sein kann, darf dies aussprechen. Oft reicht das schon aus, um den Anschluß wieder zu gewinnen. Manchmal braucht die Bearbeitung einer Störung aber auch mehr Zeit, in der Regel ist dies aber keine verlorene Zeit, weil die Gruppe danach umso intensiver zusammenarbeitet. Artikulierte Störungen durch die Lernenden können für LehrerInnen aber auch wichtige Hinweise für Fehler in der Unterrichtsvorbereitung sein!
Damit das Äußern von Störungen nicht zu Dauerunterbrechungen führt, ist auch hier wieder an die Verantwortung aller Teilnehmenden zu erinnern. Auch dieses Postulat muß sehr behutsam eingeführt und als ein Angebot verstanden werden, denn ein solcher konstruktiver Umgang mit Störungen wird als neu und ungewohnt erlebt. Wie das praktisch aussehen kann, zeigt die Technik des „Rede-Eies" im Abschnitt 2.5.
Die bisher beschriebenen Axiome und Postulate münden nun in ein anschauliches Modell für das zentrale Arbeitsprinzip der TZI (dritte Ebene des TZI-Hauses). Lebendiges Lernen heißt:

1.3 ... das Lerndreieck balancieren (Lernmodell)
Ein Kardinalfehler des traditionellen Unterrichtes ist, fast ausschließlich das ES (die Sache, das Thema, den Stoff) zu beachten. In der TZI aber wird das ES genauso wichtig genommen wie das ICH und das WIR. Lernen in der Interaktion läßt sich als ein Dreieck mit drei gleichberechtigten Spitzen darstellen: Das ICH (jede einzelne Person und ihre Eigenart), das WIR (die Gruppe, ihre Mitglieder und Beziehungen) und das ES (das Thema, also nicht das Freud'sche Trieb-Es!). Dieses Dreieck hängt aber nicht in der Luft, sondern wird von einem Kreis umschlossen, dem GLOBE: das nahe und ferne Umfeld einer Gruppe oder Klasse.

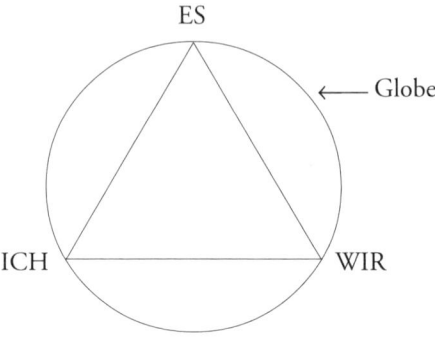

Abb. 2: Das TZI-Dreieck (*Löhmer/Standhardt* 1993, S. 39)

Didaktisches Anliegen dieses Modells ist nun, die drei Spitzen in einer dynamischen Balance zu halten. D.h. die Lehrperson (und zunehmend auch die Lernenden) sorgen dafür, daß jede Spitze angemessen zur Geltung kommt. Liegt der Akzent längere Zeit einseitig auf dem ES, dann ist die Klasse auf dem Weg zur Stoffhuberei, es geht nur noch um das inhaltliche Lernen. Wird aber das WIR einseitig über längere Zeit unangemessen in den Vordergrund gerückt (weil z. B. der Lehrer gerade von einem gruppendynamischen Seminar kommt ...), dann droht aus einer schulischen Lerngruppe eine Therapiegruppe zu werden. Wird das ICH unangemessen akzentuiert, dann kippt das Lernen um in Richtung persönlicher Selbsterfahrung. Wird der GLOBE nicht beachtet, d. h. nach den ermöglichenden und einschränkenden Bedingungen und Einflußfaktoren dieser konkreten Lerngruppe gefragt, dann schmeißen Lehrer und Schüler schnell wieder die Flinte ins Korn und stellen resigniert fest: TZI geht eben in der Schule doch nicht. Auch wenn die zahlreichen Beispiele das Gegenteil belegen.

Dynamische Balance heißt hingegen: Die Faktoren haben zu angemessener Zeit gleiches Recht, der jeweils am meisten vernachlässigte Faktor soll in den Vordergrund gerückt werden, um die Balance wieder herzustellen:

ICH-WIR-ES im GLOBE
- Jedes einzelne ICH, jeder Lernende mit seinen Gefühlen, Wahrnehmungen, Wünschen, Gedanken und Fähigkeiten, ja gerade die Unterschiedlichkeit der einzelnen Schüler und Schülerinnen, sind ein großes Kapital für das gemeinsame Lernen und Arbeiten.
- Aber auch das WIR, die Gruppe und ihre Dynamik, ihre gestörte oder gut funktionierende Kommunikation, werden beachtet und immer wieder gepflegt. Dazu gibt es eine Fülle von praktischen Methoden, die ich weiter unten vorstelle.
- Das ES ist der inhaltliche Bezugspunkt, wobei das Thema des Unterrichts einem Haus mit vielen Türen gleicht: Jeder Lernende soll *seine* Tür finden. Der Unterricht muß daher vor allem in der Einstiegsphase besonderen Raum dafür lassen. Das bedeutet freilich nicht, ein Sachthema in lauter subjektive kleine Teil-Ansichten aufzulösen oder es zu psychologisieren. Die Sachstruktur des Themas behält ihr Recht: Dreisatz bleibt Dreisatz, und Englisch kann man nicht ohne Grammatik lernen.
- Den GLOBE einbeziehen heißt über die realen Bedingungen der Lerngruppe (vom Raum, der Zusammensetzung, der Zeit, bis hin zu Außenerwartungen durch Schulleitung, Lehrplänen oder Eltern) auch, die Bezüge des Themas im Bewußtsein der Mitglieder aufsuchen, also danach zu fragen, was z. B. das Thema „Die Schnecke – so ein kleines Tier und so viele Geheimnisse" (das ich unten als Beispiel gelungener TZI-Arbeit darstelle) mit den Naturvorstellungen der Kinder, mit den ökologischen Problemen und vielleicht sogar mit der Achtung vor allem Lebendigen in unserer Welt, ja mit den Gesetzen im Kosmos zu tun hat.

Man sieht sehr leicht, daß die Lehrperson einen *partizipativen Leitungsstil* verwirklichen wird, wenn es um diese dynamische Balance geht. Das ist zunächst immer mit einiger Angst verbunden (läuft mir nicht alles aus dem Ruder? Was wird aus meiner Autorität?), wird aber nach einiger Zeit voll aufgewogen durch die befriedigende Erfahrung, daß Lernen ein lebendiger Prozeß, Wachstum von Personen und existentielles Erlebnis ist (und nicht nur Füllung von Schülerköpfen, Eintrichtern von Wissen gegen den Widerstand der Beteiligten).

Das Ganze läßt sich auch (wie in der dritten Ebene rechts des TZI-Hauses angedeutet) darstellen als ein ausgewogenes Verhältnis von *Struktur* des Themas und seiner Bearbeitung (hier ist die Lehrperson mit ihrem gesamten didaktischen und methodischen Repertoir gefragt), *Prozeß* (der Gruppe, also ihrer Entwicklung von Anfang bis Ende) und *Vertrauen* (sich angenommen fühlen, ehrlich und konstruktiv in der Konfliktbearbeitung zu sein, eine Atmosphäre, die es erlaubt, auch Fehler zu machen, Neues auszuprobieren).

Damit sind wir auf der vierten Ebene des TZI-Hauses. Lebendiges Lernen heißt schließlich:

1.4 ... die Kommunikation pflegen (Hilfsregeln)

Das gesamte System, insbesondere die Postulate, werden nun schließlich durch eine Reihe von Hilfsregeln konkretisiert. Auch die Hilfsregeln sind keine Gesetze und keine Dogmen. Sie erleichtern aber das Angebot einer wachstumsfördernden zwischenmenschlichen Kommunikation. Die in der Praxis geläufigsten und bewährten Hilfsregeln (nach Löhmer/Standhardt 1992 b, S. 33 ff.):

1. „Vertritt dich selbst in deinen Aussagen; sprich per ICH und nicht per WIR oder MAN."

In der Tat, – ich kann nie für einen andern sprechen: Meine Fragen sind meine, meine Wahrnehmungen sind meine, meine Kritik ist meine. Nicht selbstbezogener Egoismus ist gemeint, sondern der Mut, mich nicht hinter verallgemeinernden Aussagen zu verstecken, – besser selbstverantwortliche Aussagen zu machen. Vor allem wenn es um ICH- und WIR-bezogenen Aussagen geht. Also: Statt „Man fühlt sich in dieser Klasse doch recht verloren", besser „Ich fühle mich hier sehr allein".

2. „Wenn du eine Frage stellst, sage, warum du fragst und was deine Frage für dich bedeutet. Sage dich selbst aus und vermeide das Interview."

Fragen sind oft Vermeidungsspiele, um die eigenen Ansichten oder Erfahrungen nicht offen aussprechen zu müssen. Viele „dumme" und zeitraubende Fragen können vermieden werden, wenn sich jeder überlegt, warum er jetzt diese Frage stellt und warum sie ihm wirklich wichtig ist. Eine Aussage hingegen regt die andern auch zu eigenen Aussagen an, die persönliche Kommunikation kommt in Gang.

3. „Halte dich mit Interpretationen von anderen so lange wie möglich zurück. Sprich statt dessen deine persönlichen Reaktionen aus."

Interpretationen („das tust du doch nur, weil du so rechthaberisch bist") – zumal vom andern ungewünscht – rufen beim Gegenüber meist eine defensive Haltung hervor. Das hemmt die partnerschaftliche Kommunikation. Ich sage also besser: „Mich stört es, wenn du meine Argumente so einfach vom Tisch wischt. Ich habe mir meine eigenen Gedanken gemacht und möchte dich bitten, diese ernst zu nehmen." Das kann die Lehrkraft sagen, kann aber auch ein Schüler äußern.

4. „Wenn mehr als einer gleichzeitig sprechen will, verständigt euch in Stichworten, über was ihr zu sprechen beabsichtigt."

Das ist wieder ein Schlag gegen die üblichen schulischen Melderituale. Aber wenn Schüler und Schülerinnen gelernt haben, ohne Formalitäten, nur aufgrund von Rücksichtnahme und Verständigung, den eigenen Beitrag zu leisten, wird in der Klasse eine Atmosphäre gegenseitiger Achtung und Toleranz herrschen, die jeden Besucher verzaubert und alle Beteiligten beglückt. Übrigens sollte die Lehrkraft ab und zu dazu ermuntern, gerade *Seitengespräche einzubringen*: Sie enthalten oft wichtige Gedanken zum Thema, die nur zwei austauschen wollten (und wenn es um Abwegiges ging, macht das auch nichts, aber beide sind ohne Strafe wieder dabei).

5. Für allem für die Lehrkraft: Sei authentisch in deinen Äußerungen, aber sage nicht alles, was du denkst.

Ruth *Cohn* hat dies das Prinzip der „selektiven Authentizität" genannt: Was du sagst, soll echt sein, aber du mußt nicht immer dein Herz auf der Zunge tragen.

6. „Werde wach für deine Gefühle. Sie gehören zu deinem Wert und zu deiner Wichtigkeit. – Sie sind gültig für dich und deinen jeweiligen Augenblick. Sie sind deine Energiespeicher."

Lebendiges Lernen wird gefördert, wenn alle Beteiligten nicht nur auf ihre Gedanken und Äußerungen achten, sondern auch ihre Gefühle und aufsteigenden Impulse wahrnehmen, und wo es paßt auch mitteilen. Zur gemeinsamen Sprache gehören ebenso Begeisterung, Freude, Sympathie wie Ärger, Wut, Langeweile oder Angst. Wieviel Energie wird vergeudet, wenn wir unsere Gefühle unter einem Deckel halten (müssen), statt sie als Kraftquelle für das gemeinsame Anliegen zu nutzen oder sie auszudrücken, wo sie die konstruktive Arbeit behindern. Oft hilft es, auf die *Signale des Körpers* zu achten: Unser Körper spürt schneller, was los ist, als unser Geist. Damit ist die Gleichgewichtigkeit von Körper- und Wortsprache gemeint: Wenn Sie jetzt unruhig auf ihrem Stuhl hin und herrutschen, dann spüren Sie vielleicht: Genug der Theorie, – wie funktioniert das Ganze in Praxis?
Nachdem wir nun das theoretische Haus gebaut haben, können wir es mit einer praktischen Einrichtung füllen: Beispiele für lebendiges Lernen nach der TZI. Dazu gibt es inzwischen eine ausführliche Bibliographie zu den verschiedensten Anwendungsbereichen, auch zur Schule (Will-International 1994).

2. Wie macht man lebendigen Unterricht? (Beispiele)

2.1 Aus der Grundschule: „Die Schnecke – so ein kleines Tier, so viele Geheimnisse"

Mochten Sie bisher den Eindruck gewonnen haben, TZI sei überwiegend etwas für die Sekundarstufe, so zeigt die folgende Unterrichtseinheit sehr anschaulich, wie grundlegende Elemente bereits in der Grundschule eingeführt werden können (*Hoßfeld* 1993).

Bereits die Themenformulierung zeigt einige wichtige Kriterien zur Einführung des ES: kurz und klar formuliert, gleichzeitig offen für eigene freie Einfälle, hat gefühlsmäßigen Aufforderungscharakter, ermutigt zum Finden der eigenen Tür in das Thema, reizt zur subjektiven Auseinandersetzung u. a. m.

a) Vorbereitung

In der persönlichen Unterrichtsvorbereitung klärt die Lehrerin zunächst ihre eigenen Gedanken und Gefühle zu diesem Thema (Beziehung zwischen ICH-ES), aber auch zur Klasse, den Kindern (z. B. Michaela, der lebendig-spontanen, die aber keine Kritik vertragen kann, Andreas, dem stillen und müden, Sonja, der aggressiven und „schwierigen"). Sie überlegt, wie sie die Kinder einbinden und wie sie mit der Lerngruppe umgehen möchte (ICH-WIR).

Auch bei der inhaltlichen und didaktischen Strukturierung des Themas geht die Lehrerin zunächst davon aus, was sie besonders freut, was ihr wichtig ist, aber auch was sie langweilt; sie prüft, welche (von der Sache her notwendigen) thematischen Aspekte unter den realen Bedingungen der Klasse (ES-GLOBE) möglich sind (z. B. Schnecken zu halten). Dieses Sich-Bewußtmachen der eigenen Gefühle und Einstellungen ist wichtig, weil diese ohnehin später unbewußt den Unterrichtsprozeß lenken werden, hier aber offengelegt und durchschaubar gemacht werden.

So kommt sie schließlich zur Formulierung von Lernzielen, die weit über die übliche einseitige „Sachvorbereitung" hinausgehen. Einige Beispiele:

• *Mein Anliegen als Lehrerin:* „Ich möchte, daß die Vorerfahrungen und Fragen der SchülerInnen, ihre Beobachtungen und Einfälle die Wegweiser sind, die uns durch die Stunden leiten; [partizipativer Leitungsstil] ... ich möchte, daß die SchülerInnen die Schnecke als Lebewesen achten und schützen lernen." (Zweites Axiom: Ehrfurcht vor dem Lebendigen, Wertentscheidungen)

• *ICH-Erfahrung:* „Jede Schülerin/jeder Schüler beobachtet und erlebt das Tier aus nächster Nähe, ... nimmt ihre/seine Gefühle (Mitgefühl und/oder Abwehr) wahr und verbalisiert sie, ... übernimmt Verantwortung für die Pflege und Versorgung der Tiere." (Vgl. Hilfsregeln: Gefühle wahrnehmen und verbalisieren)

• *WIR-Erfahrung:* „Die Kinder ... arbeiten in wechselnden Gruppen zusammen, planen gemeinsam ihre Arbeit, ... erleben Störungen in der Gruppenarbeit und setzen sich damit auseinander ..." (Postulat vom Vorrang von Störungen und Betroffenheit)

• ES-*Erfahrung:* „Die Kinder ... beobachten, stellen ihre Fragen an die Schnekken", bearbeiten sie als „Forscher", informieren sich durch bereitgestellte Sachbücher, Arbeitsbögen, ... reflektieren die gemeinsame Sacharbeit. (Als Ich-Aussagen nach getaner Arbeit)

Diese Vorplanung (wie auch der Ablauf) des Unterrichtes zeigt, wie die Lehrerin auf die dynamische Balance von ICH-WIR-ES-GLOBE achtet und den Unterricht so anlegt, daß die beiden Postulate erlebbar werden: „Sei deine eigene Leitperson" und „Störungen haben Vorrang". (Wie dies im einzelnen später ausgesehen hat, zeigt ein differenziertes Unterrichtsprotokoll, das den jeweiligen Schwerpunkt im TZI-Dreieck mit dem Unterrichtsverlauf in Beziehung setzt, ebd. S. 101)

b) Durchführung

Die insgesamt elfstündige Unterrichtseinheit im Sachunterricht des 3. Schuljahres verlief in folgenden Abschnitten.

Die Lehrerin hatte Schnecken gesammelt, die Kinder sitzen im Kreis und beobachten, einige Mutige fassen die Schnecken an, Erlebnisse, Eindrücke, Erfahrungen werden ausgetauscht. Der Impuls für die folgende Einzelarbeit heißt: „Stelle deine Fragen an die Schnecken!"

Die auf Karteikarten aufgeschriebenen Fragen werden gruppiert, die Kinder ordnen sich vier thematischen Arbeitsgruppen in den Ecken der Klasse zu. Aber die Lehrerin achtet dabei auf das Chairperson-Postulat und nimmt die Gefühle der Kinder auf der WIR-Ebene ernst: Sie können in einer Besinnungsphase für sich klären: „Paßt mein Sachinteresse zur Überschrift in diese Ecke? Will ich mit den SchülerInnen, die mit mir in der Ecke stehen, zusammen in einer Gruppe arbeiten?" (Ebd., S. 97) Die einzelnen noch folgenden Wechsel sind wichtig, weil sie die Kinder zur Verantwortung für ihre Entscheidung ermutigen, zugleich auch der Arbeitsfähigkeit der Gruppen dienen.

In der anschließenden Gruppenarbeit werden die einzelnen Arbeitsschritte von den Kindern selbst (mit Hilfen durch die Lehrerin) geplant, – eine schwierige Aufgabe, geht es doch um die Balance zwischen dem persönlichen und gemeinsamen Interesse und damit um die Integration von Autonomie und Interdependenz (erstes Axiom!). In den Gruppen wird geforscht, experimentiert, gezeichnet, geschrieben, gesammelt u. a. m.

Am Ende stellen sich die Kinder ihre Arbeitsergebnisse in der Form einer Expertenbefragung vor (ein Delegierter aus jeder Gruppe bildet mit den andern eine neue Gruppe, die sich gegenseitig inmitten der Klasse befragen und ihre Ergebnisse vortragen, bzw. auch aus der Klasse können Fragen gestellt werden).

c) Auswertung

Die Kinder bedenken zum Schluß gemeinsam, was geschehen ist: „Was habe ich ... erkannt und erlebt – mit mir, – mit den andern SchülerInnen, – mit den Schnecken?" (Der Prozeß kommt in den Blick: Gleichgewicht von *Struktur* des Themas, *Prozeß* und *Vertrauen*.)

Mich überzeugt dieses Beispiel Lebendigen Lernens sehr, gerade weil es so „normal" ist – oder sein könnte ...

2.2 Aus dem Gymnasium: Weimar und die Entwicklung totalitärer Systeme (10. Klasse, Geschichte)

Alltagsunterricht im Gymnasium: TZI ist der Klasse unbekannt, die SchülerInnen erwarten ganz normalen Geschichtsunterricht. (*Platzer-Wedderwille* 1993) Die Kunst des Lehrers in dieser Situation: TZI sehr behutsam, respektvoll gegenüber den natürlichen Widerständen, eher geduldig-indirekt als forsch und offensiv einzuführen. Ohne diese Achtung vor der Person des Schülers und der Schülerin, Wissen um die Grenzen, auf die jede/r ein Recht hat, Akzeptierung von Skepsis und die Bereitschaft, trotz mancher Rückschläge immer wieder an den positiven Möglichkeiten, die in den anderen Menschen liegen, anzusetzen, – ohne diese Grundhaltung der Lehrperson verkommt TZI zu einer bloß äußerlich bleibenden Methode.

• Der Lehrer betritt die Klasse. Spannung liegt im Raum, man kennt sich nicht. Der Lehrer spürt dies, macht sich seine Gefühle bewußt und entdeckt, daß er diese Anfänge mag, stellt sich positiv ein. Nach einer kurzen Vorstellung sagt er: „Ihr habt jetzt ein halbes Jahr Geschichtsunterricht in der Zehn hinter euch. Blickt einmal zurück, und jeder notiert auf einen Zettel, was ihr für euch selber als wichtig im Kopf behalten habt, was euch gefallen hat, was spontan in eurer Erinnerung auftaucht. Es ist völlig gleichgültig, ob das auch im Unterricht als wichtig bezeichnet wurde. Fragt nur euch selbst. Zehn Minuten Zeit stehen zur Verfügung. Wem gar nichts einfällt, der hat eben nichts auf seinem Zettel." (Ebd., S. 128)

Die Schüler und Schülerinnen sind überrascht, eine Flut von Fragen beginnt mit: „Sollen wir ...?" Es ist ungewohnt, das eigene ICH ernst zu nehmen. Als die zehn Minuten für die Einzelarbeit um sind, erklärt der Lehrer, was er beabsichtigte: Ihm sind zunächst einmal nicht die „objektiven Fakten" wichtig, sondern das Bild von Geschichte, das in den Köpfen hängen geblieben ist.

Die SchülerInnen lesen vor: so viele Einfälle und gute Gedanken, daß sie am gemeinsamen Zurückerinnern immer mehr Freude gewinnen. Der Lehrer merkt sich aber sehr wohl auch die Sachfehler (um sie später korrigieren zu können). Häufig entstehen Gespräche der SchülerInnen untereinander, Gemeinsamkeiten und Kontroversen treten zutage. Der Gegenstand „Geschichte" ist zum Thema des ICH geworden. Gleichzeitig wird der Erfahrungsschatz des WIR in seiner ganzen Breite fruchtbar. Persönlich bedeutsames Lernen kündigt sich an, statt Stoffpaukerei.

Dennoch wird der Lehrer auch der Sache (ES-Anspruch) gerecht: An der Tafel werden die Erinnerungen und die Ereignisse schwerpunktartig gebündelt, die subjektive Erinnerung ist dabei durchaus an der Sachstruktur (das 19. Jahrhundert und seine wichtigen Entwicklungen, Ereignisse) orientiert. Der Zugang zum ES hat sich aber durch den persönlichen Bezug ergeben. Der Lehrer erklärt, daß auf Dauer ohnehin nur das haften bleibt, was uns persönlich betroffen hat.

Am Ende der Stunde steht ein „Rundgang" zum Thema: „Wie hat mir diese Rückerinnerungsrunde gefallen, was habe ich dabei gelernt?" Niemand ist gezwungen, etwas zu sagen, wenn er nicht will. (Chairperson-Postulat)

• Die weiteren Stunden zeigen die gleichen Prinzipien. Gegenstand ist der Vertrag von Versailles; er soll so zum „Thema" (ES) gemacht werden, daß für die Schüler und Schülerinnen erlebbar wird, warum es ihren Großvätern und Großmüttern so schwer gefallen ist, sich mit der sog. „Schande" des Vertrages abzufinden und die junge Demokratie zu akzeptieren. Geduldig und respektvoll, aber klar und zielbewußt geht der Lehrer immer wieder auf die Skepsis der Schüler, ihre Sorge vor „Geschwätz", vor vertaner Unterrichtszeit ein. Störungen (hier als Widerstand) haben Vorrang.

Doch dann gerät die Klasse in Bewegung, als die Assoziationen zur Frage: „Was fällt dir ein, was fühlst du, wenn du das Wort 'Deutschland' hörst?" ausgetauscht werden. Der Lehrer fügt einen persönlichen Bericht aus seiner eigenen Familie ein. Die Schüler sind von den verschiedenen persönlichen Assoziationen emotional sehr angesprochen. „Sie spüren ... sehr deutlich die tiefen Unterschiede im Umgang mit dem Wort 'Deutschland' – damals und heute." (Ebd., S. 132)

Partnerarbeit und strukturiertes Klassengespräch vertiefen den Versuch, über die Einfühlung sich dem Thema zuzuwenden. Bewußt macht der Lehrer auch das (mitunter kontroverse) Spektrum der Klasse als Lerngruppe deutlich: auf die andern hören und von ihnen lernen (WIR-Ebene).

Das anschließend ausgeteilte Arbeitsblatt mit den wesentlichen Bestimmungen des Vertrages von Versailles fällt auf gut vorbereiteten Boden: Es verlangt die genaue und präzise Erarbeitung von Fakten und Sachinformationen. Die SchülerInnen begreifen, daß subjektive Reaktionen und Fakten sich nicht widersprechen müssen, ja zusammengehörend das Lernen lebendig machen. Die SchülerInnen haben gelernt, vom „Ich" zu reden, von *meiner* Beziehung zur Sache, sie haben eine emotional verankerte Beziehung zum ES gewonnen.

• Tauchte das ICH aus dem TZI-Dreieck zuerst überwiegend im Zusammenhang mit der Sache, dem ES auf (also als ICH-ES-Beziehung), so kamen im weiteren Verlauf der Unterrichtseinheit (Zeitraum bis zum zweiten Weltkrieg, Nationalsozialismus, Stalinismus, totalitäre Systeme) ganz langsam auch spontane Äußerungen über die eigene Befindlichkeit, über Gefühle gegenüber den anderen (und dem Lehrer!), der Gruppe auf (ICH-WIR). Der Lehrer förderte dies vorsichtig durch Rundgänge (s. o.), z. B.: „Was ist mir heute bewußt geworden über mein eigenes Alltagsleben – verglichen mit dem eines Hitlerjungen [BDM-Mädchens] ...?" Oder: „Wie fühle ich mich in unserer Gruppe hier – nachdem ich erfahren habe, was 'Gemeinschaftsgeist' in einer HJ-Gruppe hieß?" (Ebd., S. 136)

Das Ganze ist schulischer Unterricht. Der Lehrer stellt in seinem Bericht klar: „Ich weise noch einmal darauf hin, daß Fakten und Genauigkeit im Umgang mit ihnen zu dieser Offenheit selbstverständlich dazugehören." (Ebd., S. 138) Aber es müssen auch Freiräume zum Nachdenken vorhanden sein, vor allem auch zur Frage, *wie* die Arbeit abgelaufen ist (methodisches Bewußtsein der Lernenden über ihren eigenen Lernprozeß). Denn nach einiger TZI-Erfahrung wird mit Sicherheit eine zu große Hetze im Unterricht als Störung eingebracht. Und das ist gut so.

2.3 Aus der Realschule und Hauptschule: Die Wüste lebt.
Naturwissenschaftlicher Unterricht

TZI und Didaktik der Naturwissenschaft, – ein scheinbar unüberbrückbarer Gegensatz. Doch lebendige Stoffvermittlung ist auch hier möglich. (Beispiele aus *Klemmer* 1985, 1993, S. 265 ff.)

a) Vorbereitung

Grundlage ist die gemeinsame Vorreflexion und Vorplanung eines Themas mit den SchülerInnen. Die Lernenden entdecken in dieser Phase der Annäherung an das Oberthema (ICH-ES) persönliche oder – gerade bei naturwissenschaftlichen Fragen – auch globale Bezüge zum Thema (GLOBE!). Brainstorming (eine unzensierte Ideensammlung), Ton- und Bilddokumente, die fish-bowl-Technik (eine Kleingruppe im Plenum, die z. B. Vorschläge gruppiert oder strukturiert) u. a. m. sind Verfahren, die der Gesamtgruppe helfen, ein Oberthema in Teilthemen zu gliedern. (Das gilt natürlich auch für andere Fächer.) Auf diese Weise nehmen die SchülerInnen Kontakt zum Thema auf, bringen ihre Erfahrungen und Fragen ein. Sie erhalten nicht eine Steinwüste vorgesetzt, sondern können die Reise durch das Thema (mit entsprechenden Oasen) selbst mitgestalten.

b) Bearbeitung

Die ganzheitliche Lernstoffbearbeitung beginnt mit einer *explorativen Phase*. Problemstellungen können z. B. visualisiert oder modelliert werden: die ökologische Situation des Waldes als Collage, das Methanmolekül (CH_4) als Modell aus Ton – die Beteiligten erkennen die Vielzahl von Möglichkeiten (vom geometrischen Tetraeder bis zum Kugelstäbchenmodell mit der besonderen Beachtung der Winkel usw.); in Biologie können dies Viren und Bakterien sein u. a. m. Das ES erscheint in seiner Komplexität und schafft Freiräume für individuelle Zugänge (das Thema hat viele Türen: kein Modell wird dem andern gleichen!).

Eine besondere Möglichkeit, die explorative Begegnung mit einem (Unter-) Thema zu fördern ist die *gelenkte Imagination*. Ein Beispiel aus der 5. Klasse einer Realschule zum Thema: „Können sich Pflanzen bewegen?" Nach Abschluß eines Keimversuches mit Bohnen bittet die Lehrerin die SchülerInnen, sich auf ihre Tische zu setzen, die Augen zu schließen und sich vorzustellen, eine trockene Bohne zu sein. („Ich liege auf der Erde ... es beginnt zu regnen .. ich fühle, wie das Wasser durch meine Schale eindringt ... meine Schale platzt, ... ich kann meine Keimwurzel langsam in die Erde schieben ..." usw.) Leise, dann mit dem Wachsen immer lebendiger, bewegen sich die Kinder mit offenen Augen im Raum. Durch Identifikation erleben sie das Phänomen „Wachsen". Einer ruft: „Ich bin eine Killer-Bohne!" Alles lacht, – Imagination hat nichts mit Mystik zu tun, sondern macht Spaß, unverkrampft und natürlich.

Das anschließende Auswertungsgespräch (auf das bei einer Imaginationsübung nic verzichtet werden sollte), bringt eine Fülle von sehr lebendigen Antworten zu den Wachstumsvorstellungen einer Pflanze. Die Identifikation in der Phantasie hatte einen lebendigen Bezug zum Unterrichtsthema geschaffen.

Für die weitere inhaltliche Erarbeitungs- und Verarbeitungsphase ist dann günstig, solche Lernformen anzubieten, die das eigenständige und kooperative „Zusammen-Tragen" fördern: *Kleingruppenarbeit, Delegation von Problemstellungen und -lösungen an die SchülerInnen, Bereitstellung von „Proviant" (Materialien) für die Reise, d. h. zur Bearbeitung des Themas, Vorstellung und Diskussion von erarbeiteten Lösungen im Plenum.* Nicht-erfolgreiche Lösungen werden genauso gewürdigt wie gelungene. Oft kann aus der Reflexion einer mißlungenen Lösung genauso viel gelernt werden wie aus dem Erfolg. (Vgl. Gleichgewicht von Struktur, Prozeß und Vertrauen: Mutmachen zu einem Klima, in dem auch Fehler gemacht werden dürfen).

Ein bewußtes *Einbeziehen des Körpers* ist während der Erarbeitung auch noch auf andere Weise möglich. SchülerInnen stellen z. B. das komplizierte Periodensystem der Elemente mit ihren Körpern dar: umgehängte Pappschilder mit Ordnungszahl, Anzahl der Elektronen auf der äußeren Hülle, zunehmende Kernladung und Masse etc. sind Anlaß, sich nach Kriterien „leibhaftig" zusammenzufinden. Dabei müssen sehr viele Einzelfragen und Zusammenhänge unter verschiedenen Blickwinkeln geklärt werden. Der Erfolg: „Die Vielzahl an Eigenschaften der Elementengruppen und einzelner Elemente konnte deutlich besser erinnert und eingeordnet werden." (*Klemmer* 1993, S. 283)

Ein Beispiel aus der Hauptschule:
Sauerstoffkreislauf in belebten Gewässern. Die Wechselwirkung von Wasserteilchen und Sauerstoffteilchen, chemische Vorgänge bei der Atmung von Fischen werden körperlich durch Wechsel entsprechender Schilder bei den durch den Raum „schwimmenden Schüler-Fischen" anschaulich dargestellt (einatmen: Wasser mit Sauerstoff, ausatmen von Kohlendioxid, „Wiederaufbereitung" von Kohlendioxid durch Wasserpflanzen usw.) (*Klemmer* 1993, S. 283f).

Dieses Prinzip von *Ver-körpern und Be-wegen* läßt sich mannigfach und in allen Schularten verwenden, es reicht von der Funktion einer Taschenlampe über den Gebrauch von „daß und das" in unterschiedlichen Sätzen bis hin zu ökologischen Zusammenhängen und mathematischen Formeln. Je nach Unterrichtsphase (z. B. Problemgewinnung, Problemanalyse, Problemlösung oder aber Einüben, Festigen, Übertragen) kann die körperliche Darstellung variiert werden. Ihr Wert für lebendiges Lernen liegt in der Anschaulichkeit, im Erlebnischarakter, in der Förderung von Kreativität, Phantasie und Intuition. Und nicht zuletzt: „LehrerInnen gewinnen mehr Einblick in Vorwissen und Lernweisen der SchülerInnen als Einzelperson und als Klasse." (ICH- und WIR-Ebene) (Ebd., S. 285)

c) Besinnung
Eine Unterrichtseinheit endet mit einem organisierten *Feedback* über die gemeinsame Arbeit (Beispiele in: Gudjons 1993, S. 156 ff.). Aber auch die Lehrkraft ist in die Gesamtreflexion einbezogen: Entsprach meine Haltung den Axiomen, wie war die Balance zwischen ES, ICH, WIR und GLOBE? Wie geht es mir jetzt, wie soll es weitergehen?

2.4 Aus anderen Schulen: Von der Sonderschule bis zur Berufsschule und Universität
Die schwierigen Rahmenbedingungen der *Sonderschule* (insbesondere für Erziehungshilfe, Förderschule etc.) machen eine besonders intensive Auseinandersetzung zwischen den eigenen Ansprüchen, Grenzen und Möglichkeiten der Lehrperson mit dem GLOBE nötig, ein inneres Ringen mit „... Gefühlen der Wut, Enttäuschung, Ohnmacht, ... mit den blinden Flecken" und um eine besondere innere Stabilität. (*Knepper* 1993, S. 177)
Und nur mit unendlicher Geduld ist das WIR zu pflegen. Die etwa einmal im Monat an die SchülerInnen geschickte Postkarte der Lehrerin, in der sie den Stand der Beziehung und Auseinandersetzungen mit den einzelnen Kindern re-

flektiert, das Aussprechen und Bearbeiten von Störungen (die Kinder *wollen* im Grunde wieder arbeitsfähig werden), das vorsichtige Öffnen der Tür zu den Gefühlen und zum Innenraum z. B. durch meditatives Malen innerer Bilder, der ruhige Austausch untereinander, das Einlassen auf den Einzelnen (ICH), – alles Möglichkeiten, die schwierige Balance zwischen ICH-ES-WIR-GLOBE immer wieder zu versuchen. (*Knepper* 1993, S. 175 ff.)

In *berufsbildenden Schulen* spielt in der Regel persönliche Betroffenheit von SchülerInnen eine untergeordnete Rolle (wenn sie überhaupt vorkommt). Ein Lehrer macht dies anders (T. *Terfurth* 1993): Am Anfang einer Stunde steht seit langem ein kleines Anfangsritual; ein Stein-Ei wandert durch die Klasse, wer es nimmt, äußert sich zur Frage: „Sagt in wenigen Sätzen, wie euch zumute ist, bevor wir mit dem Unterrichtsthema beginnen." Eine Schülerin berichtet von der Schließung einer Unterbringungsmöglichkeit für ihre kleine Tochter, sie ist völlig fassungslos, weit weg vom Unterricht.

Die Klasse reagiert mit einer lebhaften Debatte. Der Lehrer schlägt vor, das anstehende Thema „Die Macht der Sprache" praktisch werden zu lassen: Die SchülerInnen schreiben Briefe, Statements, Proteste etc., starten eine Briefaktion an die verantwortlichen Politiker (mit dem späteren Erfolg, daß die Maßnahme zurückgenommen wurde). Aus einer „Störung" ist eine Aktion geworden, Axiome und Postulate werden hautnah erlebbar. Eine gelungene Integration der Elemente des TZI-Dreiecks, von Gefühl, Betroffenheit und Verantwortung: Lernen für das Leben – lebendiges Lernen.

Ein anderes *Beispiel: Deutsch für ausländische Jugendliche* (C. *Terfurth* 1993, S. 22 ff.) Das Thema heißt „Adjektive". Die Lehrerin bittet die Jugendlichen, eigene Kinderfotos mit in den Unterricht zu bringen. Jede/r erhält ein anderes als das eigene Bild und wird gebeten, es zu beschreiben. Sie müssen sehr genau hinsehen, auf die Fotos und die „Originale", um herauszufinden, wer wohl wer ist; deren Reaktionen sind spürbarer Ansporn. Nicht nur das ICH kommt vor, sondern im Kennenlernen auch das WIR und lebendige Interaktion.

Oder zum *Thema „Imperative"* läßt die Lehrerin eine ganze Weile die SchülerInnen verschiedene Befehle ausführen. Die grammatische Struktur der Befehlsform wird geklärt. Schließlich unterbricht die Lehrerin und fragt danach, wie es den Jugendlichen bei der Ausführung von Befehlen eigentlich gegangen ist. Eine Schülerin äußert: „Sie sind die Lehrerin. Sie wissen, was richtig ist. Aber Ihr Befehl war blöd!" – „Den SchülerInnen wird im Verlauf des Gesprächs zunehmend klar, daß sie lernen müssen zu unterscheiden, welcher Befehl seinen guten Sinn hat und welcher besser unerfüllt bleibt." Sie sollen „mitentscheiden können, was hier in Deutschland mit Ihnen geschieht, ... die Fähigkeit der Eigenständigkeit und die Bewußtheit der Interdependenz weiterentwickeln" (ebd., S. 24).

Besonders geeignet zur Kultivierung der WIR-Ebene sind *kleine Spiele* z. B. am Anfang einer Stunde (s. o. Stein-Ei) oder einer Unterrichtseinheit in einer neuen Lerngruppe. Zum Thema: „Grenzen und Möglichkeiten – wie leben wir Menschen zusammen, wie wollen wir zusammenleben?" beginnt die Lehrerin mit dem Hinweis, daß auch hier eine Gruppe von Menschen für einige Zeit gemeinsam lernen und arbeiten wird; sie hat ein Wollknäuel mitgebracht, hält ein Fadenende fest und wirft das Knäuel einem andern zu, indem sie ihm eine Frage stellt (z. B. „Was tust du gern sonntags?"), die Schüler erzählen viel von sich, werfen das Knäuel immer weiter, bis zum Schluß alle miteinander verbunden sind, im Raum ist ein großes Netz als Symbol der Verbundenheit entstanden. Eine Schülerin: „Alle sind wichtig. Wenn einer losläßt, ist das Netz kaputt." Mit einem kurzen Innehalten und Wahrnehmen der Situation ergeben sich zahlreiche Anknüpfungspunkte zur Weiterführung des Themas. Erste Zugänge zueinander waren gefunden, das Kennenlernen war nicht Selbstzweck, sondern mit dem Thema verbunden, jede/r war einbezogen, – das Netz wurde für das ganze Schuljahr ein immer wieder richtungweisendes Erlebnis.

Im Alltag macht oft die Unruhe und fehlende Konzentration am Anfang einer Stunde zu schaffen. Wichtig wäre, Schülern und Lehrern Raum zu geben zum Loslassen dessen, was sie vorher beschäftigte, offen zu werden für das Neue, sich einzustimmen auf die nächste Situation. C. *Terfurth* (1993, S. 37) berichtet, wie kleine *Anfangsrituale* dabei helfen können: Je nach Alter, Neigungen oder Abneigungen der SchülerInnen können dies Entspannungs- oder Wahrnehmungsübungen, Bewegungsspiele, ein Lied o.ä. sein. Eine empfehlenswerte Fundgrube für kleine, unkomplizierte „Erholungsübungen" ist das Büchlein von Rolf *Herkert*: Die 90-Sekunden-Pause (1993).
Praktisch können Rituale auch so aussehen:

Ruhe-Rituale
- Für zwei Minuten den Kopf auf den Tisch legen dürfen, die Augen schließen und schweigen („manchmal sehr gut, manchmal völlig daneben", meint der Realschullehrer K. H., PÄDAGOGIK H.12/1988, 10), man kann dies auch Schülern während der Stunde (!) erlauben als Signal für „Ich will in dieser Zeit nicht angesprochen werden";
- das schweigende Handheben der Lehrerin als Aufforderung für alle, zur Ruhe zu kommen, wobei jede/r individuell erst dann die Hand heben soll, wenn er/ sie zum Mit-Schweigen bereit ist;
- ein bestimmter Platz in der Klasse: Wer sich auf ihn setzt, möchte allen etwas mitteilen (z. B. in Nicht-Frontal-Phasen) und kann – vereinbarungsgemäß – sicher sein, daß ihm alle ohne Unterbrechung zuhören (das gilt für Schüler

und Lehrer gleichermaßen);
• manche Lehrer/innen erlauben es den Schülern und Schülerinnen auch, freiwillig auf ein Zeichen hin eine „Auszeit" zu nehmen und den Klassenraum für eine vereinbarte Zeit zu verlassen, wenn sie ihre eigene Unruhe oder Unkonzentration spüren.

Vielleicht haben Sie auch Lust, folgendes Beispiel zu erproben:
Klasse und Lehrer verabreden, „daß wir die ersten 5–10 Minuten des Unterrichts für eine Schweigephase benutzen wollen, um nach der Pause 'auf unsere Situation' umzuschalten. Jeder kann seinen Bedürfnissen entsprechend noch etwas erledigen, lesen, aufräumen, vorbereiten usw. Es sollte aber in dieser Zeit nicht gesprochen werden." (*Groddeck* 1988, S. 19)
Genauso wichtig ist der *Abschluß* einer Stunde oder eines Themas. SchülerInnen brauchen Zeit, sich vom Thema zu verabschieden, zu reflektieren, was geschehen ist und müssen wieder bei sich selber ankommen, die Konzentration auf ein Thema muß sich lösen können, um wieder offen zu sein für Neues.

Zusammenfassung:
TZI ist kein bloßes Methodenbündel. Abhängig von der Grundhaltung der Lehrperson, der Identifikation mit den Grundvoraussetzungen und einem echten, authentischen Umgang mit den Elementen des TZI-Hauses, – bietet dieser Ansatz die Chance zu lebendigen Lernprozessen von der Grundschule bis zur Universität und zur Lehrerfortbildung (*Löhmer/Standhardt* 1992 a, *Cohn/ Terfurth* 1993). Eingeschlossen in dieses lebendige Lernen ist auch die anstrengende Seite von „Lernen": Texte müssen gelesen und durchgearbeitet, mathematische Fertigkeiten geübt, Hausaufgaben allein angefertigt und Klassenarbeiten geschrieben werden. Ich bin sehr skeptisch, wenn gefordert wird, die Schule solle „Spaß" machen. Ich spreche lieber von Freude. Das ist mehr und anderes als Spaß.

Die hier nur als kleine Auswahl vorgestellten Beispiele zeigen, daß die anfangs kritisierten Übel der Schule heute kein Dauerzustand sein müssen: Durch die ganzheitliche Einbettung kognitiver Lernprozesse wird die Verkopfung des Unterrichts überwunden, emotionale, soziale und körperliche Erfahrung lassen die einseitige Stoff-Belehrung hinter sich, die schrittweise Übernahme von Verantwortung durch die SchülerInnen macht sie zu Subjekten ihrer Lernprozesse. Obwohl TZI vielleicht eher eine Lebens-Haltung als eine Methode ist, sind LehrerInnen (am besten auf der Grundlage einer TZI-Ausbildung, s. u.) doch auch angewiesen auf Handwerkszeug. Ich stelle im folgenden daher – über die genannten Beispiele hinaus – eine kleine Auswahl von weiteren Techniken zusammen, die praktisch im Unterricht einsetzbar sind und die einige der bisher beschriebenen Prozesse unterstützen können.

2.5 Techniken – kein Widerspruch zum Lebendigen Lernen

Ich stelle diesem Abschnitt wieder ein Zitat von Ruth C. *Cohn* voran: „Man braucht Rezepte. Kein Rezept ist brauchbar." (*Cohn/Terfurth* 1993, S. 17) Entscheiden Sie selbst.

Die Pappklasse
„Ich schneide mir aus Pappkärtchen kleine Figuren aus, die ich aufstellen kann. Auf jeder Figur steht der Name eines Schülers, einer Schülerin ... Dazu kommen einige Stichworte, die besondere Erlebnisse mit dem jeweiligen Schüler signalisieren. Diese Pappklasse stelle ich mir jedesmal auf, wenn ich mich auf den Unterricht vorbereite. Das geht schnell, und die Wirkung auf mich ist erstaunlich: Während ich ohne diesen 'Trick' meist nur über die Sache nachdenke, die ich behandeln will, bewirkt schon das Aufstellen der Figuren, daß ich plötzlich die Klasse im Bewußtsein habe. Mein ganzes Denken ist danach gefärbt vom Erleben der einzelnen SchülerInnen ..." (*Platzer-Wedderwille* 1993, S. 141)

Einsatz: Zur Vorbereitung des Unterrichtes, der die persönlichen Eigenarten der Lernenden (ICH) und die Gesamtheit der Gruppe (WIR) in den Blick nehmen, die eigene Einstellung klären, mögliche eigene Störungen bewußt machen will, – auch und besonders in schwierigen Phasen.

Namenrundgang
Wenn möglich, sitzt die Lerngruppe im Kreis. Die Teilnehmenden kennen sich nicht oder kaum. Der Lehrer/die Lehrerin hat einen schönen Stein (zum In-die-Hand-Nehmen) mitgebracht und bittet jeden, sich mit einigen Sätzen über seinen Namen vorzustellen: „Was verbindest du mit deinem Namen, wer hat ihn dir gegeben, wie fandest du ihn als Kind/jetzt, hattest du Spitznamen u.ä." Am Ende soll der Name unbedingt noch mal genannt werden. Der Stein wird reihum gegeben, jeder hat solange Redezeit, wie er ihn in der Hand hält und darf nicht unterbrochen werden. Es ist auch sinnvoll, diesen Namenrundgang auf die bloße Nennung des Namens zu beschränken und dafür eine themenbezogene Frage zu stellen: „Was verbinde ich mit dem Kursthema?" oder „Was bedeutet für mich 'Atomkraft'?" oder „Was macht mir bei Algebra am meisten Angst?"

Einsatz: In verschiedenen Varianten am Anfang einer Gruppe oder am Anfang eines Unterrichtsthemas. Die Möglichkeit persönlicher Assoziationen ist ein erster wichtiger Einstieg ins ES und ein wichtiger Schritt zum WIR. Eine Grenze liegt in der Teilnehmerzahl (max. 20, Zeit nicht über etwa ein Viertel der ersten Sitzung). VORSICHT: Rundgänge können bei zu großen Gruppen ermüdend wirken!

Rede-Ei

Wie bei den Indianern die Pfeife oder ein Redestein, so wird ein Stein-Ei (Symbol für Fruchtbarkeit und Wachstum, außerdem ist es schön handlich) herumgegeben: Nur wer es in der Hand hält, darf reden. Die andern hören zu. Die freie Gesprächsführung wird eine Weile außer Kraft gesetzt, ein anderer Rhythmus von Bewegung und Innehalten stellt sich ein. Das Ei wirkt wie ein Geländer, an dem man (besonders Schüchterne) sich festhalten kann. Wer nicht reden will, gibt das Ei schweigend weiter, es ist ein „Ermöglicher", kein Gewalttäter. Vor der Runde sollen einige Augenblicke Stille sein.

Die Themen, zu denen sich die Teilnehmenden äußern, sind vielfältig:
- Zu *Anfang*: „Sagt bitte in drei bis fünf Worten, wie euch jetzt hier zumute ist." Oder: „Was ich aus der letzten Stunde/Sitzung noch als Rest mitgebracht habe ..." Oder: „Ich freue mich heute besonders auf ..." u. v. a.
- Zum *Schluß*: „Wie ist es mir heute in dieser Stunde ergangen?" Oder: „Wie ist es mir mit dieser Unterrichtsreihe ergangen, mit mir, mit euch, mit dem Thema? Was ist mir wichtig geworden?"
- Als *zweite Runde* (nach der Befindlichkeitsrunde) eine themenbezogene Frage: „Welcher der drei Aspekte des Themas interessiert mich besonders?" Oder: „Ich habe zur Bearbeitung des Themas folgende Idee ..." u. v. a.

Einsatz: Zu Beginn, zum Ende, aber auch als kleines Ritual mittendrin. Kinder mögen solche Rituale. Studenten übrigens auch: Ich habe in meinen Seminaren zum Lebendigen Lernen ein Stein-Ei in der Mitte liegen, das jede/r aufnehmen kann, wenn er/sie z. B. eine Störung aussprechen möchte. Das Ei hilft und erleichtert Äußerungen, – und fordert zugleich Mut sowie eine autonome Entscheidung, die Verantwortung für das Einbringen der eigenen Störung zu übernehmen.

Blitzlicht

Die Teilnehmenden werden gebeten, sich reihum sehr kurz und zügig (wie ein Blitzlicht) zu einer Frage zu äußern, z. B. „Was ist für mich im Moment eigentlich das Thema?" Oder: „Wie fühle ich mich jetzt gerade?" (das kann jede/r auch nonverbal mit einer Körperhaltung oder Geste ausdrücken oder mit einem Tiervergleich: „... wie eine graue Maus, wie ein wacher Luchs, wie eine lahme Ente, wie ein munterer Fisch").

Einsatz: Als Momentaufnahme mittendrin, wenn es aus irgendeinem Grund stockt, gleichsam als Kompaß, der zeigt, wie es weitergehen könnte. Aber auch am Anfang oder Ende einer Stunde, – oft mit einigen Überraschungen für den Lehrer verbunden, wenn sich z. B. Schülerbefindlichkeit und Lehrerwohlgefühl nämlich überhaupt nicht decken ... Außerdem ein Hinweis darauf, ob die Balance zwischen ICH-WIR-ES-GLOBE noch stimmt.

Motorinspektion
In der Mitte des Raumes liegt ein Gegenstand, der das Thema/die Arbeitsaufgabe symbolisiert. Jede/r Schüler/in soll nun einen Standort wählen, der seiner gegenwärtigen Bereitschaft zum Engagement entspricht. Wer stark engagiert ist, geht dicht heran, wen die Sache überhaupt nicht interessiert, geht weit weg, u. U. sogar aus dem Raum. Es wird nicht gesprochen, bis jeder (durch nachdenkliches Probieren verschiedener Standorte) seinen Platz gefunden hat. Hier bleibt jeder eine Weile stehen. Vielleicht hat dabei jemand eine Idee, was sich ändern müßte, damit er/sie „dichter ran kommt". Darüber kann anschließend gesprochen werden.

Einsatz: Wenn Langeweile aufkommt, sich Störungen häufen, wenn schon viel und lange geredet wurde. Der Wechsel der Ausdrucksebene zum Körperlichen hin wirkt mitunter klärender als lange Diskussionen.

Dominospiel
Die SchülerInnen haben zu einem Thema ähnliche bis sehr unterschiedliche Auffassungen oder Erfahrungen. Einer beginnt mit einem Beitrag. Ein nächster – ähnlich dem Domino-Spiel – fährt fort: „Das ist genauso bei mir ..." – oder im Gegensatz dazu: „Das war bei mir ganz anders ..." Die SchülerInnen müssen sehr genau zuhören, wo sich für sie Anknüpfungspunkte ergeben. Jeder kann seinen Beitrag (symbolisch wie die Domino-Steine) übereinstimmend oder als Gegensatz an einen andern Beitrag „anlegen". Es soll nicht diskutiert, sondern sensibel gesammelt werden, möglichst bis alle etwas gesagt haben.

Einsatz: Wenn das Reihum (s. o.) Ermüdungserscheinungen zeigt. Die geforderte eigene Entscheidungsfähigkeit macht das Dominospiel für viele Anliegen lebendiger. Das Spiel ist auf viele Themen beziehbar. Man kann die SchülerInnen auch bitten, Pro-Argumente auf grüne, Kontra-Argumente auf rote Karten (z. B. bis zu je drei pro Person) zu schreiben. Einer beginnt seine Karte zu legen (und liest sie laut vor), ein Gleichgesinnter oder Kontrahent legt an. Das geht solange, bis alle Karten, die die SchülerInnen einbringen wollen, ausgelegt sind. Rein optisch er-

gibt sich dabei bereits ein Bild von Argumentationssträngen und Schwerpunkten. Platz auf dem Fußboden schaffen!
Es gibt eine Fülle weiterer Interaktionsspiele und -übungen, die ich aus Platzgründen hier nicht aufführen kann. Ich muß darum auf das Buch verweisen, in dem ich sie zusammengestellt habe (*Gudjons* 1995).

3. Anfangen – Fehler vermeiden – Sich ausbilden lassen

Das wichtigste ist, daß Sie auf den Appetit gekommen sind. Vielmehr kann dieser Beitrag nicht vermitteln.

• Am besten, Sie beginnen bei sich selbst, stellen sich z. B. folgende Frage: An welchen konkreten Aspekten will ich arbeiten, um meinen Unterricht schrittweise lebendiger zu gestalten? Wenn Sie dies wirklich und konsequent wollen: Machen Sie eine Liste, was ihre Wünsche sind, ordnen Sie diese nach der Reihenfolge der Wichtigkeit. Bedenken Sie dabei den GLOBE: Was kann ich ändern, mit wem gemeinsam, mit welchen Schritten? Was sind unveränderbare Rahmenbedingungen des GLOBE?

• Ein wichtiger Schritt am Anfang könnte sein, eine ICH-nahe Unterrichtsvorbereitung zu wagen, wie sie bei *Hoßfeld* (s. o. Grundschulbeispiel) beschrieben ist. Ich war sehr überrascht, als ich dies zum ersten Mal erprobt habe, manches an Methodik ergab sich daraus von selbst.

• Beginnen Sie mit Mini-Schritten: Vielleicht ermuntern Sie hier und da einen Schüler, „Ich" zu sagen, tun Sie dies selbst auch. Suchen Sie nach Möglichkeiten, den persönlichen Bezug zwischen Thema und SchülerInnen herzustellen (Beispiele dafür haben Sie eben gelesen). Setzen Sie sich nach dem Unterricht und dem Mittagsschläfchen in Ruhe hin und überlegen Sie, wie es mit der Balance zwischen ICH, ES und WIR und GLOBE in Ihrem Unterricht aussieht. Und: Suchen Sie sich diejenigen Anregungen aus diesem Artikel heraus, die zu Ihnen „passen", mit denen Sie sich innerlich wirklich identifizieren können. Es gibt kein TZI-Rezept. Probieren Sie einfach aus. Eine enorme Hilfe ist eine Supervisionsgruppe, in der Sie Ihre Erfahrungen, aber auch Ihre Ängste und Schwierigkeiten mit andern KollegInnen besprechen können. Das regionale Fortbildungsverzeichnis Ihres Landes macht dazu mit Sicherheit Angebote. Wie TZI dem Kollegium in einer pädagogischen Konferenz vermittelt werden kann, beschreiben Fenner/Wedderwille (2002).

• Und: Hüten Sie sich davor, alles auf einmal zu wollen. Nichts wäre falscher, als eine Liste mit TZI-Regeln in der Klasse aufzuhängen und ab morgen zu erwarten, daß die Klasse das neue Programm übernimmt. Vielleicht lesen Sie noch mal nach, wie behutsam der Kollege Karl *Platzer-Wedderwille* (s. o) TZI eingeführt hat. Eine weitere Anregung: Reinhold *Miller* hat in seinem Buch „Sich in der Schule wohlfühlen" (Weinheim 1993) eine Fülle von Vorschlägen entwikkelt, die der TZI seelenverwandt sind und die Sie unmittelbar umsetzen können. Aber lassen Sie es auch für sich gelten: Slow is beautiful ...

• Wenn Sie nun den Eindruck haben, daß TZI ohne eine zusätzliche Ausbildung nur Stückwerk bleibt, so treffen Sie eine klare Entscheidung zur Anfrage an „Workshop Institutes for Living-Learning" (WILL) und schreiben Sie an: WILL-International, Zinnhagweg 8, CH-4144 Arlesheim, Tel. 061 701 28 14, Fax 061 701 29 08. Dort erhalten Sie Auskunft über die mehr als 20 Regional-Gruppen von KollegInnen, Ausbildungsmöglichkeiten, Kosten, Materialien.

Literatur

Bastian, J.: Beruf: Lehrer. In: Lehrer – Schüler – Unterricht. Handbuch für den Schulalltag. Stuttgart (Raabe-Verlag) 1993

Cohn, R.C.: Von der Psychoanalyse zur themenzentrierten Interaktion. Stuttgart 1975

Cohn, R.C./*Terfurth*, C. (Hg.): Lebendiges Lehren und Lernen macht Schule. Stuttgart 1993

Fenner, B./*Platzer-Wedderwille*, K.: Wie kann man TZI dem Kollegium vermitteln? In: PÄDAGOGIK H. 12/2002, S. 30–33

Groddeck, N.: Erziehen heißt Zeit verlieren. In: PÄDAGOGIK H. 12/1988, S.16–19

Gudjons, H.: Spielbuch Interaktionserziehung. Bad Heilbrunn 1995, 6. Aufl.

Herkert, R.: Die 90-Sekunden-Pause. Wessobrunn 1993

Hoßfeld, H.: Die Schnecke – so ein kleines Tier, so viele Geheimnisse. In: *Cohn/Terfurth* (Hg.), a.a.O., S. 85–103

Klemmer, G.: Lebendiges Lernen im naturwissenschaftlichen Unterricht. (IPN-Arbeitsberichte Nr. 57) Kiel 1985

Klemmer, G.: Die Wüste lebt – lebendige Stoffvermittlung mit TZI. In: *Cohn/Terfurth* (Hg.), a. a. O., S. 265–287

Knepper, B.: Besonderheiten einer be-Sonder-en Schule. In: *Cohn/Terfurth* (Hg.), a. a. O., S. 175–190

Lebendig Lernen. Grundfragen der Themenzentrierten Interaktion. Herausgegeben von *Will-International*, Arlesheim 1987

Löhmer, C./*Standhardt*, R. (Hg.): TZI – Pädagogisch-therapeutische Gruppenarbeit nach Ruth Cohn. Stuttgart 1992 (a)

Löhmer, C./*Standhardt*, R.: Themenzentrierte Interaktion. Mannheim 1992

Matzdorf, P.: Das TZI-Haus. Zur praxisnahen Grundlegung eines pädagogischen Handlungssystems. In: *Cohn/*Terfurth (Hg.), a. a. O., S. 332–387

Miller, R.: Sich in der Schule wohlfühlen. Weinheim 1993, 5. Aufl.

Platzer-Wedderwille, K. R.: TZI im Schulalltag. Geschichtsunterricht in einer 10. Gymnasialklasse. In: *Cohn/*Terfurth (Hg.), a. a. O., S. 125–143

Schulz, W.: Unterrrichtsplanung. Weinheim 1980

Terfurth, C.: Einblicke ins Klassenzimmer: LehrerIn sein in Ecole d'Humanité, Jesuitenschule und Staatsschule. In: *Cohn/Terfurth* (Hg.), a.a.O., S. 18–59

Terfurth, T.: Lernort: Berufsbildende Schulen. Beispiele aus dem Deutsch- und Religionsunterricht. In: *Cohn /Terfurth* (Hg.), a.a.O., S. 293–308

Will-International (Hg.): Personen-Titel-Themen. TZI-Bibliographie. Basel 1994

2. Handlungsorientierter Unterricht

Vom Konzept zur Praxis

1. Was ist „Handlungsorientierter Unterricht"?

Manche sagen: eine Modewelle, ein bißchen mehr Praxisbezug des Unterrichtes, ein Trick zur Schülermotivation, Tribut an denkfaule und passiv gewordenen Schüler; andere mögen an ein revolutionäres Konzept denken, an die Abschaffung des verkopften Unterrichtes, an die Wiedergewinnung der Freude am schulischen Lernen. Handlungsorientierter Unterricht also zwischen Verdacht auf Schaumschlägerei und utopischer Überfrachtung...

Worum geht es, was versteht man unter dem Begriff „Handlungsorientierter Unterricht"? Die *Enzyklopädie Erziehungswissenschaft* (Bd. 3, S. 600 f) gibt Auskunft: „Mit dem Begriff 'handlungsorientierter ... Unterricht' wird ein Unterrichtskonzept bezeichnet, das den Schülern einen handelnden Umgang mit den Lerngegenständen und -inhalten des Unterrichts ermöglichen soll. Die materiellen Tätigkeiten der Schüler bilden dabei den Ausgangspunkt des Lernprozesses..." Es ist „das Ziel eines handlungsorientierten Unterrichts, durch die aktive Auseinandersetzung und durch den handelnden Umgang der Schüler mit der sie umgebenden gesellschaftlichen Wirklichkeit Erfahrungs- und Handlungsspielräume zu schaffen und dadurch die Trennung von Schule und Leben ein Stück weit aufzuheben."

Damit ist deutlich: Es geht *nicht um eine neue Didaktik allgemein*, sondern konkreter um ein *Unterrichtskonzept*, das *ein* bestimmtes methodisches Element jeder „großen" Didaktik anspricht: den handelnden, schüleraktiven Umgang mit Themen, genauer: mit der gesellschaftlichen Wirklichkeit. Zielmarke ist, Schule und Leben wieder zusammenzubringen. Und das geht nicht nur über die Auswahl von (lebensnahen) Unterrichtsinhalten, sondern vor allem durch die handelnde Auseinandersetzung mit ihnen, – so wie man das Autofahren letztlich nicht in den Theoriestunden der Fahrschule lernt, sondern hinter dem Lenkrad im wirklichen Straßenverkehr (freilich angeleitet durch den Fahrlehrer).

Etwas anders akzentuiert *Hilbert Meyer* in seinen „Unterrichtsmethoden" (1987, Bd.1, S. 214) seine Definition: „Handlungsorientierter Unterricht ist ein ganzheitlicher und schüleraktiver Unterricht, in dem die zwischen dem Lehrer und den Schülern vereinbarten Handlungsprodukte die Organisation des Unterrichtsprozesses leiten, so daß Kopf- und Handarbeit der Schüler in ein ausgewogenes Verhältnis zueinander gebracht werden können." Hier geht es über die ganzheitliche Schüleraktivität hinaus um *Vereinbarungen* zwischen Lehrer und Schülern, das meint: Die Schüler und Schülerinnen haben erheblich mehr Einfluß auf die Unterrichtsgestaltung, sie können mehr mitbestimmen und ihre Interessen einbringen. Ferner sind es nicht die traditionellen Lernziele, sondern *Handlungsprodukte*, von denen her sich der Unterricht strukturiert. Sie erfordern gleichermaßen Kopf- wie praktische Arbeit: Denken und Tun werden (wieder) in ein sinnvolles Verhältnis zueinander gebracht.

Diese ersten definitorischen Annäherungen zeigen bereits: Handlungsorientierter Unterricht ist weniger ein theoretisch ausformuliertes, didaktisch durchkonstruiertes und wissenschaftlich – gar empirisch – überprüftes Konzept, sondern eher eine *konkrete Utopie*, ein Antwortversuch auf zahlreiche Probleme der modernen Schule, eher Appell als Realität (*Terhart* 1989, S. 171). Andererseits ist deutlich: Es geht auch nicht um eine didaktische Wunderwaffe zur Behebung aller aktuellen Probleme der Schule von heute oder um ein subversives Konzept zur heimlichen Abschaffung von Fachunterricht oder Schule überhaupt (ausführlicher zum gesamten Thema: *Beck* 1996, *Bönsch* 1991, S. 181ff., *Gudjons* 1997, *Schaube* 1995, kritisch zu vorliegenden Konzepten: *Wöll* 1998).

Der Begriff des handlungsorientierten Unterrichtes weist auch eine gewisse *Überschneidung mit verwandten Unterrichtsformen/-konzepten* auf, z. B. mit dem „Offenen Unterricht" (*Wallrabenstein* 1991), dem „Schüleraktiven Unterricht" (*Bohnsack* 1984), dem „Erfahrungsbezogenen Unterricht" (Scheller 1981), dem „Entdeckenden Lernen" (*Neber* 1981) u. a. m. Während diese Ansätze aber meist mehrere Prinzipien bündeln und ihren Grundbegriff weiter fassen, stellt der Handlungsorientierte Unterricht *ein* Element – das Handeln der Schüler und Schülerinnen als Grundlage für Lernprozesse – begrifflich in den Mittelpunkt.

Schließlich ist noch auf einen geringfügig scheinenden Formulierungsunterschied hinzuweisen, hinter dem allerdings recht unterschiedliche theoretische Begründungsebenen stehen: Der „*Handelnde Unterricht*" (*Rohr* 1982) leitet sich wesentlich aus der sowjetischen sog. „Kulturhistorischen Schule" (*Leontjew, Galperin*) ab, während der „*Handlungsorientierte Unterricht*" sich eher auf moderne westliche Handlungstheorien stützt. In der etwas vorsichtigeren Begriffswahl soll aber auch ausgedrückt werden, daß es nicht darum geht, nur noch durch Handeln zu lernen oder Lernen und Handeln in der Schule gleichzusetzen. Und daß das Handlungselement beim Lernen eine lange Tradition hat, zeigt die Geschichte der Pädagogik von den Industrieschulen des 18. Jahrhunderts bis zur Reformpädagogik (*Kerschensteiner, Gaudig, Dewey, Reichwein* u. a. m.) zu Beginn unseres Jahrhunderts.

2. Warum handlungsorientiert lernen?

„Mehr Spaß am Unterricht", so lautet eine der gängigen Begründungen für handlungsorientierten Unterricht. Richtig, aber unzureichend! Das Konzept des handlungsorientierten Unterrichts ist die überfällige *Reaktion auf gravierende Veränderungen in den Bedingungen des Aufwachsens von Kindern und Jugendlichen heute* (sozialisationstheoretische Begründung). Es ist zugleich Konsequenz aus grundlegenden Ergebnissen der modernen *Lernforschung* (lerntheoretische Begründung). Und es ist schließlich der Versuch einer *Antwort auf die herbe Kritik an der modernen Schule*: Trennung von Schule und Leben, Verkopfung des Unterrichts, Entfremdung und fehlende Sinnhaftigkeit der Lernprozesse, Motivationsverlust, Schulfrust, Lehrerdominanz statt Erziehung zur Selbstverantwortung für das eigene Lernen (schulpädagogische Begründung). Nur wenige Bemerkungen zu diesen drei Begründungsebenen:

2.1 ... weil „die Wirklichkeit verschwindet" (Sozialisationsbedingungen)

Kinder und Jugendliche wachsen heute anders in unsere Welt hinein als früher, sie „eignen sich Kultur anders an". Das sieht man bereits am Verschwinden der Großfamilie, deren Maximum an Lebensformen den eingeschränkten sozialen Erfahrungsmöglichkeiten der *Kleinfamilie* in der Etagenwohnung gewichen ist. Hinzu kommen die modernen *Lebenstechniken* (Kühltruhe statt Einwecken, Zentralheizung statt Feuermachen, Zweitwagen als bequemes „Müttertaxi u. a. m.), die Eintönigkeit moderner Siedlungsformen, die Tendenz „weg von der Straße", – all' dies hat zur Verringerung der sinnlich unmittelbaren Erfahrung im tätigen Umgang mit Dingen und Menschen geführt. Handlungsmöglichkeiten für Kinder verlagern sich mehr und mehr auf ausgegrenzte, *pädagogisch organisierte Spezialräume*: Kinderzimmer, Spielplätze, Sportanlagen etc. –
In ähnliche Richtung weist die enorme Zunahme des vorfabrizierten *Spielzeugs*. In einem guten Spielwarengeschäft findet man heute 20–25.000 Artikel zur Auswahl, die den selbstgeschnitzten Flitzbogen ebenso ersetzen können wie die Verwendung von Ziegelsteinen als Ersatzautos, und die wachsende Kulturindustrie liefert die Welt draußen frei Haus (das Abenteuer kommt per Kassette). Schlaglichtartig zeigt sich hier die *Reduktion von selbständigen Erfahrungsmöglichkeiten* und selbstorganisierter, selbstgesteuerter *Eigentätigkeit* zugunsten des Vordringens *konsumierender Formen in der Aneignung von Kultur*.
Vor allem aber das „allmähliche Verschwinden der Wirklichkeit" (H. v. *Hentig* 1984) durch die *elektronische Welt* vom Fernsehen über Video bis zum Computer belegt besonders eindrücklich, daß heute die „Erfahrungen aus zweiter Hand" die Primärerfahrungen zu überlagern beginnen. 1987 besaß bereits ein Drittel aller Grundschüler einen eigenen Fernsehapparat, und mehr als die Hälfte hatte Zu-

gang zu einem Videogerät. Heranwachsende werden heute z. B. durch das Fernsehen über alles und jedes „in's Bild gesetzt". Dabei handelt es sich aber nicht um die unmittelbare Realität, sondern um Abbilder der Welt. Nicht die Erfahrung der „wirklichen Wirklichkeit", sondern vorfabrizierte Deutungen und Botschaften erzeugen eine Vorstellung davon, wie die Welt sei. Diese „Erfahrungen aus zweiter Hand" wollen oft nur noch konsumiert, nicht aber entschlüsselt, interpretiert, entdeckt oder gar kritisch analysiert werden. Die „ikonische" (=bildhafte) Aneignungsweise von Kultur überlagert die verbalargumentative (*Bruner*). Hinzu kommt, daß das Fernsehen bei Kindern durch seine immer kurztaktiger werdenden Feature- bzw. Schnittwechsel eine Konsumentenhaltung im Verbund mit einer Erwartung rascher Abwechslung und Unterhaltung ohne Reflexions- und Aktivitätsanspruch fördert. Immer weniger machen Kinder Könnenserfahrungen in dem Sinne, daß Anstrengung Glück bedeuten kann: Der Hildesheimer Pädagoge E. *Cloer* spricht daher – in Verbindung mit verkümmerten sozialen Beziehungen – von einer aktuellen „*Armut der Kindheit*" (*Cloer* 1991). Über die Folgen in Gestalt von „kurzer Aufmerksamkeitsspanne", „Konzentrationsschwäche", „Erörterungstaubheit" etc. weiß jede Grundschullehrerin ein Lied zu singen... *Cloer* folgert daraus als wichtigstes Ziel der Grundschule, einer vermehrten Zahl von Kindern ein stabiles Selbstwertgefühl durch „Könnenserfahrungen" zu geben.

Der handlungsorientierte Unterricht geht davon aus, daß Vorstellung und Verständnis von Wirklichkeit an die aktive Auseinandersetzung mit dieser Wirklichkeit gebunden sind. Wo eine Vorstellung vom Entstehen der Dinge fehlt, wird das Verstehen schwierig, wenn nicht unmöglich. Es geht darum, handelnd Denkstrukturen aufzubauen und den Zugang zur Welt nicht über ihre Abbilder und massenkulturellen Surrogate zu vereinseitigen. Also: *Statt Sekundärerfahrungen – unmittelbare Erfahrungen (mit allen Sinnen), statt Konsumorientierung – Eigentätigkeit und selbstverantwortliches Handeln.* Will die Schule der skizzierten Entwicklung nicht hilflos gegenüberstehen, muß sie ein korrigierendes Gegengewicht setzen: den handlungsorientierten Unterricht.

2.2 ... weil Handeln und Denken zusammenhängen
(Lern- und Kognitionspsychologie)

Aus der Lernpsychologie ist seit langem die hohe Bedeutung einer Herausforderung möglichst *vieler Sinne* beim Lernen bekannt (*Müller* 1987). Untersuchungen zum Wachstum jener Hirnstrukturen, die für die Steuerung kognitiver Funktionen benötigt werden, belegen die hohe Bedeutung sensorischer und motorischer Aktivität z. B. für die Entwicklung der intellektuellen Leistungsfähigkeit. Handlungsorientierter Unterricht fördert die Sinne vielseitig, – im Gegensatz zu jenem „reizmonotonen Unterricht", in dem mit 48,9 % das gelenkte Unterrichtsgespräch dominiert (*Hage* u.a. 1985).

Auch *Gedächtnisleistung und Handeln* hängen eng zusammen. Jeder wird aus der Alltagserfahrung jene von *Witzenbacher* (1985, S. 17) zitierte Untersuchung bestätigen können, nach der wir 20 % von dem behalten, was wir hören, 30 % von dem, was wir sehen, 80 % von dem, was wir selber formulieren können und 90 % von dem, was wir selber tun. Dem entsprechen auch Untersuchungen zur Rolle der *Bewegung* bei der Gedächtnisbildung: Versuchspersonen erinnerten sich auf die Frage, was sie auf dem Weg von der Wohnung zur Arbeitsstätte erlebt hätten, vor allem an das, was sie getan haben. – Ferner ist die gleichzeitige Nutzung *mehrere Aufnahmekanäle* (Sinne) bei der Informationsübermittlung von großem Vorteil.

Aktivierung der Sinne hat auch Auswirkungen auf die *Motivation*: Wo Schüler etwas demontieren, herstellen, untersuchen, ausprobieren usw. können, wächst Interesse, entsteht Neugier, nimmt die Identifikation mit dem eigenen Handeln zu. Werden diese Tätigkeiten als sinnvoll begriffen, gibt man ihnen eine subjektive Bedeutsamkeit, dann entstehen stark motivierende Kräfte im Sinne intrinsischer (also nicht durch einen fremdem Willen oktroyierter) Motivation.

Schließlich liefert die neuere Kognitionspsychologie (z. B. *Piaget, Aebli*) eine Fülle von Argumenten, den *Zusammenhang von Handeln und Denken* auch im Unterricht stärker zu betonen (ausführlicher *Gudjons* 1997, S. 44 ff.) *Aebli* hat in seinem umfassenden Werk (1980/81, 1983) überzeugend belegt, daß sich Denkstrukturen aus verinnerlichten Handlungen entwickeln. Damit hat er den Dualismus von Handeln und Denken überwunden. Selbst in den Begriffen stecken noch Elemente von Handlungsschemata (Sie können etwa am Beispiel des Begriffs Tarnfarbe leicht nachvollziehen, welches Netz von Tätigkeiten in der Bedeutung dieses Begriffes steckt). *Aeblis* fundamentale These lautet daher: „Denken geht aus dem Handeln hervor, und es trägt – als echtes, d. h. noch nicht dualistisch pervertiertes Denken – noch grundlegende Züge des Handelns, insbesondere seine Zielgerichtetheit und Konstruktivität" (1980, S. 26). Denken ist das Ordnen des Tuns (so der Titel von *Aeblis* Buch), es geht aus dem Handeln hervor und wirkt ordnend auf dieses zurück.

Damit wird deutlich, daß es im Handlungsorientierten Unterricht keineswegs nur um manuelles Tun, um Hantieren mit Dingen oder auch um bloße „action" geht, wie Kritiker befürchten (*Kashnitz* 1993). Vielmehr verschränken sich Denken und Tun wechselseitig. John *Dewey* hat dafür die Formeln der „*denkenden Erfahrung*" und des „*learning by doing*" geprägt.

2.3 ... weil die Schule den ganzen Menschen sehen muß (Schulpädagogische Begründung

Schule lebt bekanntlich zu einem großen Teil davon, daß sie auf die Zukunft vorbereitet. Aber was passiert, wenn die Zukunft in einem so hohen Maß unsicher geworden ist, wie das heute der Fall ist? Wozu dann noch Lernen? Die vielberedete Sinnkrise der Schule hängt u. a. damit zusammen, daß sie das traditionelle „Lernen auf Vorrat" kaum noch plausibel machen kann. Es fehlen zukunftsrelevante Handlungsperspektiven. Die *Konsequenz* aus diesem Dilemma zieht der handlungsorientierte Unterricht insofern, als er die Erfahrungen in der Gegenwart ernst nimmt, Aktivität, Spontaneität und Lebendigkeit in der *unmittelbaren Auseinandersetzung mit der Gegenwart* sucht, also – nach einer treffenden Formulierung des Schulpädagogen K. E. *Nipkow* – „Sinnstiftung durch Gegenwartserfüllung" anstrebt. Lernen für die Zukunft ist gebunden daran, daß man durchaus heute schon seinen Sinn erfährt.

Dazu bedarf es mehr als mit Inhalten vollgestopfte Schülerköpfe. Der Mensch wird im Handlungsorientierten Unterricht als ein fühlendes, denkendes und handelndes Wesen gesehen, das sein Leben und seine Welt selbstverantwortlich gestaltet.

Darum sucht der Handlungsorientierte Unterricht mit seinem zentralen Merkmal der zunehmenden Selbstverantwortung der Schüler (s.u.) einem Qualifikationsbedarf nachzukommen, der in der Gesellschaft zunehmend wichtiger wird: die Fähigkeit zum *selbständigem Arbeiten, Planungsfähigkeit, Ideenproduktion, Teamfähigkeit, Initiative, Verantwortungsfähigkeit.* Sieht man sich die Schulrealität hingegen an, so erzieht die Schule über Jahre hin de facto zur weitgehenden Unselbständigkeit und Abhängigkeit von der Unterrichtsführung der Lehrenden.

Weitere Argumente ließen sich nennen: Handlungsorientierter Unterricht zielt mit seinen vielfältigen, unterschiedlichen Tätigkeitsformen auf die *Individualisierung des Unterrichts* und kann damit der wachsenden Heterogenität in den Lernvoraussetzungen der Schüler besser begegnen als ein verbal und einseitig kognitiv ausgerichteter Frontalunterricht. – Auch wird eine *Öffnung der Schule* gegenüber der sie umgebenden lokalen Wirklichkeit möglich, ebenso wird die heute immer unanschaulicher und komplexer werdende soziale, berufliche, ökonomische, technische Entwicklung an einzelnen Stellen – wenigstens exemplarisch – durchschaubar und anschaulich, wenn man sie nicht nur in Büchern studiert, sondern vor Ort erkundet, untersucht und vielleicht sogar verändert.

Fazit: Handlungsorientierter Unterricht ist ein durchaus plausibel zu begründender Versuch, eine Schule für die Schüler und ihre Zukunft zu machen und damit zugleich eine Antwort auf die gravierenden Krisensymptome zu finden, – ohne diese selbst als gesellschaftlich bedingt verändern zu können (und zu wollen).

3. Welche Merkmale kennzeichnen den Handlungsorientierten Unterricht?

Eine einkreisende Beschreibung durch Merkmale ist noch keine theoretische Begründung eines Konzeptes. Ein solches umfassendes Theoriemodell fehlt – trotz guter theoretischer Begründungsargumente – derzeit noch für den handlungsorientierten Unterricht. Ich nenne im folgenden kurz fünf wesentliche Prinzipien/Merkmale, die diese Unterrichtsform charakterisieren.

3.1 Aktivierung vieler Sinne

Im Handlungsorientierten Unterricht versuchen die Schüler und Lehrer, gemeinsam etwas zu *tun,* zu praktizieren, zu arbeiten, unter Einbeziehung *möglichst vieler Sinne,* des Kopfes, des Gefühls, der Hände, Füße, Augen, Ohren, Nase, Mund, Zunge usw.. Geistiges und sinnlich-körperliches Tun soll „wiedervereinigt" werden, weil sich die Suche nach Sachinformationen und „Theorie" aus den Handlungszielen und -notwendigkeiten ergibt (und nicht allein aus dem Lehrbedürfnis des Lehrers). Lernen und Arbeiten, Denken und Handeln, Konsumtion und Produktion, Verstand und Sinnlichkeit rücken wieder näher zusammen; Theorie und Praxis werden im Idealfall ganzheitlich erlebt (s. o. H. *Meyer*), wie es z. B. im Drucken, im Brotbacken, im Spiel, in der Aktion, im Fest und im Projekt erlebbar ist. Die Wirklichkeit wird nicht nur „beredet" (Schulkrankheit: „Darüberritis"), sondern handelnd erfahren und verändert/gestaltet.

Nun wäre das alles auch denkbar als bloße Ausführung vorgegebener Handlungsanleitungen durch Lehrer und Lehrerinnen. Aber der Handlungsorientierte Unterricht geht im Sinne des Prinzips der Schülerorientierung weiter. Er zielt auf eine *veränderte Schüler- und veränderte Lehrerrolle.*

3.2 Selbstverantwortung und methodische Kompetenz der Schüler

Es wird Raum gegeben für Selbstorganisation und Selbstverantwortung der Schüler und Schülerinnen, anfangs ganz sicher vorsichtig als *Mit*-Organisation und *Mit*-verantwortung, dann aber zunehmend als Möglichkeit, die *Interessen der Schüler und Schülerinnen* einbringen zu lassen. Der Fehler, der an dieser Stelle oft gemacht wird, ist die Überforderung der Schüler durch die Frage: „Was interessiert euch denn an diesem Thema? Nichts? Habe ich doch gewußt!" Oder der Lehrer erwartet ausschließlich inhaltliche Interessen, übersieht aber, daß Schüler oft „einfach etwas machen" wollen, unterbewertet also den Methoden- und Handlungsbezug der Schülerinteressen. Wichtig ist auch zu sehen, daß sich Interessen in der Regel erst durch erste Handlungserfahrungen entwickeln und entfalten, weil die mitgebrachten Interessen oft durch Medien und Moden überformt und nicht selten klischeehaft sind.

Auf den *Prozeß der Entfaltung und Entdeckung von Interessen* ist also bei der Planung einer handlungsorientierten Unterrichtseinheit größter Wert zu legen. Das bedeutet auch, die Planung notfalls zu verändern, wenn sich wesentliche neue Interessen ergeben (ohne einer anpasserischen Beliebigkeit zu verfallen!) Handlungsorientierter Unterricht ist *zielgerichtet*, so wie es Merkmal einer Handlung (im Unterschied zum bloßen Verhalten) ist, daß sie ein Ziel und eine innere Struktur hat. Diese wird aber nicht allein durch den Lehrer festgelegt. Oft ist es hilfreich, gleichsam von hinten nach vorne zu planen; also: Was wollen wir herausfinden, was wollen wir herstellen, welches Problem wollen wir lösen? Welche Teilschritte sind dazu nötig, wer organisiert was, welches Material brauchen wir dazu etc. – Hier wird deutlich, daß *Schüler methodische Kompetenz erwerben* müssen (*Klippert* 1994). Sie übernehmen damit Teile der traditionellen Lehrerrolle, und der Lehrer gibt ein Stück seiner Macht aus der Hand, – mit allen Risiken des Scheiterns und der Angst, die damit verbunden sind. Insofern ist handlungsorientierter Unterricht auch eine Herausforderung für die persönliche Weiterentwicklung des Selbstbildes der Lehrperson!

3.3 Produktorientierung

Angestrebt werden nach Möglichkeit konkrete Produkte. Das ist mehr als ein kognitiver Lernzuwachs in den Schülerköpfen. Produkte können sinnlich-faßbar, gegenständlich sein, einen konkreten *Gebrauchswert* haben (eine Fotoserie, ein Modell, ein Instrument, ein Theaterstück, eine Broschüre mit Anwendungsbeispielen für den Mathe-Unterricht der nachfolgenden Klasse, eine Ausstellung u. v. a.) – Produkte können aber auch „*Mitteilungswert*" haben. Das Entscheidende ist nämlich, daß Produkte andern vermittelt werden, daß am Ende des Weges eine Mitteilung über die Ergebnisse, aber auch die Schwierigkeiten des Lern- und Arbeitsprozesses steht. Produkte machen in diesem Sinn die geleistete Arbeit „öffentlich", indem sie z. B. der Klasse präsentiert werden.

Dieser Prozeß ist entscheidend für den Zusammenhang von Denken und Tun, z. B. für die Versprachlichung von Handlungsprozessen. Nur etwas „machen" ist kein handlungsorientierter Unterricht. Oft liegt erst in der Dokumentation des Weges, im Resümee des Ergebnisses und in der Analyse von Schwierigkeiten die entscheidende methodische Kompetenzerweiterung der Schüler.

Solche Produkte können auch zu weiteren Fragen führen, auf die der anschließende Unterricht – auch als systematische, lehrgangsorientierte Vertiefung – eingehen kann. So ergibt sich ein fruchtbarer *Wechsel von handlungsorientierten und anderen Unterrichtseinheiten* (bis zum Üben und Trainieren).

3.4 Kooperatives Handeln

Aus dem bisher Gesagten wird leicht einsehbar, daß der handlungsorientierte Unterricht kooperative Arbeitsformen braucht, von der Partner- und Kleingruppenarbeit bis zum gemeinsamen Klassengespräch. Dabei ergibt sich das Lernen von Zusammenarbeit, von Rücksichtnahme und Durchsetzung, von Konfliktlösung, Arbeit an Beziehungen und Kommunikation durch die gemeinsame Bezogenheit auf die Sache. Voneinander und miteinander wird gelernt, Interaktionen werden nicht einzig frontal vom Lehrerpult aus gesteuert. – Hatten wir vorher von dem Ziel der Produkterstellung gesprochen, so muß dies jetzt relativiert werden: Der *Prozeß* des Zusammenarbeitens wird u. U. genauso wichtig wie die Erstellung irgendeines Produktes. Was nützt das schönste Produkt, wenn unterwegs die Hälfte der Gruppe „ausgestiegen" ist, weil Konflikte nicht bearbeitet, sondern durch wenige dominante Schüler oder Schülerinnen einfach überspielt worden sind! Freilich ist diese Balance zwischen Sacharbeit und Pflege des sozialen Klimas ein schwieriger Akt ...

3.5 Lebensbezug

Wie schon angedeutet, versucht der Handlungsorientierte Unterricht, einen Bezug schulischen Lernens zu der die Schule umgebenden Wirklichkeit herzustellen. Dazu müssen auch andere *Lernorte* als die Schule einbezogen werden, die nicht „pädagogisch aufbereitet" sind. Das Prinzip, das Leben wieder am Leben selbst zu lernen (ohne dabei den besonderen Charakter der Schule aufzugeben, s.u.), mutet den Schülern gelegentlich auch die Ungereimtheiten und Widersprüche von Situationen aus dem Leben zu. Bezugspunkt ist die *Lebenswelt* der Schüler, der Zusammenhang der Dinge im wirklichen Leben, – was oft die künstliche Einteilung von Phänomenen in Einzelaspekte der Fächer überschreitet. Tendenziell ist der handlungsorientierte Unterricht *fächerübergreifend* bzw. interdisziplinär: Welthunger ist dann eben nicht nur ein Ernährungs-, sondern auch ein politisches Problem, Abtreibung nicht nur ein rechtliches, sondern auch ein religiöses Problem, Ausländerhaß nicht nur ein gesellschaftliches, sondern auch ein biographisch-psychologisches Problem etc.

Es kann auch vorkommen, daß diese Art von Unterricht insofern „*Ernstcharakter*" gewinnt, als in gesellschaftliche Verhältnisse „eingegriffen" wird, indem etwas nützlich und praktisch verändert wird. Das beginnt bei der Gestaltung des Schulgeländes, geht über die Entwicklung von Initiativen für eine „aktive Pause" bis zum Kontakt einer Klasse zu einem Altersheim und zum Einsatz für mehr Fahrradwege im Stadtteil. Aber hier liegen auch deutlich die Grenzen von Schule! Man kann Heranwachsenden nicht die Lösung von Problemen zumuten, die Erwachsenen nicht bewältigt haben.

Eine vorzügliche Möglichkeit für diese Öffnung der Schule ist die *community education*, die eine Verbindung von schulischen und Stadtteil-Initiativen ermöglicht.

4. Praktische Beispiele für Handlungsorientierung im Unterricht

Spätestens nach der Darstellung dieser grundlegenden Merkmale zeichnet sich ab, daß ein solcher Unterricht eigentlich auf den Projektunterricht (nicht auf die gelegentliche Projektwoche) hinausläuft. In der Tat kann der Projektunterricht als die „Hochform" des Handlungsorientierten Unterrichts gelten.

Aber was machen die Lehrer und Lehrerinnen, die aus den verschiedensten Gründen nicht gleich mit Unterrichtsprojekten starten können oder wollen? Es ist wichtig zu sehen, daß Handlungsorientierter Unterricht einer geduldigen und langfristigen *Einführung* bedarf. Wer gleich auf die „volle Handlungsstufe schaltet", wird in der Regel scheitern, denn sowohl die institutionellen Bedingungen der Schulorganisation wie die fehlende Kompetenz bei Schülern und Lehrern sind enorme Hindernisse.

Es ist darum unbedingt erforderlich, schrittweise einzelne Handlungselemente in den Fachunterricht einzuführen. Dabei werden mit Sicherheit nicht immer alle fünf Merkmale gleichzeitig erfüllt: Es gibt durchaus weniger anspruchsvolle Vorformen, Teilelemente, die Schüler an die anspruchsvolleren Formen des Handlungsorientierten Unterrichts heranführen können, vom einfachen Rollenspiel über ein Kurzinterview bis zu einem kleinen „Forschungsvorhaben". (Beispiel in PÄDAGOGIK H.1/1997, *Vaupel* 1997)

Man sich die *Fülle der verschiedenen Handlungsmöglichkeiten* auf einem *Kontinuum* vorstellen: Anfangs umfaßt dies ganz einfache, mehrere Sinne ansprechende Aktivierungsformen (wie z. B. das Untersuchen eines wirkliches Blattes statt der Abbildung im Buch), also alle Angebote an die Schüler, die auf Steigerung der Eigentätigkeit zielen (statt rezeptiv aufzunehmen); gemeint ist alles, was die Schüler selber machen können, von der Beschaffung von Materialien, der Mitplanung eines Unterrichtsabschnittes über Kleingruppenarbeit zur Ideensammlung bis zum angeleiteten Schüler-Experiment. – Auf dem Kontinuum weiter „aufsteigend" wären dann Handlungsformen anzusiedeln, die stärker die Mit- und Selbstverantwortung, die eigenständige Planung und Durchführung und Selbstkontrolle ermöglichen (z. B. die Entwicklung eines kleinen Hörspiels zum einem Problem oder Text, Bau eines Modells u. a. m.). Gegen Ende des Kontinuums würde man die anspruchsvollen und komplexen Formen finden, die den Projektunterricht bestimmen: weitgehend selbständige Planung, Durchführung, Präsentation und Auswertung eines Vorhabens.

Die folgenden Beispiele sind solche Zwischenformen, Schritte zu Handlungsorientiertem Unterricht, der den genannten Merkmalen entspricht. Sie sind dann kein Widerspruch zu einem umfassenden Konzept, wenn sie als *Zielperspektive* die langfristige Umstellung des Unterrichtes auf mehr Projektarbeit verfolgen. Es sind sämtlich *durchgeführte*, also nicht am Schreibtisch ausgedachte Beispiele. Sie zeigen, daß Handlungsorientierter Unterricht in allen Fächern, Fachbereichen, Altersstufen und Schulformen möglich ist.

4.1 Unterricht handlungsorientiert planen

Mit dieser Überschrift ist zweierlei gemeint: 1. kann der *Lehrer* in seine persönliche Unterrichtsplanung möglichst viele *Handlungselemente einplanen*, die während des Unterrichts dann zum Tragen kommen. 2. kann er/sie *mit den Schülern gemeinsam handelnd planen*, d.h. es werden vom Lehrer Handlungssituationen angeboten, die der Sammlung von Themenaspekten und Interessen dienen

Beispiele
Aus einer Sammlung von *Fotos* zum Thema Außenseiter diejenigen auswählen, die einen persönlich am meisten ansprechen und dies begründen. Oder: Zum Thema Welthunger wird ein *Hungerfrühstück* organisiert, in dem die Brötchen genau analog zu den Reichen und Armen der Weltbevölkerung in der Klasse verteilt werden, – ein außerordentlich dramatisches „Spiel", das eine Fülle von Gefühlen und Fragen bei den Schülern aufwirft. Weitere Möglichkeiten sind das *brainstorming* in Gruppen oder in der Klasse, eine *Wandzeitung* als Medium der Planung eines konkreten Unterrichtsabschnittes, das wechselseitige *Paarinterview* zu einem Thema; oder auch die *Phantasie* – z. B. bei einem Vorhaben zur Gestaltung des Klassenraumes: „Wir machen eines Sprung nach vorne von etwa zwei Monaten und betreten unser Klassenzimmer. Stell dir vor, wie es jetzt aussieht, was gefällt dir daran, sammle alles, was du siehst!"– u.v.a., weitere Möglichkeiten bei *Gudjons* 1997, S. 108)

Schließlich ist die aus der Freinet-Pädagogik übernommene „*Wochenplanarbeit*" eine ausgezeichnete Möglichkeit, Schüler und Schülerinnen in die Selbstgestaltung und Selbstkontrolle ihrer Lernprozesse stärker einzubeziehen: Nach einem am Wochenanfang vereinbarten und vervielfältigten Plan, der Themen, Arbeitsaufgaben, Anregungen, Kontrollmöglichkeiten etc. enthält, arbeiten die Schüler und Schülerinnen weitgehend selbständig in Gruppen, Paaren oder einzeln, wobei der Lehrer beratende und helfende Funktion hat (bewährt vor allem in der Grundschule und der Hauptschule, wo der Klassenlehrer ein großes Stundenkontingent in der eigenen Klasse hat).

4.2 Spielen und lernen

Das Spielen ist eine hervorragende Möglichkeit, handlungsorientierte Lernformen einzuführen, denn es bietet eine Fülle aktivierender Elemente.

Spiele
Dies gilt durchaus auch für die eher als Arbeitsmittel bekannten die *Lernspiele*, die z. B. etwas üben und trainieren wie BINGO beim Vokabellernen oder TANGRAM im Geometrieunterricht, Domino-, Puzzle- und Rätselspiele oder selbsterfundene Spiele (viele Anregungen bei AOL 1983).
Es gilt noch mehr für das *Rollenspiel*, in dem Problemstellungen handelnd durch Simulation der Realität bearbeitet werden können (Anleitung bei *Gudjons* 1995, S. 176 f) oder das *Planspiel*, das die Möglichkeit zum Studieren unterschiedlicher Gruppeninteressen bietet (Beispiel: In unserm Ort sollen Wohn-Container für Asylbewerber aufgestellt werden, welche Konflikte sind damit verbunden?)
Schließlich bieten *Interaktionsspiele* eine Fülle von sozialen Lernmöglichkeiten, von der Schulung der Wahrnehmung über die Konfliktlösung bis zum Training von Gruppenfähigkeiten (200 Übungen dazu bei Gudjons 1995), die inzwischen vielfach praktiziert werden. – Neu, aber noch wenig entwickelt ist hingegen das Einbeziehen von *Video- und Computerspielen* in den Unterricht (PÄDAGOGIK H.1/1990). –
Sehr nützlich für Spiele aller Art ist die Datenbank *DATASPIEL* der Akademie Remscheid (Tel.02191/7941), mit deren Hilfe man sich für bestimmte Anlässe, Bereiche und Zielrichtungen entsprechende Spielvorschläge zusammenstellen lassen kann.

4.3 Erkunden und erforschen

Kleinere Erkundungen, die Schüler und Schülerinnen selbst durchführen, lassen sich gut in den (durchaus traditionellen) Fachunterricht integrieren: Schüler gehen in Supermärkte und befragen Kunden nach ihrem Umgang mit Verpackungsmaterial (was anschließend berichtet oder auch anspruchsvoll statistisch z. B. im Mathematikunterricht ausgewertet wird); die Freizeitmöglichkeiten für Jugendliche im Stadtteil werden erkundet und anschließend in einer Broschüre zusammengestellt; Zeitzeugen werden zu einem historischen Ereignis befragt nach dem geschichtsdidaktischen Prinzip „Grabe, wo du stehst"; aber auch die „Fremde" kann erkundet werden, z. B. in einem Schüleraustausch mit französischen Jugendlichen führen die Schüler vorbereitete Interviews (in Gruppen) in der Gastschule durch, fotografieren und filmen, untersuchen Klassenräume und Schulgebäude, beobachten Unterricht, fertigen Speisekarten der Menüs der Schulkantine an u. a. m. –

Erkundungen gewinnen einen für den Unterricht verwertbaren „Forschungscharakter", wenn sie folgende *Regeln* einhalten:

Regeln für Erkundungen
- Möglichst nichtpädagogisierte Erfahrungsräume werden aufgesucht, der Lernort Schule wird verlassen;
- Informationen werden *aktiv* beschafft, d.h. keine bloße „Besichtigung" oder „Kiek-in";
- keine Einwegkommunikation, sondern Fragen und Gespräche, sich also nicht nur „vollbauen" lassen;
- sorgfältige Vorbereitung, gut organisierte Durchführung (z. B. Rechtsfragen beachten) und anschließende Auswertung im Zusammenhang des gestellten Themas.

Ein Problem erforschen, eine Lösung selbständig suchen, experimentieren usw. sind Handlungsformen, die anfangs sicher eine starke Anleitung und Unterstützung durch den Lehrer brauchen. Und: Sie kosten Zeit. Das ist einer der häufigsten *Gegeneinwände*. Läßt sich dasselbe nicht effektiver durch einen lehrerzentrierten Frontalunterricht erreichen? Sicher trifft dies bisweilen zu. Aber Ziele wie Befähigung zur selbständigen Arbeit, Selbstverantwortung, Planungsfähigkeit etc. bleiben auf der Strecke. dies gilt umso mehr, je stärker der Stoffdruck und Zwänge zur Leistungskontrolle greifen.
Daß aber selbst im Mathematikunterricht der gymnasialen Oberstufe experimentierendes Erforschen möglich ist, hat z. B. W. *Schulte-Sasse* gezeigt: Er hat ein flexibles Modell einer Gewölbedach-Konstruktion gebaut und mit den Schülern aus den unterschiedlichen Montiermöglichkeiten die Funktionsgleichung einer Parabel als optimale Form der Dachkonstruktion entwickelt (WPB 2/87).
Erkundungen und kleine Forschungsvorhaben zeigen aber auch, daß bestimmte *formale Fähigkeiten* gelernt werden müssen, – besser noch vorher vermittelt werden sollten: ein Protokoll schreiben, Versuchsdaten tabellieren, einen Stadtplan lesen können, Bücher zu einer Frage suchen, sinnvoll ein Buch auswerten, ein Exzerpt herstellen, einen Bericht gliedern und sprachlich präsentieren u. a. m.

4.4. Herstellen und gestalten
Bereits in der Grundschule gilt: Der *Prozeß der Herstellung eines Produktes* – die Lehrerin stellt z. B. mit ihrer Klasse aus Milch Käse her – ist für die Erfassung von Zusammenhängen und den Aufbau kognitiver Strukturen ungleich günstiger als eine (noch so reich bebilderte) Beschreibung dieses (fertigen) Produktes. Diesen Prozeß der Entstehung zu gestalten, bedeutet die Lösung für eine Fülle von Fragen zu finden.

Ob nun ein Musikinstrument gebaut, ein Gesundheitskochbuch verfaßt, Holz-spielzeug gebastelt und auf dem Wochenmarkt verkauft wird (zur Finanzierung der Klassenreise), ein Brotbackofen aus dem Schulgelände errichtet wird, – immer ist neben der Herausforderung von Fachgerechtigkeit mit dem Herstellen (und Verwenden) ein praktischer Sinn, eine Bedeutung, Motivation, Aktivität und Gebrauchswertorientierung verbunden.

Wie der *Zusammenhang zum Thema im Fachunterricht* hergestellt werden kann, zeigt folgendes Beispiel aus einem Leistungskurs Biologie der gymnasialen Oberstufe.

Das Thema Energie und Umweltbelastung war unter biokybernetischen Gesichtspunkten behandelt worden. Der Gedanke, auch über eine Veränderung von Eßgewohnheiten (z. B. Abbau der energieaufwendigen Fleischerzeugung) führte zu der etwas rätselhaften Frage als Motto für eine Ausstellung: „Wieviel Erdöl ißt der Mensch?", die der Kurs veranstaltete. Hinzu kamen selbstgemachte Speisen, die den Besuchern angeboten wurden, Rezepte, die man verteilte u. a. m. – Die gesamte Aktion wurde mit einer Fragebogenaktion ausgewertet. Die Schüler bestätigten durchgehend einen hohen Lernzuwachs dadurch, daß sie selbst etwas hergestellt hatten und ihre Unterrichtsarbeit öffentlich gemacht hatten (*Denecke* 1982, 302 ff).

Auch wenn der Rahmen für solche Aktionen aus Zeitgründen fehlt, läßt sich doch dies Handlungselement „herstellen und gestalten" durchaus im normalen Fachunterricht realisieren. *Maier* (1990, S. 195 ff) hat dies für ein Fach demonstriert, für das viele Handlungsorientierung für unmöglich halten: den *Lateinunterricht.*

Nach der Lektüre von Cicero haben die Schüler einer 10. Klasse ein Hörbild hergestellt. Thema: Der Prozeß gegen den Kulturräuber Verres. „Verres – Sensationsprozeß … Radiosprecher in München – Italienkorrespondent in Rom – Bericht aus der römischen Kurie mit Redeausschnitt – Report vom Schauplatz in Messana – Sprecher im Studio Rom – Korrespondent in der Stadt Halunt – … Polizeibericht der Stadt Henna – Live-Einblendung der Cicero-Rede in der Kurie – … Interview mit Cicero u. a. m." –

Für den *Deutschunterricht* gibt es Modelle, z. B. sich einen Roman durch *produktive Umgestaltung* zu erschließen.

Neumann (1991, S. 14) beschreibt u. a. am Beispiel des Romans „Professor Unrat" von Heinrich Mann folgende Schritte. Der Roman wird verteilt und gelesen. In Nachbar- oder Freundesgruppen wird dann völlig ungelenkt über den Roman geredet, Leseeindrücke, Beobachtungen, Geschmacksurteile ausgetauscht. Anschließend stellt der Lehrer das Verfahren vor und es wird eine Liste von Umgestaltungsmöglichkeiten erstellt, die mögliche Formen, Entsprechende Romanaspekte und mediale Aspekte beinhaltet:

Es kam bei dieser Arbeit zu einem deutlichen Motivationsgewinn der Schüler, die schließlich diese Unterrichtseinheit als den Höhepunkt des Deutschunterrichtes sahen.

Eine Fülle weiterer Anregungen zum Herstellen und Gestalten findet sich in den verschiedenen Veröffentlichungen zum *Praktischen Lernen* der Tübinger Projektgruppe um A. *Flitner.*

Vorschlagsliste

Formen/Produkte	Romanaspekte	Mediale Aspekte
Feature Schulfunksendung	Autor und seine Zeit Entstehung des Werkes	Hörszene entwerfen, Gestalten, Aufnehmen
Photoserie	Figuren, Konstellationen, Schauplätze, Atmosphäre	Spiel, Maske, Kostüm, Phototechnik, experimentell
Musikalisch-akustische Collage	Romanmotive, Verarbeitung einer Handlungssequenz	Aufnahmen, Überspielen, Schneiden
Optische Collage	Gesamtstruktur von Figuren, Räumen und Mächten	Unterschiedlichste optische Zeichen kombinieren
Illustrationen	Handlungsfolge, Höhepunkte, Symbolik	Graphische Möglichkeiten, Skizzen von Konzepten, Stilrichtungen an einem Exempel
Darstellendes Spielen		
• einer Zeugenbefragung	Funktionen der Gesellschaft, Verstrickung	Konzipieren, Schreiben, Raum, Requisit, Darstellen
• eines Psychiaterstreits vor Gericht	Beurteilung der Figur, Schuld	Psychiatrisches Gutachen
• einer Juryberatung anläßlich der Verleihung eines Preises	Autorintention, künstleri- sche Aspekte, Qualität	Rezensionen, Begründungen von Preis- verteilungen

Abb. 1: Handlungsorientierte Romanbearbeitung

4.5 Tätigsein und verantworten

Schüler und Schülerinnen müssen lernen, auch die *Folgen ihres Handelns sinnlich und direkt zu erfahren und Verantwortung zu übernehmen.* Das bedeutet nicht, daß der Lehrer die Gesamtverantwortung für alles, was im Rahmen seines Unterrichts geschieht, abgibt.

Ein Beispiel
Eine Klasse mit einem hohen Ausländeranteil in einer Hauptschule plant ein Fest mit ausländischen Mitbürgern. In Gruppen wurden Programmpunkte erarbeitet (Spiele, Sketche etc.). Dekorationen wurden hergestellt, Essen und Trinken vorbereitet, Einladungen entworfen u. a. m. – Alles geschah in einfachster Form, damit auch die nicht gut deutsch sprechenden Schüler und Schülerinnen mitarbeiten konnten. Wichtig war vor allem die sprachliche Kommunikation als ein zentraler Faktor für das Gelingen des Festes: Am Festabend wurden daher die ausländischen Eltern, die Lehrer und die Schüler nach einer vorher geschickt überlegten Tischordnung plaziert, wobei besonders darauf geachtet wurde, daß überall ein „Dolmetscher" dazwischen saß. Planung und Durchführung des Festes haben zahlreiche Tätigkeiten mit der Übernahme von Verantwortung für das Handeln („Gelingen des Festes") verbunden.

Solches Tätigsein und Verantworten konfrontiert die Schüler manchmal bis zur Grenze der Erträglichkeit mit Hindernissen, die ihnen niemand vorher „pädagogisch" aus dem Weg geräumt hat.

Das zeigt das *Beispiel einer Berliner Gesamtschule* sehr beeindruckend, die in mühsamer Arbeit eine *Fahrradwerkstatt* mit Fahrradverleih aufgebaut hat: Geld wurde zu spät bewilligt, Diebstähle und Zerstörungen hemmten die Arbeit, Unlust, Nachlässigkeit und anfängliche Unfähigkeit bremsten den Enthusiasmus erheblich. Aber Tätigsein hing mit Verantwortung zusammen: Der Bau eines Fahrradanhängers z. B. zeigte, wie sich Fehler unmittelbar auf das Funktionieren des Gerätes auswirkten, – nur die hieraus resultierende verantwortende „Arbeitsmoral" hat dann zum Erfolg geführt.

Ein letztes Beispiel sind *Klassenreisen nach dem Konzept der Selbstregulation* der Schüler (*Homfeldt/Kühn* 1981). Schüler wählen Zielort und Unterkunft aus, regeln den Transport, erstellen Belegungspläne für die Häuser, kaufen nach Essensplan Vorräte ein, reinigen die Häuser selbst, erstellen Regeln (Rauchen, Alkohol, Tagesrhythmus etc). Sie erfahren dabei, daß nichts klappt, – außer man macht es selbst; sie lernen Verbindlichkeit und Verantwortung. (Für die Lehrer war dies mit Sicherheit eine harte Geduldsprobe...)

5. Grenzen des Handlungsorientierten Unterrichts

Erstens: Es fällt oft schwer, bei handlungsorientierten Unterrichtseinheiten den „roten Faden" im Blick zu behalten, weil Handlungsprozesse bisweilen eine starke *Eigendynamik* entfalten. Darum ist es von größter Wichtigkeit, den Bezug der Handlungsergebnisse zu dem übergeordneten Sachgebiet herzustellen, wenn der Handlungsorientierte Unterricht nicht zum Zufälligkeitslernen und zur Beliebigkeitsdidaktik verkommen soll.

Damit bleibt dieser Unterricht auf die *Systematik des Fachunterrichtes* angewiesen. Seine Grenze liegt darin, daß er den systematisch aufgebauten *Lehrgang* niemals ersetzen kann. Er muß vielmehr die Handlungselemente systematisch einordnen und vergleichen mit andern Erkenntnissen, wissenschaftlichen Ergebnissen etc. – Aber aus Handlungsphasen ergeben sich auch neue, weiterführende Fragen, die der fachgegliederte Unterricht aufgreifen und vertiefen kann, bis sich aus dieser Arbeit wieder neue Handlungsmöglichkeiten ergeben usw.

Es wäre auch naiv anzunehmen, daß sich *alle Fächer* bruchlos handlungsorientiert lernen ließen: Mathematik (z. B. Prozentrechnung) läßt sich nur als systematisch geordneter Lehrgang vermitteln, bei dem das Neue jeweils auf bestimmten bekannten und gekonnten Voraussetzungen aufbaut. Das heißt aber nicht, daß nicht auch hier handlungsorientierte Abschnitte möglich wären. Eine völlige Symmetrie von Handeln und Lernen ist freilich unmöglich.

Zweitens: Die Frage der *Leistungsbewertung* bildet ein schwieriges Problem. Einerseits liegt im Prinzip der Handlungsorientierung sicher auch eine generelle Kritik der traditionellen Art der Leistungsbewertung in der Schule: Handlungsprozesse und Handlungsprodukte lassen sich nicht angemessen durch eine Klassenarbeit oder Klausur „messen".

Andererseits wird auch hier etwas „geleistet", das beurteilt werden kann. Hilfreich ist es, die Kriterien der Bewertung z. B. eines Produktes *vorher* mit den Schülern und Schülerinnen festzulegen. Auch sind Möglichkeiten der Selbsteinschätzung durch die Beteiligten sicher sinnvoller als eine schlichte Note, die der Lehrer oder die Lehrerin verteilt. (Weitere Möglichkeiten zur Überprüfung/Auswertung bei *Gudjons* 1997, S. 95 ff. und 129 ff.)

Drittens: Die *institutionelle Verfassung der Schule* fördert nicht gerade Handlungsorientierten Unterricht. Es gibt Reibungen mit dem 45-Minuten-Rhythmus der Stundeneinteilung, mit dem Fachunterrichtsprinzip (i.d.R. stehen nur wenige Stunden – diese auch noch verteilt auf mehrere Tage – pro Woche zur Verfügung); Stoffdruck, Lehrplanzwänge, Rechts- und Verwaltungsvorschriften, aber auch mißtrauische Kollegen und Kolleginnen oder besorgt-skeptische Eltern, die fachdidaktische Fixierung vieler Lehrer und schließlich die „Störung" des gewohnten Unterrichtsablaufes durch neue „Unruhe" bilden große Hürden.

Und nicht zuletzt droht ein Mißbrauch der neuen Freiräume durch die Schüler und Schülerinnen, die natürlich auch unsicher sind und erst einmal die neue Form kennenlernen müssen. – Nach meiner Erfahrung gibt es auch immer wieder Schüler und Schülerinnen, die den traditionellen Unterricht bevorzugen, – aus unterschiedlichen Gründen. Kein Grund also, im Handlungsorientierten Unterricht *die* Lösung aller Schulprobleme zu sehen.

Ein Kind hat einmal zu Maria Montessori gesagt: „Hilf mir, es selbst zu tun!" Der Handlungsorientierte Unterricht unterstreicht dabei die Wörter „selbst" und „tun"!

Literatur

Aebli, H.: Denken: Das Ordnen des Tuns. Bd.I und II. Stuttgart 1980 und 1981.

Aebli, H.: Zwölf Grundformen des Lehrens. Stuttgart 1983.

AOL (Hg.): Handbuch zum Schulalltag. Bd.1 und 2. Reinbek 1982 und 1983.

Bastian, J./*Gudjons*, H.(Hg.): Das Projektbuch II. Hamburg 1990.

Beck, H.: Handlungsorientierung des Unterrichts. Darmstadt 1996.

Bönsch, M.: Variable Lernwege. Paderborn 1991.

Bohnsack, F.u.a.: Schüleraktiver Unterricht. Weinheim 1984.

Cloer, E.: Veränderte Kindheitsbedingungen – Wandel der Kindheit. In: Ernstfall Grundschule – Sind Kinder keine Kinder mehr? Dokumentation des Niedersächsischen Kultusministeriums ... Hannover 1991, S.5–30.

Denecke, W.: Alternative Ernährung? In: WPB 7/1982, S.302ff.

Enzyklopädie Erziehungswissenschaft, hrsg. von D. Lenzen. Bd.3. Stuttgart 1986.

Gudjons, H.: Spielbuch Interaktionserziehung. Bad Heilbrunn 1995, 6. Aufl.

Gudjons, H.: Handlungsorientiert lehren und lernen. Bad Heilbrunn 1997, 5. Aufl., 2001, 6. Aufl.

Hage, K. u.a.: Das Methoden-Repertoir von Lehrern. Opladen 1985.

Hentig, H.v.: Das allmähliche Verschwinden der Wirklichkeit. München 1984.

Homfeldt, H. G./Kühn,A.: Klassenfahrt. München 1981.

Kashnitz, D.: Handlungsorientierter Unterricht – Lernen oder action? In: Bundesfachgruppe für ökonomische Bildung (Hg.): Handlungsorientierung und ökonomische Bildung. Bergisch Gladbach 1993.

Klippert, H.: Methoden-Training. Weinheim und Basel 1994.

Maier, F.: Z. B. : Der Kulturräuber Verres. In: Bastian/Gudjons 1990, S.195–208.

Mann, I.: Lernen durch Handeln. München 1977, 2.Aufl.

Meyer, H.: UnterrichtsMethoden. Bd.1 und 2. Frankfurt/M. 1988, 2.Aufl.

Möller, K.: Lernen durch Tun. Frankfurt/M. 1987.

Neber, H. (Hg.): Entdeckendes Lernen. 1981, 3.Aufl.

Neumann, H.-G.: Produktive Umgestaltung. Ein Modell für den Literaturunterricht. In: Hamburg macht Schule, Heft 3/1991, S.14.

PÄDAGOGIK Heft 1/1990 „Spielen in der Schule".

PÄDAGOGIK Heft 12/1992 „Mit allen Sinnen lernen".

PÄDAGOGIK Heft 1/1997: Handlungsorientierter Unterricht.

Rohr, B.: Handelnder Unterricht. Heidelberg 1982, 2.Aufl.

Schaube, W. (Hg.): Handlungsorientierung für Praktiker. Darmstadt 1995.

Scheller, J.: Erfahrungsbezogener Unterricht. Königstein 1981.

Terhart, E.: Lehr-Lern-Methoden. Weinheim und München 1989.

Vaupel, D.: Handeln und Lernen in der Sekundarstufe. Weinheim und Basel 1997.

Wallrabenstein, W.: Offene Schule – Offener Unterricht. Reinbek 1991.

Witzenbacher, K.: Handlungsorientiertes Lernen in der Hauptschule. München 1985.

Westermanns Pädagogische Beiträge (WPB) Heft 2/1987 und Heft 5/1987.

Wöll, G.: Handeln: Lernen durch Erfahrung. Baltmannsweiler 1998.

Heute machen wir ein PROJEKT

Schon wieder 'was Lateinisches

3. Projektunterricht

Begründung – Merkmale – Schritte

Projektunterricht hat Konjunktur. Das ist kein Wunder, denn die Kritik am handlungsarmen, verkopften, in Fächer aufgespaltenen Unterricht ist nicht mehr überhörbar. Die Stoff-Belehrung und die Vermittlung von Inhalten dominieren. Lernen heißt immer noch weitgehend: Reproduzieren dessen, was der Lehrer vorgibt. Außerdem: Die Schule und das wirkliche Leben entfernen sich immer mehr voneinander. Projektunterricht also als die große Hoffnung einer (inneren) Reform der Schule?

Warnung vor Projektgerede ...

Zunächst Vorsicht: Es haben sich nämlich inzwischen viele Mißverständnisse eingeschlichen: „Der Unterricht fällt aus, wir haben Projektwoche!", so stand es kürzlich als Überschrift in einer norddeutschen Tageszeitung. Die vielerorts erfreulich selbstverständlichen Projektwochen sind danach kein „richtiger" Unterricht ...

Oder umgekehrt: Schlichtweg wird die Projektwoche mit „Projektunterricht" gleichgesetzt. So als wäre Projektunterricht nicht mehr als eine gelegentliche Alternative zum „normalen" Unterricht. Inzwischen ist aber Projektarbeit in vielfältigen Formen möglich, – zahlreiche Beispiele finden sich in der einschlägigen Literatur (näheres bei *Gudjons* 1997 a).

Die Kehrseite der Medaille: Die Ausweitung der Projektidee – an sich sehr begrüßenswert – hat zugleich zu einer begrifflichen Inflationierung geführt. Im Zuge der allgemeinen Erneuerungssehnsucht wird sehr rasch jedem Versuch, endlich einmal etwas Praktisches zu machen, das Etikett „PROJEKT" aufgeklebt: Ein Bastelkurs, ein Besuch beim Bäcker, der Bau einer Flöte, die Betreuung alter Menschen durch Schüler – alles interessante Unternehmungen, aber ist das schon Projektunterricht?

Mut zum Nachdenken

Kritisches Nachdenken also ist geboten, wenn die Idee des Projektansatzes und seine reformpädagogische Substanz nicht verwässert werden sollen. Darum ist eine grundsätzliche Besinnung und Klärung nötig. Was waren die eigentlichen historischen Wurzeln der Projektidee (I), welches sind grundlegende Merkmale und Schritte eines Projektes (II) und wie läßt sich das Ganze lernpsychologisch-pädagogisch begründen (III)?

Kurz: Was verstehen wir eigentlich unter Projektunterricht?

Natürlich: Es gibt durchaus unterschiedliche Varianten in der Konzeption dessen, was denn nun Projektunterricht ist (z. B. *Duncker/Götz* 1988, *Hänsel/Müller* 1988, *Frey* 1990, *Bastian/Gudjons* 1993, *Hänsel* 1996, *Gudjons* 1997, 2001, *Apel/ Knoll* 2001). Aber bestimmte Elemente gehören in allen Konzeptionen unverzichtbar dazu.

1. Woher kommt der Projektunterricht?

Nach neueren Untersuchungen (PÄDAGOGIK H. 7/8 1993) stammt zumindest der Begriff „Projekt" nicht aus der Reformpädagogik im ersten Drittel unseres Jahrhunderts, auch nicht aus Amerika, – sondern ist viel älter; man findet ihn schon in Italien und Frankreich, Anfang des 18. Jahrhunderts. In Frankreich z. B. hatten die Studenten der Akademie Royale d'Architecture die Aufgabe, regelmäßig „projets" einzureichen, z. B. Pläne für ein Château, ein Grabmal oder einen Pavillon zu entwerfen, – kooperativ, originell und selbständig, als Bestandteil ihrer Ausbildung. Diese Merkmale sollten wir uns merken: Kooperativ, originell, selbständig.

Über die Bauakademien und die technischen Hochschulen gelangte diese Methode dann nach Deutschland (etwa 1831), von hier aus wurden auch die amerikanischen technologischen Institute beeinflußt. (*Knoll*, 1991) Und dort passierte etwas Entscheidendes: Lernen durch Tun, und damit das Lernen am handwerklichen Projekt, wurde als zutiefst demokratisch begriffen, weil es

a) den praktisch begabten Jugendlichen die Chance zum sozialen und wirtschaftlichen Aufstieg ermöglichte (als anerkannte Qualifikation an Schulen und Hochschulen) und weil

b) die Merkmale Schüler-, Wirklichkeits- und Produktorientierung, also selbständiges Denken und kooperatives Handeln, endgültig etabliert wurden.

Das heißt: Projekte im Unterricht sind mehr als „Spaß" (den sollen sie auch bringen), aber der Projektgedanke war und ist ein Prinzip, das mit Erziehung zur Demokratie zu tun hat. Diese Tradition des Projektgedankens ist in der deutschen Reformpädagogik im ersten Drittel unseres Jahrhunderts nahezu verloren gegangen, obwohl die Ansätze der Arbeitsschulbewegung (*Kerschensteiner, Gaudig*) oder die „Vorhabenpädagogik" (*Haase, Reichwein*) manche Parallele zu Projektprinzipien aufweisen.

Es war dann der große amerikanische Philosoph und Pädagoge John *Dewey* (1859–1952), der zum ersten Mal unter lernpsychologischen und pädagogischen Aspekten ein umfassendes Konzept dessen begründete und entwickelte, was wir heute „Projektunterricht" nennen. Den Begriff „Projektunterricht" allerdings benutzte *Dewey* selbst kaum.

John *Dewey* hilft uns, die wesentlichen Voraussetzungen des Projektgedankens zu klären und damit auch unmittelbar die Frage zu beantworten, warum denn Lernen durch Handeln so grundlegend für die Schule ist. Drei Punkte sind wesentlich.

Erstens: Probleme lösen lernen
Das Projektkonzept ist zunächst eine Reaktion auf sich rasch wandelnde gesellschaftliche Verhältnisse: Enormer Anstieg der Industrialisierung, Massenproduktion, eine Welle von „Fremden" im Land mit der Notwendigkeit der Integration von Migranten, zerbrechlichen traditionelle Lebensmuster: Es ist, als beschreibe *Dewey* die Situation unserer Tage! Erziehung konnte nicht mehr auf den alten Grundlagen Vorbereitung für vorausbestimmbare Lebensverhältnisse sein („Die Zukunft ist unbestimmbar", so 1928 der *Dewey*-Schüler *Kilpatrick*). Die junge Generation muß lernen, wie man Probleme aufgreift und löst, wenn sie auftauchen.
Diese gesellschaftliche Dimension des Projektgedankens zeigt, daß Projektlernen keine Mode-Masche ist, sondern zentrale Antwort auf die gesellschaftlichen Herausforderungen unserer Zeit: Gefragt sind nicht mit Wissen vollgestopfte Schülerköpfe (obwohl Wissen weiterhin zentral bleibt), sondern handlungsfähige Menschen, die gelernt haben, wie man Probleme löst, wenn sie auftauchen. Denn: Handeln lernt man nur durch Handeln!

Zweitens: Erziehung zur Demokratie
Die Projektidee ist eingelagert in ein grundlegendes Verständnis von Demokratie. Nicht umsonst heißt *Deweys* Hauptwerk „Demokratie und Erziehung" (1916). Wenn im Projektunterricht Schüler und Schülerinnen als gleichberechtigte Partner und Partnerinnen ernstgenommen werden, also zunehmend Selbstorganisation und Selbstverantwortung für den Verlauf eines Projekts unverzichtbar sind, so spiegelt sich darin die politische Wurzel des Projektgedankens unmißverständlich wider! Projektunterricht zielt damit auf demokratisches Handeln in Schule und Gesellschaft. Schrittweise lernen die Schüler und Schülerinnen, selber die im Rahmen eines Projektes notwendigen Aufgaben zu erkennen und immer mehr (Mit-)Verantwortung zu übernehmen, – und zwar nicht nur dem Lehrer gegenüber, sondern untereinander!

Drittens: Denkende Erfahrung
Die „denkende Erfahrung" ist der Weg des Menschen, sich selbst und die Welt zu verändern, Demokratie und Erziehung zu bewirken. Das ist die Weise des Menschen, wie er sich mit der Welt auseinandersetzt. Erziehung ist nach *Dewey* Ziel und Mittel der menschlichen „Höherentwicklung" zugleich. Erziehung kann

deshalb für die Generationen nicht heißen, daß z. B. schulische Inhalte „von einem zum andern weitergegeben werden wie Ziegelsteine" (*Dewey*). Vielmehr sind das eigene Erkennen und das eigene Tun untrennbar. Diese Erziehungsphilosophie *Deweys* (verkürzt als learning by doing bekannt) ist die zentrale Grundlage der Projektidee.

Erst von diesen Voraussetzungen her können wir nun die Schritte und Merkmale des Projektunterrichtes genauer bestimmen. Ein Projekt hat die gleichen Charakteristika wie die „Stufen des Denkvorganges" nach *Dewey*, an denen ich mich im folgenden orientiere.

2. Das Konzept: Schritte und Merkmale eines Projektes

Projektschritt 1: Eine für den Erwerb von Erfahrungen geeignete, problemhaltige Sachlage auswählen.

Dieser Projektschritt läßt sich durch folgende Merkmale genauer bestimmen. (Die im folgenden entwickelten Merkmale werden zwar jeweils einem Schritt zugeordnet, weil sie hier in den Mittelpunkt treten, sie finden sich darüber hinaus aber selbstverständlich auch bei den andern Schritten wieder.)

(1) Situationsbezug

Eine Sachlage oder „Situation" ist eine umfassendere, also nicht auf einen Fachaspekt eingeengte Aufgabe. Während der Schulunterricht das Leben in Fächer einteilt, nimmt ein Projekt seinen Ausgang am Zusammenhang der Dinge, wie sie im Leben wirklich sind. Oder haben Sie sich schon mal beim Pflanzen eines Baumes aufgeteilt in Biologie, Erdkunde, Chemie und Sprache?

Ein Projekt kann zwar in einem Fach angesiedelt sein, aber es wird immer Fragen einschließen, die über ein Schulfach hinausgehen und sich an der Ordnung der Dinge im „wirklichen" Leben orientieren. Schule hingegen versucht, das Leben in Fachaspekten zu vermitteln ..., sicher mit historisch guten Gründen (*Gudjons* 1997). Die Ordnung des Lebens und die künstliche Ordnung der Schulfächer sind dennoch keineswegs dasselbe. Unter dem Begriff „Vernetzung" von Fachaspekten (z. B. im fächerübergreifenden Unterricht) wird genau dies heute aktuell diskutiert.

Diese „Sachlage" wirkt im Projektunterricht dann wie ein „Magnet" (*Dewey*), der die Fachaspekte notwendig zur Klärung heranzieht. Das heißt zugleich: Fächer und Fachwissen sind sinnvoll und notwendig, aber *Mittelpunkt* des Lernens sind sie nicht! Denn das ist die problemhaltige Sachlage, – quer zu allen Schulfächern.

(2) Orientierung an den Interessen der Beteiligten
Wenn ein echtes Problem aus der Sachlage erwachsen soll, muß das Projektthema sich an den Interessen der Beteiligten orientieren. Sonst ist das Thema vielleicht für den Lehrer oder die Lehrerin interessant, geht aber an den Bedürfnissen und Fragen der Schüler und Schülerinnen vorbei. (Übrigens dürfen im Projektunterricht auch Lehrer/innen ihre Interessen einbringen!)
Allerdings sind Interessen nicht mit einem Schlag da, sondern müssen in der Regel erst entwickelt werden. Es ist also kein Widerspruch zur Projektidee, wenn der Lehrer am Anfang erste Handlungserfahrungen ermöglicht (Ausprobieren, Stutzen, Nicht-Weiterwissen) durch einen Film, durch Besichtigungen, oder anderes.
Nichts ist so falsch wie die Frage am Anfang: „Na, was interessiert euch denn? Nichts, – na ja, habe ich doch gewußt. Nun sage ich euch dafür, was ihr tun müßt."

(3) Gesellschaftliche Praxisrelevanz
Das Merkmal „gesellschaftliche Praxisrelevanz" ist in gewisser Weise ein Korrektiv zur Orientierung allein an den kurzfristigen Schülerinteressen.
Wenn Projektunterricht nicht der Hobbypflege dienen oder zur Beliebigkeit verkommen soll, müssen seine Themen eine Relevanz für die gesellschaftliche Praxis haben. Das ergibt sich aus dem Anspruch der Projektmethode, zur „Höherentwicklung" des Einzelnen und der Gesellschaft beizutragen (*Dewey*). *Dewey* hat an vielen Projekten kritisiert, sie seien „zu trivial, um bildend zu sein" (1935, S. 97) Das Merkmal der gesellschaftlichen Praxisrelevanz wird dort besonders deutlich erfüllt, wo Projekte direkt in einen Lebenszusammenhang „eingreifen", also ein Stück weit „Ernstcharakter" haben: Das reicht vom Bau eines Spielplatzes, der Neugestaltung des Schulhofes bis zu öffentlichen Aktionen gegen Ausländerhaß und Fremdenfeindlichkeit. Aber auch die Veränderung des übrigen Unterrichts durch Impulse aus dem Projektunterricht gehört dazu.

Projektschritt 2: Gemeinsam einen Plan zur Problemlösung entwickeln

(4) Zielgerichtete Projektplanung
Planen muß man lernen, das *gemeinsame* Planen von Lehrern und Schülern ist dabei sicher ungewohnt. Aber ein Projekt muß auch zielstrebig geplant werden, denn die Planung – obwohl im Verlauf des Projektes immer wieder veränderbar – ist der innere Motor des Projektes, die Triebfeder, zum Ziel zu kommen und die organisierende Mitte des Projektes. Wie eine solche gemeinsame kooperative Projektplanung praktisch aussehen kann, habe ich ausführlicher im Buch über „Handlungsorientiert lehren und lernen" (1997, S. 86 ff.) dargestellt.

(5) Selbstorganisation und Selbstverantwortung
Dieses Merkmal weist auf die Hinführung der Schüler und Schülerinnen zu immer mehr selbstverantwortlichem Handeln als zentralem Anliegen des Projektunterrichts hin. Hier wird in der Schule praktisch, was zur demokratischen Weiterentwicklung einer Gesellschaft von entscheidender Bedeutung ist: die Übernahme von Verantwortung für ein gemeinsames Unternehmen.
Zugleich liegt hier eines der größten Probleme des Projektunterrichts: Die Lernenden sind dies über Jahre hin nicht gewohnt; und für die Lehrenden ergibt sich die schwierige Gradwanderung zwischen der Ermöglichung von Freiräumen und der ständigen Versuchung, die Führung dann doch wieder zu übernehmen, wenn es nicht so klappt wie gewünscht.

Projektschritt 3: Sich mit der Aufgabe handlungsorientiert auseinandersetzen

(6) Einbeziehen vieler Sinne und Medien
Im Projektunterricht wird gemeinsam etwas getan, wird praktiziert, unter Einbeziehung des Kopfes, des Gefühls, der Hände, Augen, Ohren usw., also möglichst vieler Sinne. Die Palette der Handlungsformen ist dabei schier unerschöpflich. Die üblichen Formen wie Lesen, Schreiben, Reden werden ergänzt (nicht abgeschafft!): Gegenstände werden hergestellt, szenische Darstellungen entwickelt, Dokumentationen erstellt, Steinzeitwerkzeuge nachgebaut, Videos gedreht, oft muß auch die Schule als Lernort verlassen werden, um im „wirklichen Leben" zu „forschen".
Geistige Arbeit und körperliches Tun werden „wiedervereinigt", weil sich die Suche nach Sachinformationen aus dem Handlungsziel und den Handlungsnotwendigkeiten ergibt. Die Wirklichkeit wird nicht nur „beredet", sondern handelnd unter Einbeziehung möglichst vieler Sinne erfahren und gestaltet.
Dabei kommt eine Fülle von *Medien* zum Einsatz. Sie sind aber im Unterschied zum übrigen Unterricht oft „ungewaschen", d. h. weder technisch perfekt noch ministeriell zugelassen: Wenn Schüler und Schülerinnen im Rahmen eines Unterrichtsprojektes Zeitungsartikel herbeischaffen, Bilder zu ihrem Thema sammeln, Tonbandmitschnitte von Interviews produzieren, Müllberge fotografieren, Kleider nähen, ein Video zur Drogenproblematik herstellen, Theaterkulissen bauen und vielleicht zur Präsentation der Projektergebnisse Ausstellungstafeln erarbeiten, dann zeigt sich auf Anhieb die Vielfalt des äußerst bunten Mediengebrauches in der Projektarbeit. Ich versuche, dieses immense Spektrum in vier Gruppen zusammenzufassen und zu ordnen (ohne den Anspruch auf theoretisch stringente Systematik):

Medien im Projektunterricht

1. Die „*traditionellen Medien*", wie sie in jeder andern Unterrichtsform auch vorkommen (Schulbuch, Dia-Serie, Schreibheft, Lehrfilm, Tafelbild, Overheadfolie usw.); sie werden dort eingesetzt, wo es die gemeinsame Projektplanung vorsieht oder wo der Lehrer meint, eine zusätzliche Anregung könnte die Projektarbeit inspirieren. Insgesamt haben sie die Funktion eines medialen Reservoirs, das im wesentlichen auf Anregung des Lehrers „angezapft" wird.

2. Eine *Reihe von technischen Medien als Organisations- und Arbeitshilfen* (von Karteikarten über Klebepunkte bis zur Wandzeitung; diese technischen Mittler sind ganz besonders für eine schülerorientierte Planungsphase wichtig: Ihre Funktion liegt darin, Entscheidungsprozesse transparent zu machen und zu strukturieren.

3. *Selbst produzierte Medien* im Rahmen von Handlungsprozessen (z. B. eine Fotodokumentation, ein Video, gedruckte Texte der Schüler/innen, Modelle für eine Ausstellung, ein selbstgebautes Musikinstrument u.v.a.); diese Arbeitsergebnisse haben oft implizit oder explizit „Mitteilungscharakter", wollen also eine „Message rüberbringen" (wie die Medienspezis sagen);

4. Eine nicht zu ordnende *Flut von Medien* (besser wohl „Materialien") *aus der Lebenswirklichkeit* (Fotoalben, Zeitungsausschnitte, Illustriertenbilder, Interviews als Tonbandmitschnitte, Prospektmaterial von Firmen, Gesuchtes, Gefundenes, Gesammeltes aller Art, Untersuchungsgegenstände usw. usw.); diese Medien oder Materialien sind eben oft „ungewaschen", d. h. weder vom Lehrer durchgesehen noch unter pädagogischen Gesichtspunkten hergestellt.

Während die erste Gruppe von Medien für den Projektunterricht den Charakter einer „Materialkiste" hat, die relativ traditionell von Lehrern und Schülern benutzt werden kann, sind die unter 2., 3. und 4. genannten Medien spezifisch für die Eigenart des Projektunterrichtes.

Nicht zu unterschätzen – weil oft als banal verkannt – ist die Bedeutung der *unter 2. genannten* technischer Mittler z. B. für die kooperative Planung eines Projektes. Kooperativ heißt übrigens, daß Lehrer/in und Schüler/innen gemeinsam planen (*Bastian/Gudjons* 1993). Entsprechend stellt der Lehrer oder die Lehrerin zweckdienliche Medien bereit. Zum Beispiel hält eine *Wandzeitung* die Ergebnisse des ersten Planungsgespräches mit genauen Vereinbarungen fest. Sie bleibt als „Gewissen" dann während der Projektarbeit im Klassenraum hängen.

Sodann: *Wie können Ideen gesammelt, gewichtet und ausgewählt werden?* Wir haben gute Erfahrungen gemacht mit simplen Medien: Schüler/innen schreiben ihre Ideen, Vorschläge und Wünsche auf (große) *Karteikarten*. Dabei sollen sie ihre ganz persönlichen Fragen, „Forschungsinteressen" und auch ihre Handlungsideen (z. B. welche „Produkte" sie herstellen möchten, was sie erkunden wollen, wen sie befragen wollen, was sie untersuchen wollen etc.) notieren. Diese Ideen werden vom Lehrer – evtl. mit einer kleinen Schülergruppe gemeinsam – gebündelt, systematisiert und zu bearbeitungsfähigen Themen geordnet.

Eine große *Tapetenrolle* schließlich dient als *Ausgangsmedium*, um die bearbeitbaren Themen und Fragestellungen allen Schüler/innen transparent zu machen. – Wer ordnet sich nun welchem Themenschwerpunkt zu? Wir verteilen je Teilnehmer *Klebepunkte* verschiedener Farben: Rot ist „erste Wahl", blau die zweite. So ergibt sich ein für alle sichtbares Verteilungsspektrum der Interessen. Erst- und Zweitwahl sind wichtige Kriterien, arbeitsfähige Gruppen zu bilden.

Der *Projektplan* mit allen wichtigen Rahmendaten (Zeiten, Termine, Stundenplanvorgaben, materielle Bedingungen) und Vorhaben (Gruppenarbeiten) schließt die gemeinsame Planung zunächst ab, – auf *farbigem Karton* festgehalten hat er die Funktion der ständigen Visualisierung der Gesamtplanung. Damit werden Abweichungen und Revisionsnotwendigkeiten, wie sie sich im Verlauf dann meist ergeben, für alle transparent.

Besonderer Wert liegt in der *unter 3. genannten* Gruppe: Selbstgestaltung von Medien durch die Schüler/innen (z. B. bei der Präsentation der Projektergebnisse). Die Schüler/innen erhalten die Möglichkeit, sich die Inhalte ihrer Arbeit noch einmal dadurch gezielt anzueignen, daß sie diese für andere kommunizierbar und diskutierbar machen. Zugleich lernen sie etwas über die Wirkgesetze von Medien, von der richtigen „Verpackung" einer Information bis zu Manipulationsmöglichkeiten durch Medien.

So problematisch *die 4. Gruppe* ist, in ihr liegt gerade der eigentliche Reiz von Medien im Projektunterricht. Die „ungewaschenen „Medien wurden nicht für „künstliche" pädagogische Zwecke konstruiert, sondern haben „Ernstcharakter" und sind Teil der außerschulischen „wirklichen" Wirklichkeit, sie repräsentieren das Leben selbst. Sie sind darum auch nicht frei von Ungereimtheiten, Unverständlichkeiten, Widersprüchen, manche sind womöglich „jugendgefährdend", unmoralisch, platt und niveaulos oder aber viel zu schwierig, zu kompliziert oder aber ganz einseitig, parteilich, unausgewogen... Auf jeden Fall aber nötigen sie zur aktiven Auseinandersetzung, sie machen Kooperation nötig unter denen, die mit diesen Medien irgendetwas anfangen wollen, sie erfordern Distanzierung, selektiven Umgang, ihre Mehrdeutigkeit und Ungereimtheit zwingt zur Interpretation. Im Gegensatz zu didaktisch konzipierten Medien, die bisweilen zur Einweg-Kommunikation in der medialen Darbietung verleiten („Ich zeige euch jetzt dazu mal ein Bild..."), ist die aktive Auseinandersetzung mit den „ungewaschenen" Medien die Grundbedingung, sie überhaupt in schulische Lernprozesse einzubeziehen. Erst durch ihren Bezug zur Projektfragestellung werden sie brauchbar (oder nicht); sie unterliegen damit selbstkonstruktiven Sinngebungsprozessen durch die Schüler/innen.

Ein Beispiel

Eine Gymnasialklasse hat im Rahmen des Faches Gemeinschaftskunde/Politik das Thema „Minderheiten" zu behandeln. Die Lehrerin macht dies als Projekt. Eine Gruppe wählt das Thema: „Hafenstraße". Trotz Stirnrunzeln der Lehrerin (das ist doch keine „Minderheit" im soziologischen Sinn...) setzt sich die Schülergruppe durch. Sechs Jungen und Mädchen gehen auf Erkundung. Die Ausbeute: Eine Bandaufnahme mit einem Interview der Bewohner der umstrittenen Häuser (in dem diese u. a. ihre Praxis der gewaltsamen Vertreibung von Rechtsradikalen aus der Nähe ihrer Häuser verteidigen), ein Bericht einer großen Illustrierten über das Problem Hafenstraße (wohlwollend, aber streng rechtsstaatlich argumentierend), Flugblätter von Pro-Hafenstraße-Initiativen (einseitig, platte Propaganda), ein Video über die Besetzung der Stern-Redaktion durch die Hafenstraßenbewohner (wegen derer angeblich hetzerischen Berichterstattung), ein Protokoll über einen Polizeieinsatz (woher sie das bloß haben?), jede Menge Photos, Zeitungsberichte und schließlich ein Interview mit einem hohen Beamten der Innenbehörde...–

Kein Ministerium hätte diese „Medien" für den Gebrauch im Unterricht zugelassen, so „ungewaschen", wie sie sind. Was machen die Schüler und Schülerinnen? Trotz ihrer von vornherein vorhandenen Pro-Einstellung („Für ein friedliches Weiterbestehen der Hafenstraße.") sortieren sie die Materialien sorgfältig: Was sind die Tatsachen, was ist Propaganda, welche Hintergrundpositionen werden deutlich, mit welcher Absicht wurden die verschiedenen Medien hergestellt, welchen sprachlichen Charakter haben sie, wo liegt die Grenze zwischen „parteilicher Sach-Argumentation" und Demagogie, was bedeutet Standortgebundenheit einer Argumentation, – bis hin zur Diskussion inhaltlicher Probleme: Gewalt in der Gesellschaft, Gewaltmonopol des Staates, Notwehrproblem, Wirtschaftsinteressen kontra Wohnungsnot, Stigmatisierungsprozesse (nun ist man endlich beim Thema Minderheiten) u.v.a. – Die Präsentation der Arbeitsergebnisse der Gruppe vor einer äußerst interessierten Schülerschaft zeigt schließlich die Früchte dieser mühseligen Abarbeitung: Differenzierende Textkommentare zu den Bildern auf der Ausstellungswand, ein langes, aber spannendes Referat, fundierte Begründung der eigenen Erkenntnisse, Dokumentation des eigenen Einstellungswandels (vom platten Pro zum problembewußten Einerseits-Andererseits), kritische Analyse der Video- und Tonbandausschnitte, heftige Diskussion im Plenum. – Das Ganze hatte dann noch ein Nachspiel in der Presse, weil sich ein Elternvertreter über dies Projekt beschwert und die Presse informiert hatte. Ein neuer Anlaß für die Schüler, über „Medien" zu arbeiten...

(7) Soziales Lernen
Daß dies alles unmittelbar Kooperation und Kommunikation unter den Handelnden nötig macht, liegt auf der Hand. Zusammenarbeit in Gruppen, Koordination der Gruppenarbeiten zu einem Ganzen, Interessenausgleich, Konfliktlösung, – all' das sind soziale Lernprozesse, die ein Projekt fordert, aber auch ermöglicht.

Projektschritt 4: Die erarbeiteten Problemlösungen an der Wirklichkeit überprüfen

(8) Produktorientierung
Am Ende eines Projektprozesses stehen Ergebnisse, die wichtig sind für den Einzelnen oder die Arbeitsgruppe, aber auch für die gesamte Lerngruppe; sie haben einen Gebrauchswert oder aber einen Mitteilungswert. Ob es Daten über das Umweltbewußtsein der Menschen sind – dargestellt in Diagrammen oder Schautafeln, oder die Präsentation von Ergebnissen der eigenen „Forschung" in einem Rollenspiel oder die gemeinsame Ernte im selbstangelegten Schulgarten: Die Produkte sind die Probe aufs Exempel, an ihnen zeigt sich handgreiflich, welche Teile der Problemlösung einer Überprüfung standhalten und welche nicht. Die Lernenden überprüfen damit selbst: Haben wir unser Ziel erreicht, haben wir unsere Ausgangsfrage beantwortet, konnten wir andern die Ergebnisse verständlich vermitteln? Eigentlich macht dies eine Benotung durch den Lehrer nach der üblichen Praxis überflüssig.
Allerdings: Letztlich ist nicht allein das Produkt entscheidend, sondern auch die Qualität des Prozesses, der zum Produkt geführt hat. Wenn man aus Pannen lernt, kann das sogar zum „Lob des Fehlers" führen! Jeder Projektunterricht sollte daher mit einer gemeinsamen Auswertung abgeschlossen werden.
(9) Fächerübergreifendes Arbeiten
Wir haben schon gesehen, daß Projektthemen sich nicht an Fächergrenzen halten. Entweder sind mehrere Fachaspekte eingeschlossen (was für den Lehrer oder die Lehrerin manchmal zum Gefühl der Inkompetenz führen kann!) oder es haben tatsächlich mehrere FachkollegInnnen zusammengearbeitet. In beiden Fällen regt ein Projekt oft zur Weiterbearbeitung einzelner Aspekte in verschiedenen Fächern an. In der Regel sind die Schüler und Schülerinnen dazu ganz anders motiviert als im üblichen Fachunterricht.

(10) Grenzen des Projektunterrichtes
Es mag überraschen, daß „Grenzen" als ein Merkmal des Projektunterrichtes genannt werden. Aber während sich der traditionelle Fachunterricht bisweilen dünkt, alles vermitteln zu können, sich also für „grenzenlos" hält, ist der Projektunterricht bescheidener.

Lernen durch Erfahrung ist gut, – bleibt aber angewiesen auf die Einordnung der gewonnenen Erkenntnisse in größere Zusammenhänge, macht Üben und Trainieren nicht überflüssig, ist angewiesen auf systematische Erweiterungen, z. B. in der Form des Lehrgangs. Nichts wäre so falsch, wie Projektunterricht zu verabsolutieren und z. B. gegen den Lehrgang mit seiner klaren Stoffanordnung auszuspielen. Ich betone nachdrücklich: Der Projektunterricht hat dort seine Grenzen, wo die anderen Großformen des Unterrichts (wie das Üben, die thematische Unterrichtseinheit, der Lehrgang) ihren begründeten Stellenwert haben!

3. Warum Projektunterricht?

Ich nenne abschließend fünf Argumente.

a) *Das Argument der persönlichen Weiterentwicklung von Lehrern und Lehrerinnen*: Projektunterricht ist also ein herausforderndes Experiment nicht zuletzt für die eigene Person und Rolle des Lehrers oder der Lehrerin. Allein das genügt für viele zur Begründung, weil sie sich selbst als ständig in Bewegung verstehen und nicht in der Berufsroutine erstarren möchten.

b) *Das Argument der veränderten Sozialisation:* Es sind heute aber vor allem die tiefgreifenden Wandlungen in der Lebenswelt der Kinder und Jugendlichen, die handlungsorientierte Lernformen dringend erforderlich machen.
Vielfach beschrieben wurde das Zurückgehen von sinnlichen Erfahrungen aus „erster Hand", die Zunahme von sekundär vermittelten Erfahrungen „aus zweiter Hand" z. B. durch das Fernsehen, die konsumorientierte statt eigenaktive Kulturaneignung (Literatur kommt per Cassette), die abstrahierte Simulation der Welt durch den Computer, die Reduzierung von Erfahrungsmöglichkeiten durch den modernen Städtebau (Straßen sind nur noch effektive Verkehrswege statt Erlebnisraum der Kinder), das Schrumpfen sozialer Erfahrungsmöglichkeiten durch die Kleinfamilie (der Opa stirbt im Krankenhaus statt in der Familie) und vieles mehr (*Gudjons* 1997, S. 13 ff.).
Das ist kein kulturkritisches Gejammere, sondern die nüchterne Feststellung, daß die Wirklichkeit allmählich „verschwindet", wie Hartmut von Hentig es in einem Buchtitel ausdrückt (v. *Hentig* 1987). Heute muß die Schule verstärkt dafür sorgen, daß sinnliche Erfahrungen und eigentätige Verarbeitung möglich werden.

c) *Das Argument der Handlungstheorie und der Lernpsychologie:* In der neueren kognitiven Lern- und Entwicklungspsychologie ist überzeugend nachgewiesen worden, daß Lernen und Handeln eng zusammenhängen (*Piaget, Aebli*). Selbst scheinbar abstrakte Begriffe wie z. B. „Tarnfarbe" bei Tieren sind nichts anderes als codierte Handlungsschemata (einen Feind entdecken, sich täuschend der Umwelt anpassen, das Überleben sichern). Didaktisch gewendet heißt das: Unterricht kann nicht fertige Begriffe vermitteln, sondern muß die zugrunde liegenden Handlungen rekonstruierbar und erfahrbar machen, also so oft wie möglich handelnd das Denken aufbauen.

Und die Herausforderung vieler Sinne beim Lernen, die Nutzung unterschiedlicher „Eingangskanäle" für Informationen und die sensorische und motorische Aktivierung können Lernprozesse erheblich optimieren, weil sie u. a. die Vernetzung der durch Handeln erworbenen Einsichten, Kenntnisse und Informationen in die kognitive Struktur des Gehirns fördern (*Vester*). Ich habe dies ausführlicher dargestellt im „Pädagogischen Grundwissen" (*Gudjons* 1997) und beschränke mich hier auf diesen Hinweis.

d) *Das Motivationsargument:* Schüler und Schülerinnen arbeiten in der Regel motivierter an Vorhaben, die ihre eigenen sind, die für sie selber wichtig sind. Motivationspsychologisch bietet sich im Projektunterricht die Chance zur intrinsischen Motivation (um der Sache selbst willen), statt der extrinsischen Motivation, die auf äußere Belohnungen hofft.

e) *Das schulpädagogische Argument:* Wenn wir aus der Schule nicht allein mit Wissen vollgestopfte Kopffüßler entlassen wollen, sondern für die demokratische Gesellschaft handlungsfähige Menschen mit Sach-, Methoden- und Sozialkompetenz, dann bedarf der herkömmlich Unterricht dringend der Erneuerung durch handlungsorientierte Ansätze wie Projektunterricht.

Sie haben also gute Argumente auf Ihrer Seite,– warum nicht bald anfangen?

Literatur

Apel, H. J./*Knoll*, M.: Lernen aus Projekten. München 2001.
Bastian, J./*Gudjons*, H. (Hg.): Das Projektbuch II. Hamburg 1993, 2. Aufl.
Bastian, J./*Gudjons*, H./*Schnack*, J./*Speth*, M. (Hg.): Theorie des Projektunterrichts. Hamburg 1997.
Dewey, J.: Demokratie und Erziehung. Weinheim 1993 (zuerst 1916).
Dewey, J./Kilpatrick, W.H.: Der Projektplan. Weimar 1935.
Duncker, L./*Götz*, B. (Hg.): Projektunterricht als Beitrag zur inneren Schulreform. Langenau-Ulm 1988, 2. Aufl.
Frey, K.: Die Projektmethode. Weinheim 1990, 3. Aufl.
Gudjons, H.: Handlungsorientiert lehren und lernen. Bad Heilbrunn 1997, 5. Aufl.; 2001, 6. Aufl.
Gudjons, H.: Pädagogisches Grundwissen. Bad Heilbrunn 2001, 7. Aufl.
Hentig, H.v.: Das allmähliche Verschwinden der Wirklichkeit. München 1987.
Hänsel, D.: Handbuch Projektunterricht. Weinheim und Basel 1996.
Hänsel, D./*Müller*, H. (Hg.): Das Projektbuch Sekundarstufe. Weinheim 1988.
Knoll, M.: Europa – nicht Amerika. Zum Ursprung der Projektmethode in der Pädagogik 1702–1875. In: Päd. Rundschau, 44. Jg., 1991, S. 41–48.
PÄDAGOGIK, Heft 7/8 1993: Streit um den Projektbegriff.

Wo ich herkomme unterrichten wir natürlich ausschließlich nach dem Prinzip der Selbstregulation.

Und von welchem Sonnensystem kommen Sie?

4. Gruppenunterricht

Kooperativ arbeiten und lernen

1. Was Gruppenunterricht ist, weiß doch jeder ... – wirklich?

Drei Beispiele:

1. Beispiel

20 Schüler eines 8. Schuljahres arbeiten in Erdkunde am Thema „Afrika". Der Lehrer gibt die Anweisung: „So, jetzt setzt euch in den Tischgruppen zusammen und sucht Flüsse auf der Afrikakarte heraus, schreibt sie auf!" Fünf hospitierende Studenten nehmen voller Genugtuung zur Kenntnis, daß sich die Schüler nun zur Gruppenarbeit zusammenfinden: ein „fortschrittlicher" Lehrer, endlich einer, der die an der Hochschule als modern gepriesenen Verfahren anwendet, der kooperative Lernprozesse einleitet, der den Frontalunterricht überwunden hat. Jedenfalls sammelt der Lehrer für das spätere Auswertungsgespräch erst einmal Pluspunkte...

2. Beispiel

Fach Mathematik im 5. Schuljahr. Die Lehrerin: „Wer Nr. 4 der Hausaufgaben nicht allein lösen konnte, rechnet jetzt noch mal auf S. 25 Aufgabe 6 + 7. Das ist die erste Gruppe. Wer Aufgabe 1–3 nicht konnte: S. 25 Nr. 4 + 5. Das ist die zweite Gruppe. Wer alles konnte, kann mal S. 27 Nr. 1 probieren, Gruppe drei. Und wer mit allen Aufgaben nicht klar kam, kommt zu mir an die Tafel, ich erkläre es noch mal!" – Individualisierung – innere Differenzierung, Unterricht in Gruppen?

3. Beispiel

„Freie Arbeitsstunde": 25 Kinder eines dritten Schuljahres sitzen zu zweit, in kleinen Gruppen, in Ecken, einige arbeiten mit einer Kartei (Rechtschreibe-Wende-Kärtchen), andere hantieren an einer kleinen Druckerei, eine Gruppe untersucht Pflanzen mit Hilfe von Arbeitsblättern. Emsiges Treiben, die Lehrerin wandert hin und her, alles arbeitet in Gruppen, selbständig, diszipliniert, in freier Initiative: Hochform von Gruppenunterricht? Schien es zunächst klar, was Gruppenunterricht (GU) ist, so lassen sich aus der Analyse der drei Beispiele einige Bestimmungskriterien dafür ableiten, was denn nun Gruppenunterricht – und was vielleicht „Pseudo-Gruppenunterricht" (E. *Meyer* 1970, 157) ist.

Zum ersten Beispiel: Eine Zusammenarbeit in den Gruppen ist im Grunde nicht erforderlich. Die Aufgabenstellung („Flüsse suchen") zielt lediglich auf reproduktive Leistungen, Mitbestimmung der Aufgabenstellung oder selbständige Entwicklung eines eigenen Lösungsweges der Gruppe sind ebenso wenig möglich wie eine Einsicht in die Bedeutung der Gruppenarbeit für den weiteren Verlauf des Unterrichtes. Frontalunterricht, – nur an die Gruppe delegiert ...

Zum zweiten Beispiel: Die Bildung von kurzfristigen „Gruppen" (besser: Unterteilungen) nach spezifischen Leistungskriterien (hier sehr diffus nach Defiziten) ermöglicht ebenfalls keine Interaktion in den Gruppierungen. Die „Könner" und die „Nicht-Könner" in Mathe werden getrennt. Individualisierung nach Leistung, – immer noch keine „richtige" Gruppenarbeit ...

Zum dritten Beispiel: Gruppenaktivitäten sind noch kein Gruppenunterricht, sie haben keinen Bezug zueinander und werden nicht in einen für die ganze Klasse intendierten Lehr-/Lernprozeß integriert. Selbständigkeit, freie Initiative und die scheinbare Hochform der Individualisierung drohen für den gemeinsamen Unterricht bedeutungslos und in sich zusammenhanglos zu bleiben. Freie Arbeit, – wo bleibt das „Soziale" in der Gruppenarbeit? Also:

2. Was ist Gruppenunterricht?

Auf keinen Fall eine „Methode". Warum nicht?

• GU – als Aufteilung einer Klasse oder Lerngruppe in kleinere Untergruppen – ist zunächst (nur) eine „Sozialform" des Unterrichtes, nicht aber per se bereits eine „Methode". Andere Sozialformen sind z. B. Einzelarbeit, Partnerarbeit, Klassen-(Frontal) Unterricht.

• Wer „Sozialform" vorschnell mit „Methode" gleichsetzt („Ich unterrichte nach der Methode des GU"), übersieht, daß er im Rahmen methodischer Überlegungen erheblich mehr und erheblich Komplizierteres zu leisten hat. Die Komplexität methodischer Entscheidungen ist ihrerseits wiederum eingebunden in den Zusammenhang von Zielen, Inhalten, Artikulation (Gliederung), Aktionsformen, Medien und institutionellen Rahmenbedingungen des Unterrichtes. (*Terhart* 1989, 22 ff.) Das sind keine abstrakten theoretischen Überlegungen, sondern praktische Planungsnotwendigkeiten.

• Ferner: Gruppenarbeit im Rahmen des „normalen" Unterrichtes ist auf vielfältige Weise und in sehr unterschiedlichen Formen möglich. (PÄDAGOGIK H. 1/1992)

Unterschieden werden im wesentlichen sechs Formen (*Prior* 1985, 143 ff.):
1. Die tägliche Kleingruppenarbeit, z. B. als ständige Form der inneren Differenzierung im Leseunterricht eines ersten Schuljahrs: Gruppen werden nach Lese-

bedürfnis gebildet, so daß je nach Lernschwierigkeit bestimmten Kindern gemeinsam geholfen werden kann.

2. *Die kurzzeitige themengleiche Kleingruppenarbeit*: Sie wird in allen Fächern und Klassenstufen möglichst häufig angewendet, Dauer 5–20 Min., vor oder nach der Vermittlung von Informationen, zur Vertiefung, Bearbeitung oder Neugewinn von Informationen, zur Übung, aber auch zur Anbahnung länger dauernder, selbständiger Kleingruppenarbeit.

3. *Die arbeitsteilige Kleingruppenarbeit*: Im Rahmen einer umfangreicheren Unterrichtseinheit (Beispiel: 8. Schuljahr, Geschichte – die Stadt im Mittelalter) wählen die Schüler ihr Gruppenthema auf der Grundlage eines vom Lehrer strukturierten Material- und Inhaltsangebotes; Dauer: mehrere Fachunterrichtsstunden. – Diese Form gilt als die „klassische", aber auch als didaktisch anspruchsvollste Art von Gruppenunterricht.

4. *Die „funktionalistische Gruppenarbeit"*, die immer wieder in zeitlich begrenzten Phasen in den (Frontal-) Unterricht eingeschoben wird. Die Aufgaben können, z. B. im Literaturunterricht beschreibend, analysierend oder bewertend sein. Die Aufgabenstellungen haben damit eine bestimmte Funktion für den Ablauf der Unterrichtseinheit im Klassenunterricht.

5. *Die Gruppenarbeit im Konzept eines „Offenen Unterrichts"*. Gruppen arbeiten mit unterschiedlicher Zielsetzung und flexibler Zusammensetzung, z. B. an kleinen Projekten, aber auch an anderen Aufgaben und Themen: von Rollenspielgruppen über Rechenübungsgruppen bis zu Lese- oder Rechtschreibgruppen u. a. m.

6. *Die Kleingruppe als ständige Arbeits- und Sozialform*, auch bekannt als „Tischgruppe". Sie ist nicht nur die kleinste Einheit im Team-Kleingruppen-Modell der Unterrichtsdifferenzierung, sondern kann als feste Arbeitsgruppe auch äußerst flexibel und mit einer Fülle von Funktionen in Unterricht und Schulleben eingesetzt werden. Sie leistet einen erheblichen Teil der normalen unterrichtlichen „Lernarbeit" gemeinsam.

Neuere Reformansätze in der Schule (z. B. des Praktischen Lernens, der Projektarbeit, des handlungsorientierten Lernens, der Community-Education u. v. a.) zeigen, daß Gruppenarbeit nicht nur in der „klassischen" Form des Gruppenunterrichtes (s. o. 3: zeitweilige Auflösung des Frontalunterrichtes in Schülerkleingruppen) möglich ist: Schüler und Schülerinnen bilden Gruppen, um die Pflege des Schulgartens zu übernehmen, organisieren selbständig eine Musikgruppe mit Jugendlichen des Stadtteils, renovieren ein altes Fachwerkhaus arbeitsteilig, erarbeiten ein Theaterstück oder Hörspiel als „Spezialisten" für unterschiedliche Aufgaben wie Bühnenbild, Ausstattung, Kostüme u. a. m. Schulbezogene Gruppenarbeit ist das alles, wenn auch nicht immer Gruppenunterricht. Angesichts dieser vielfältigen Möglichkeiten schulischer „Gruppenarbeit" ist es

zweckmäßig, von „Gruppenunterricht" in einer genaueren, eingeschränkten Definition zu reden: „Von Gruppenunterricht kann erst dort gesprochen werden, wo der Klassenverband auf Zeit in Kleingruppen aufgelöst wird, und diese – bei definierter Aufgabenstellung – jeweils eigenständige Lösungen erarbeiten, die ggf. wieder in ein Gesamtergebnis eingebracht werden." (*Terhart* 1989, 22 ff.) – Anders formuliert:
Wir verstehen unter (Klein-)Gruppenunterricht im engeren Sinn einen Unterricht
• in Kleingruppen (meist 3–6 Schüler) *einer Klasse*;
• beim selben *Lehrer*, zur selben *Zeit*, meist auch im selben *Raum*
• mit *Aufgabenstellungen*, die in einem unterrichtlichen Zusammenhang stehen und auf die Entwicklung von Kooperationsfähigkeit, auf forschend-entdeckendes Verhalten und gemeinsame Problemlösungen zielen.

„Machen Sie Gruppenunterricht?" – „Ach, selten ...“

Hage u. a. (1985, 47) haben ermittelt, daß in der Sekundarstufe der Klassenunterricht mit 77 % überwiegt, hingegen Gruppenarbeit nur in 7 % der Fälle zu beobachten war! Die Gründe für die Zurückhaltung vieler Praktiker (*Prior* 1985, *Huber* 1985) sind:
• Klagen über mangelnde räumliche und materielle Bedingungen, Furcht vor den realen Schwierigkeiten der Organisation, dem Arbeitsaufwand bei den Lehrenden und der fehlenden sozialen und methodischen Kompetenz bei den Schülern,
• Orientierung der Schule auf die reine Stoffvermittlung, das Lehrpensum, die Überbetonung kognitiven Lernens, die Individualleistung, Schwierigkeit der individuellen Leistungsüberprüfung, Geringschätzung des sozialen Lernens und der sozialpädagogischen Funktion von Schule,
• bei vielen Lehrern und Lehrerinnen fehlende Voraussetzungen in der didaktisch-methodischen Kompetenz, aber auch in der positiven Einstellung zum Gruppenunterricht, Sorge vor einer unökonomischen Lernweise (Stoffvermittlung lieber „effektiv" im Frontalunterricht), vor Chaos und Disziplinproblemen,
• verbreitete literarische Überhöhung und Idealisierung des Gruppenunterrichtes, die eher abschreckt als motiviert,
• bis zu emotionaler Abwehr und Angst vor Unbekanntem, Risikoreichem und Anstrengendem, das den ohnehin zermürbenden Unterrichtsalltag zusätzlich belastet.

Weder die Fülle der immensen didaktischen Literatur noch zahlreiche empirische Untersuchungen zum GU konnten bisher diese Skepsis beseitigen und auf breiter

Linie zu einer stärkeren Praktizierung von GU verhelfen. Bleibt Gruppenunterricht ein bloßer Wunsch?
Keineswegs. Die Entwicklung von Konzepten und Praxisbeispielen für den GU ist nicht stehen geblieben. (Ausführliche Informationen, Praxisbeispiele und Literatur finden Sie in dem vom Verfasser herausgegebenen „Handbuch Gruppenunterricht" 1993) – Von den 70er Jahren bis in die 90er sind es vor allem vier Einflußgrößen, die diese Entwicklung vorangetrieben haben, so daß sich heute eine lebendige Diskussion abzeichnet (näheres ebd.):
• die Diskussion um die politische Bedeutung sozialer Lernprozesse (im Anschluß an die Emanzipationsdebatte)
• eine Fülle von neueren sozialwissenschaftlichen Theorien
• die angewandte Gruppendynamik
• eine auf realistische Erwartungen konzentrierte Gruppenunterrichtsdidaktik.
Diese wichtigen Tendenzen haben die praktische Gestaltung des Gruppenunterrichts erheblich beeinflußt.

3. Praxis des Gruppenunterrichts: Planung – Durchführung – Auswertung

3.1 Wie kann GU eingeführt werden?

Abgesehen von kurzfristigen Spontangruppen (zum Beispiel: „Setzt euch zu viert zusammen und sucht nach Möglichkeiten, wie man die Kolbenbewegung beschleunigen kann!") werden die Möglichkeiten von Kleingruppenarbeit erst voll wirksam, wenn sie langfristig eingeführt worden sind. Gruppenunterricht ist inzwischen auch gründlich empirisch untersucht worden (*Dann/Diegritz/Rosenbusch* 1999) sowie daraus folgend in unterrichtspraktischen Konsequenzen dargestellt worden (Nürnberger Projektgruppe 2001, PÄDAGOGIK H. 1/2002). Zahlreiche Beispiele belegen, daß GU bereits in der Grundschule möglich und erfolgreich ist, ebenso in der Sekundarstufe und der Sonderschule. (*Meyer/Winkel* 1991, *Gudjons* 1993) Der Übergang vom Frontalunterricht zur Kleingruppenarbeit erfolgt sinnvoller Weise in kleinen Schritten:
• Anfangs zum Beispiel Ausgliederung *einer* kleinen Gruppe mit einem gegebenen oder selbstgewählten Arbeitsauftrag („Ihr vier überlegt mal, wie die Geschichte zu Ende gehen könnte und berichtet uns dann darüber"),
• Phasen von Partnerarbeit („Besprecht mit eurem Nachbarn kurz, was ihr zu Hause erarbeitet habt"),
• dann kurzfristige Gruppenarbeit der gesamten Klasse („Zehn-Minuten-Gruppen" z. B. zur Aufgabe: „Vergleicht mal die Tabellen zur Körpertemperatur und zum Herzschlag des Igels im Sommer und im Winterschlaf"),
• später regelmäßige Gruppenarbeitsphasen in einer Stunde, zum Beispiel zur Vorbereitung des nächsten Unterrichtsabschnittes („Wir haben uns mit Kernspaltung beschäftigt. Was müßten wir nun über die 'friedliche' Nutzung der Atomkraft wissen?")

• Aber auch Einübungen bestimmter arbeitsmethodischer Fertigkeiten wie Nachschlagen in Büchern, Stichwörter protokollieren, Bedienung eines Kassettenrecorders, darüber hinaus: Zuhören können, andere zur Meinungsäußerung ermuntern, Gruppenarbeit bewerten usw. sind trainierbar.

Oft ist das Scheitern der Gruppenarbeit bereits dadurch vorprogrammiert, daß die Schüler von der Neuartigkeit der Situation und den an sie gestellten Anforderungen überfahren werden, Mißerfolge erleben und die Freude an der Gruppenarbeit rasch verlieren – ebenso wie der Lehrer, der Gruppenarbeit deshalb bereits im Anfangsstadium schon wieder abbricht. Darum zwei

Praxistips

1. Achten Sie immer wieder auf das *Klassengespräch,* in dem modellhaft Spielregeln der Gesprächsführung (z. B. ausreden lassen, die Stillen ermuntern, die Dauerredner bremsen, eine Gespräch zusammenfassen, das Wort erteilen, das Thema im Blick behalten) eingeübt werden. Lassen Sie so oft wie möglich einen Schüler oder eine Schülerin die Gesprächsführung übernehmen, – nach einiger Zeit mögen die SchülerInnen dies! Schließen Sie Fragen an wie: Wer war aktiv? Wer blieb passiv? Wo gab es Unaufmerksamkeit, wo Konflikte? Wie gingen wir damit um? Ist das Thema zu Ende diskutiert? (Weitere Anregungen bei *Gudjons* 1995)

2. Aber auch die Fähigkeit zur *(Mit-)Planung* von Arbeitsprozessen läßt sich im Vorwege üben (z. B. durch Sammeln von Ideen auf Karteikarten mit anschließender Gruppierung zu Themenschwerpunkten für alle sichtbar an der Wand, wobei Klebepunkte der Schüler – jeder erhält einen roten und einen grünen – die Erst- und die Zweitwahl veranschaulichen; anschließend läßt sich eine Arbeitsverteilung leicht organisieren.)

3.2 Planung

Planung, Durchführung und Auswertung laufen nicht streng zeitlich nacheinander ab. Eine Gruppe entdeckt z. B. während der Durchführung Planungsfehler, sie korrigiert sich, revidiert die Arbeitsschritte und plant neu: Planung wird Teil der Arbeitsdurchführung. Oder: Die Gruppen merken bei der Vorstellung ihrer Ergebnisse in der Klasse, daß wichtige Aspekte noch vertieft werden müssen: die Auswertung wird Durchgangsstadium. Also kein starres Ablaufschema ...

Was muß vorgeplant werden?
Vor Beginn einer Unterrichtseinheit mit Gruppenunterricht stellt der Lehrer oder die Lehrerin wie sonst auch üblich die wichtigsten thematischen Aspekte, Aufgaben, Ziele und mögliche Materialien zusammen. Bei der Planung der verschiedenen Unterrichtsphasen muß er/sie folgende Fragen klären:

a) Welche *Aufgabentypen* gibt es innerhalb des Themas (und welche „Denkleistungen" fordern sie)? Dabei ist z. B. zu unterscheiden, ob die Gruppe mit einer *Aufgabe* (die Lösung steht fest) oder einem *Problem (die Lösung ist offen)* konfrontiert werden soll. Auf jeden Fall braucht eine Gruppe geeignete Arbeits- oder Lerninstruktionen, bei denen man drei Grundtypen unterscheiden kann:

– *Geschlossene Arbeitsaufträge* („Stellt zu den drei Behauptungen des Textes jeweils die Gegenthese auf"),

– *offene Arbeitsaufträge* („Denkt Euch für den Satz von … ein eigenes Beweisverfahren aus") und

– *freie Arbeitsaufträge* („Gruppe 1 übernimmt die Gestaltung des Klassenraums für den Elternabend, Gruppe 2 entwirft die Einladungen").

b) Welche unterschiedlichen *Sozialformen* sind geeignet für verschiedenen Unterrichtsabschnitte (vom Frontalunterricht über Partnerarbeit bis zur themengleichen oder arbeitsteiligen Kleingruppenarbeit)?

c) Wie können die unterschiedlichen Sozialformen in eine sinnvolle *Reihenfolge* gebracht werden?

Ein Beispiel: Die Klasse bearbeitet das Thema „Eskimos". Am Anfang stehen *frontal vermittelte Informationen* zur Herstellung des gleichen Informationsstandes als Ausgangsbasis. Der Lehrer gibt z. B. mit Hilfe von Bildern einen kurzen Überblick über Nordpol, Grönland, Lebensweisen der Eskimos.

Es folgt ein *Unterrichtsgespräch in der Klasse* zur Definition von (Teil-) Problemen und Organisation der Gesamtarbeit: Am Ende steht an der Tafel: 1. Eskimos früher und heute, 2. Jagd und Ernährung, 3. Das Leben in Eis und Schnee, 4. Sitten und Bräuche bei den Eskimos u. a. m.

Es werden *Kleingruppen* nach thematischem Interesse gebildet und ein Gesamtarbeitsplan auf einer Wandzeitung festgehalten (Gruppenzusammensetzung, Zeitplan, Mediennutzung etc.). Wenn nötig, formuliert der Lehrer konkrete Instruktionen für die Gruppen.

Kleingruppenarbeit schließt sich an zum Sammeln und Auswerten der Materialien usw. – *Einzel- oder Partnerarbeit* zur Ausführung von Teilaufträgen (z. B. kleine Texte schreiben, Bilder aufkleben) sind darin eingeschlossen.

Am Ende steht ein *Kreisgespräch,* in dem Gruppen ihre Ergebnisse vortragen und die Klasse nachfragen kann.

Vorliegende Beispielsammlungen zeigen, daß *fast jedes Unterrichtsfach* und jede Unterrichtseinheit einige Probleme enthalten, die im Gruppenunterricht bearbeitet werden können. Eine Entscheidung für arbeitsgleiches oder arbeitsteiliges Vorgehen sollte nicht ein für alle Mal gefällt werden. Längerfristig liegen in der arbeitsteiligen Gruppenarbeit Vorzüge, allerdings nur, wenn die Arbeitsbereiche nach Attraktivität und Schwierigkeit etwa gleichwertig sind. *Fuhr* u. a. (1977)

empfehlen dabei, drei Wochen für einen Arbeitsabschnitt bei vier bis fünf Wochenstunden (möglichst oft in Blockform) nicht zu überschreiten. Sehr arbeitsintensiv für den Lehrer ist die *Auswahl von Medien und Materialien.* Günstig sind vor allem „offene" Lernmaterialien, die auch kontroverse Standpunkte zum Thema provozieren, die verschiedene Lernwege ermöglichen und von daher eine stärkere Mitbestimmung der Schüler unterstützen. Darüber hinaus sind Ernstsituationen oft fruchtbarer als vermittelte Formen der Präsentation; Erkundungen, Aktionen, Beobachtungen usw. in der Lebenswirklichkeit haben in der Regel stark motivierende Kraft.

Aufgaben formulieren
Bei der *Formulierung von Aufgaben,* die anfangs mit großer Sorgfalt vom Lehrer geplant werden müssen, später mehr und mehr in die Planungskompetenz der Gruppe übergehen sollten, sind einige *Kriterien* wichtig. (*Fuhr* 1977, *Huber* 1985)
Erstens: Als Aufgabentypen für die Kleingruppenarbeit eignen sich vor allem das Analysieren, Konstruieren, Vergleichen, Kombinieren, Probieren, Kalkulieren, Entscheiden usw. – also solche Aufgaben, die statt einfacher reproduktiver Denkleistungen mehrere Möglichkeiten enthalten und in mehrfacher Richtung auffordern. Sie sollten einen Interaktionsprozeß in Gang setzen, ohne den die Aufgabe nicht bewältigt werden kann.
Also statt: „Lest im Chemiebuch über die chemische Zusammensetzung des Zuckers nach und berichtet darüber"! – eine Anleitung zu einfachen Versuchen, Anregungen zu Hypothesen, Erklärungen, Einbeziehung von Alltagsbeobachtungen usw. – Etwas „herstellen" ist günstiger als nur etwas „aufzunehmen". So kann im Anschluß an das Vorlesen einer Kurzgeschichte eine Gruppe den Auftrag erhalten, die Pointe in einer Pantomime darzustellen, eine andere die Geschichte als Sketch (Rollenspiel) vorzuspielen, eine dritte soll sich zu einer Schlüsselszene eine Standbild überlegen und darstellen, eine vierte ein großes Bild malen, eine fünfte eine Textkollage unter Verwendung eines ähnlichen Textes herstellen usw.
Zweitens: Die Arbeitsaufträge sollen überschaubar sein und Arbeitsaufwand, Einzelaktivitäten und Ziel erkennen lassen.
Zum Beispiel: „Ziel Eurer Gruppenarbeit soll sein, daß Ihr ein Gespräch von etwa fünf Minuten Länge über ... mit verteilten Rollen vor der Klasse vorspielen könnt. Alle Mitglieder Eurer Gruppe sollen gleichmäßig am Gespräch beteiligt sein."
Drittens: Arbeitsaufträge sollen nicht eine Abfolge von Lernschritten darstellen, sondern Lösungshinweise für Teilprobleme geben. Zum Beispiel, statt: „Schlagt auf ..., lest ..., unterstreicht ..., faßt zusammen ..." – besser: „Ihr sollt gemeinsam

eine Kurzfassung des Textes anfertigen und dabei auf einer Seite das wiedergeben, was ihr für wichtig haltet." Arbeitsaufträge sollen auch ermöglichen, daß Schüler die Verantwortung für einzelne Schritte oder Tätigkeiten unter sich aufteilen können. Doch Vorsicht vor einem bloß additiven Kooperationstypus!

Viertens: In Arbeitsaufgaben sollten Entscheidungssituationen für die Gruppe angelegt und Anregungen für die Präsentation der Ergebnisse enthalten sein. Zum Beispiel: „Folgende Hilfsmittel stehen Euch zur Verfügung: Folie, Matrize, Kassettenrecorder, Pappe …"

Fünftens müssen die *Rahmenbedingungen* je nach konkreter Unterrichtssituation arrangiert werden: Dauer der Einheit, zeitlicher Spielraum für die Gruppen, Absprachen mit anderen (Fach-)Lehrern, Anordnung der Tische, Materialecken im Raum, ggf. Informationen der Eltern usw. – Praxistip: Informieren Sie die Eltern auf dem nächsten Elternabend unbedingt über die Vorteile des Gruppenunterrichts (s. u.), die meisten Eltern sind dann durchaus aufgeschlossen!

Wie können Gruppen gebildet werden?

Sie können Gruppen im wesentlichen nach vier Kriterien bilden:

• *Leistung bzw. spezifische Fähigkeiten: Homogene* Gruppen sind geeignet, wenn über längere Zeit ein nach Leistungsfähigkeit differenziertes Thema bearbeitet wird (Beispiel: Sie wollen Algebra mit Fundamentum und Additum unterrichten). *Heterogene* Gruppenzusammensetzung ist sinnvoll, wo keine themengleiche Gruppenarbeit gemacht wird und wo besonders auch schwache Schüler zu integrieren sind (Beispiel: Unterschiedliche Aspekte zum Thema „Müll" werden in Gruppen erarbeitet).

• *Soziale Beziehungen* (Freundschaftsgruppen), wobei solche Gruppen manchmal dazu neigen, im eigenen Saft zu schmoren. Freundschaftsgruppen sollten daher immer einmal wieder durch Arbeit in anderen Zusammensetzungen ergänzt werden.

• *Interessen* (zum Beispiel nach Teilthemen), wobei oft kompromißorientierte Aushandlungen nötig sind, wenn sich zu viele Interessenten für eine Gruppe melden.

• *Zufall* (zum Beispiel Los) oder auch konstant bleibende Tischgruppen.

Nach einiger Erfahrung mit dem Gruppenunterricht werden die Schüler mehrere Kriterien beachten, die sich zum Teil ergänzen oder korrigieren, zum Beispiel werden sich nach der Aufgliederung eines Bereiches in Teilthemen Gruppen bilden, die „Sachinteresse" und „soziale Beziehungen" verbinden, oder solche, die sich sowohl an „spezifischen Fähigkeiten" einzelner als auch am „Sachinteresse" orientieren.

Entscheidende Frage ist dabei, wie stark der Lehrer/die Lehrerin jeweils lenkend *eingreifen* soll. Während die völlig freie Gruppenbildung durch die Schüler zum Beispiel problematisch für Außenseiter ist, ja zu anarchischen Verhältnissen führen kann, stößt die total vom Lehrer gesteuerte Aufteilung nicht selten auf massiven Widerstand der Schüler. Sinnvoll ist vor allem bei Neugruppierungen ein Aushandeln, bei dem die Schülerwünsche und -vorschläge ebenso ernstgenommen werden wie die Interessen des Lehrers, insbesondere dann, wenn letztere sich auf Integration problematischer Schüler richten. Korrigierendes Eingreifen des Lehrers ist hier also nicht mit Gängelung zu verwechseln!

Die *Gruppengröße* muß so begrenzt werden, daß es einerseits genug individuelle Stärken gibt, die Gruppenaufgabe zu lösen, aber die Gruppe darf nicht größer sein, als daß alle diese Fähigkeiten auch tatsächlich voll ausgenutzt werden. Das heißt erfahrungsgemäß: In der Regel größer als drei, kleiner als acht, in der Regel eher möglichst heterogen. – Erfahrungen zeigen, daß sich arbeitsorientierte Schülergruppen oft so zusammenfinden, daß die Teilnehmer sich in vieler Hinsicht ergänzen (Komplementärfunktion freier Gruppenbildung).

3.3 Durchführung

Für die Durchführung ist vor allem eine angemessene (Selbst)*Organisation der Gruppe* nötig. Anfangs helfen sogar bestimmte „Rituale":
• Lesen (später: Selbstformulieren) des Arbeitsauftrages
• Einigung auf Vorgehensweise und Arbeitsteilung
• Einbringen der Teilergebnisse durch einzelne in die Kleingruppe, Diskussion
• Gemeinsame Formulierung von Ergebnissen
Vorsicht ist aber geboten vor allzu rigider Arbeitsteilung *innerhalb* der Gruppe. Soll der gemeinsame Arbeitszusammenhang gewahrt und eine bloße Addition von Einzelbeiträgen vermieden werden, müssen alle entscheidenden inhaltlichen Fragen gemeinsam bearbeitet, diskutiert und die Ergebnisse in der Gruppe vorformuliert werden.

Notwendig ist ferner die Beherrschung elementarer *Arbeitstechniken* wie zum Beispiel: Teilprobleme definieren und daraus Arbeitsschritte ableiten, die zur Verfügung stehende Zeit richtig einteilen, Medien bedienen, Protokollieren, Exzerpieren usw. – Aber auch Techniken wie Brainstorming (einschließlich dessen Auswertung!), Verfahren zur schöpferischen Problemlösung, Fall-Studie, Rollenspiel, Experiment, Beobachtung, Erkundung usw. sind für die Aufgabenbewältigung nützlich.

Auch ist es äußerst hilfreich, daß jede Gruppe im Laufe ihrer Arbeit „*Spielregeln*" definiert und diese regelmäßig auch reflektiert – eine langfristige Aufgabe. Manche Klassen formulieren ihre Spielregeln auch schriftlich und hängen sie im Klassenzimmer aus.

Wichtige Spielregeln
- Entscheidungen sollen aufgrund eines hohen Informationsstandes aller Mitglieder gefällt werden.(„Wir warten, bis jede/r alles wirklich kapiert hat"). Vorschnelle Entscheidungen (durch die Dominanten forciert) führen oft dazu, daß die Langsameren bald die Lust verlieren, weil sie sich mit der Entscheidung nicht identifizieren konnten.
- Jeder muß die Möglichkeit haben, sein Votum abzugeben, Zuhören und Ausredenlassen gehören ebenso dazu wie Nachfragen und konstruktiv Kritisieren. („Moment mal, – wen haben wir übergebügelt?")
- Eine fortgeschrittene Gruppe wird auch „Störungen" im emotionalen Bereich (Unzufriedenheit, Wut, Langeweile, Enttäuschung usw.) wahrnehmen und ihre Anmeldung/Bearbeitung jederzeit auch während der Sacharbeit zulassen; ein „ausgestiegenes" Mitglied nützt sich selbst und auch der Gruppe wenig. („Waren wir zufrieden mit unserer heutigen Gruppenarbeit?")

Hier muß der Lehrer aber sorgfältig auf das Gleichgewicht von Produkt- und Prozeßorientierung achten. Daraus darf keine grundsätzliche Alternative gemacht werden: Wird der Akzent ausschließlich auf die *Erstellung eines Produktes* gelegt, dann verkümmern die Lernchancen auf dem breiten Feld der sozialen Prozesse der Gruppenarbeit, – eine schulische Lerngruppe wird unter der Hand zur Produktionseinheit eines Betriebes. Dabei können sich nicht geklärte Beziehungs- und Interaktionsstörungen dann aber „kontraproduktiv" als Sand im Getriebe erweisen. – Wird hingegen die *soziale und gruppenpädagogische Ebene* einseitig in den Vordergrund gestellt, geraten die Arbeitsziele leicht in Vergessenheit, aus der Lern- und Arbeitsgruppe wird eine Selbsterfahrungsgruppe, die von der Bearbeitung ihrer Gruppendynamik lebt statt Sachergebnisse zu produzieren. Die hohe Kunst liegt genau in der Vermittlung dieser beiden Ebenen ...
- Während der Durchführung kann es sinnvoll sein, die Gruppenarbeit kurzzeitig zu unterbrechen, sich im Kreis zusammenzusetzen und ein Zwischenresümee der Gruppen zu erbitten, Planungskorrekturen oder für alle relevante Probleme zu besprechen. Grundsätzlich ist es wichtig, daß der Lehrer während der Kleingruppenphase nur mit *einer* Gruppe oder mit einzelnen spricht, niemals aber die Gruppen unterbricht mit einem lautstarken „Hört mal alle her". Das Ritual des Kreises vermeidet solche störenden Spontaninterventionen.
- Die Lehrkraft sollte den Mut haben, auch für längere Zeit die Gruppen wirklich allein arbeiten zu lassen, d. h. vorne sitzen zu bleiben und nicht ständig von Gruppe zu Gruppe zu laufen. Sinnvoll ist, daß die Lehrkraft genau beobachtet und sich Notizen macht, um später daraus für die Gruppe hilfreiche Rückmeldungen zu entwickeln.

3.4 Auswertung

Im Mittelpunkt steht die Vermittlung der Sacharbeitsergebnisse an die Klasse und deren Verarbeitung für den nächsten Unterrichtsabschnitt. Ohne die Integration von Teilergebnissen einzelner Gruppen zu einem Ganzen fehlt ein wichtiges Glied im Gesamtkonzept. Auch für die Selbstkontrolle der Gruppe ist die Formulierung von Arbeitsergebnissen ebenso wichtig wie eine Zusammenfassung ihres Arbeitsprozesses.

Schnell erschöpft ist die Aufnahmefähigkeit auch gutwilliger Zuhörer, die zu gähnen beginnen, wenn eine Gruppe nach der andern durch Frontalinformation ihre Ergebnisse vorträgt. Gleichwohl ist dies im Einzelfall möglich, wenn eine Gruppe ihre Präsentation mit Bildern, Dias, Skizzen oder gar einem Video-Film unterstützt.

Als abwechslungsreichere Möglichkeiten bieten sich u. a. an:

Präsentation von Arbeitsergebnissen

- *Schriftliche Ergebnismitteilung* (Matrizen, Kopien) für alle Schüler.
- *Wandzeitungen* (Zwischenergebnisse, Endergebnisse), die von einem Gruppenvertreter anderen Kleingruppen erläutert werden.
- *„fish-pool"*: Eine Gruppe sitzt in der Mitte der Klasse und diskutiert ihre Ergebnisse, auf einen freien Stuhl kann sich jeder setzen, der mitdiskutieren, Fragen stellen, Gegenmeinungen äußern usw. will. *Variante*: Je ein Gruppenvertreter sitzt im fish-pool, diese Gruppe diskutiert unter einer Leitfrage die Teilaspekte der jeweiligen Gruppen (schwierigere Form).
- *„Expertenbefragung"*: Die Gruppe sitzt vorne und läßt sich befragen (entweder durch vorbereitete Fragen einzelner Mitglieder oder durch Fragen aus der Klasse).
- *Szenen- oder Rollenspiel*: Die Gruppe kleidet ihre Ergebnisse in ein erfundenes Spiel (evtl. mit Möglichkeiten zur Befragung der Rollenspieler).
- *Ausstellung* der Arbeitsergebnisse: hergestellte Produkte, Bilder, Texte, Modelle usw.
- *Mischgruppen* (in jeder der ad hoc gebildeten neuen Gruppen ist jede alte durch mindestens einen Schüler vertreten; diese Gruppen tauschen die Arbeitsergebnisse aus und diskutieren sie).

Eine Kombination verschiedener Formen ist sicher zweckmäßig, ebenso wie das Einüben der einzelnen Formen in anderen Zusammenhängen.

Eine schwierige und weitgehend noch ungelöste – Problematik des GU liegt in der *Leistungsbewertung* durch den Lehrer. Nicht nur die Einzelleistung muß beurteilt werden, sondern auch die gemeinsame Leistung der Gruppe, wobei eine bloße Benotung zu pauschal und wenig aussagekräftig ist. Eher geeignet sind Rückmeldeverfahren durch den Lehrer oder die Lehrerin, z. B. der Gruppe einen Brief zu schreiben oder die eigenen Beobachtungen der Gruppe im Gespräch mitzuteilen. Ein ebenfalls ungelöstes Problem ist die Frage der Einzelbewertung individueller Leistungen in der Gruppenarbeit. Manche LehrerInnen helfen sich mit der Lösung, zwei Noten zu geben: eine jeweils individuelle und eine Gesamtnote für die Gruppenleistung.

So problematisch die Ziffernnote auch für den Gruppenunterricht ist, so deutlich haben Untersuchungen zum Erfolg kooperativer Gruppen ergeben, daß zwei Bedingungen bedeutend sind (Huber 1985):

a) Nötig ist die chancengleiche Bewertung individueller Lernfortschritte, also die Bewertung nach individueller Leistungsveränderung. Nicht nur das Gruppenprodukt ist demnach wichtig, sondern auch, was der einzelne inhaltlich dazugelernt hat.

b) Es kommt darüber hinaus wesentlich auf Rückmeldeverfahren an, bei denen der individuelle Anteil am Gruppenerfolg sichtbar wird. Denn das einzelne Mitglied muß seine individuelle Verantwortlichkeit, seinen Beitrag für den gemeinsamen Erfolg, erleben. Man kann dazu Informationsbriefe an die Gruppe schreiben oder eine Art „Barometer" der jeweiligen Entwicklung auf einer Wandzeitung kontinuierlich führen u. a. m. – Kurze Rückmeldebögen der Schüler zur Selbsteinschätzung (Hören wir einander zu? Ist jemand außen vor? etc.) werden vom Lehrer ausgewertet und regelmäßig den Gruppen zurückgespiegelt. Auf diese Weise kann auch die Entwicklung des Gruppenprozesses gefördert werden.

Und wenn es mal nicht klappt?
Bei mißlingender Gruppenarbeit wäre es verfehlt, die Gründe dafür allein beim Lehrer oder bei der Lehrerin zu suchen. Gleichwohl kann es hilfreich sein, drei Fehlerquellen im Blick zu haben (Prior 1985, 155):

1. Bisweilen wird der soziale Aspekt einseitig betont, wobei auf Sachzentrierung und Leistungsnormen u. U. verzichtet wird („Wir sind eine tolle Gruppe, aber trinken lieber Kaffee als zu arbeiten");

2. falsche Aufgabenstellungen, insbesondere solche Aufgabentypen, die der arbeitsteiligen Kleingruppenarbeit nicht angemessen sind, – oder auch einfach unklare Instruktionen, die keine klare Arbeitsstrategie ermöglichen („Problematisiert bitte den Zusammenhang zwischen Feldmausvermehrung und Vorkommen von Mäusebussarden");

3. mangelhafte Organisation oder auch Überforderung der Schülerinnen und Schüler („Schreibt einen gemeinsamen Text bis zur nächsten Stunde über die Wirkung Mozarts auf die Spätromantik").

4. Und der Lehrer/die Lehrerin?

Entscheidendes hängt von der Einstellung der Lehrenden gegenüber dem GU ab: Sehen sie ihn primär zweckrational als Mittel der Effektivierung von Stoffvermittlung oder sind die (nicht so leicht meßbaren) sozialerzieherischen Chancen ebenso wichtig?

Gruppenunterricht verlangt von den Lehrenden eine erhebliche Veränderung ihrer traditionellen Rolle. Der Lehrer ist nicht mehr die einzig relevante Steuerungs- und Schaltstelle für das Unterrichtsgeschehen. Der Karajan am Dirigentenpult verliert sein Publikum ... Insofern muß er im Gruppenunterricht diese traditionelle Funktion (die ihm von den rechtlichen und organisatorischen Rahmenbedingungen her als Leitungs- und Verantwortungsfunktion massiv nahegelegt wird) ein Stück weit zurücknehmen und partiell den Lernenden übergeben. Dafür kommen neue und andere Funktionen auf die Lehrenden zu, z. B.

- die *initiierende Funktion* („Folgende Aufgaben sollen von euch allein in der Gruppe bearbeitet werden; ihr könnt dazu ...");
- die *informierende Funktion* („Dabei ist vor allem wichtig..."): Selektion von Informationen, Anreize zur Auseinandersetzung, Beschaffung geeigneter Medien und Materialien usw.);
- die *regulierende Funktion* („Für das Vorhaben habt ihr vier Doppelstunden Zeit, jede Gruppe trägt am Ende ihre Ergebnisse vor"), Verantwortung für Richtung und Tempo der Teilnehmeraktionen, Zielvorschläge („Überlegt euch genau, was ihr erreichen wollt") usw.;
- die *bewertende Funktion* („Wie ist die Qualität eurer Arbeit, seid ihr mit dem Ergebnis zufrieden?"), Anregung zur Metakommunikation, Hilfen zur Selbstkontrolle, Reflexion der eigenen Rolle usw.;
- die *stimulierende Funktion* („Ihr habt schon zwei von euren drei Zielen erreicht"), Konfliktlösungen einleiten, Toleranz für Fehler, akzeptierende Grundeinstellung und positive Zuwendung zum einzelnen, bis hin zu manchmal therapeutischen Interventionen („Petra, was bedrückt dich, ich sehe dein trauriges Gesicht") usw.

Das alles fordert die Dynamik der Gruppen heraus.

5. Gruppendynamische Aspekte der Kleingruppenarbeit

Die Gruppendynamik einer Gruppe verläuft in großen Teilen unbewußt. Imitation dominanter Vorbilder, geheime Sanktionsmechanismen in Gruppen (z. B. die symbolische Bestrafung durch Nichtbeachtung oder Ausschluß von Informationen), Einschleifen entwertender Rollenzuweisungen („Torsten kann ja eh nichts, weil er sich nie wehrt"), ungünstige informelle Normenentwicklung („keiner darf die Initiative übernehmen, wir hassen Streber"), Rivalitäten („wir beide als Könner gegen den Rest"), Kampf um Macht und Einfluß sind Beispiele für solche unbewußten Prozesse.

Insbesondere die Arbeiten zur Gruppenpsychologie und Gruppensoziologie (*Sader* 1981) haben die eigenständige Wirkung von zwischenmenschlichen Beziehungsmustern betont: Die Gruppe entfaltet – unabhängig vom Wollen der Mitglieder – eine eigene Dynamik und Wirkung, die sich positiv oder negativ auf Leistung, Zusammenhalt, Befindlichkeit etc. auswirken kann. In der Regel durchläuft jede Gruppe dabei einen Gruppenprozeß mit den Phasen:

Phasen des Gruppenprozesses
1. Forming (Kennenlernen, Kontakt mit der Aufgabe),
2. Storming (Schwierigkeiten, Widerstände gegen die Aufgabe, Positionskämpfe in der Gruppe),
3. Norming (Interpretation der Aufgabenstellung, Normenbildung, erste Rollendifferenzierungen),
4. Performing (Arbeiten an der Aufgabe, Lösungsansätze, funktionelle Rollen sind gebildet, Wir-Gefühl) und
5. Informing (Ergebnisse werden andern vorgestellt, Gruppenidentität ist gefestigt).

Gruppen handeln keineswegs nur rational, sondern auch gefühlsbezogen („Ich ärgere mich ständig über die Verbrüderung von Michael und Gerd in der Gruppe, ich fühle mich ausgeschlossen".) Daher muß über diese Gefühle geredet werden, vor allem wenn sie sich als Blockade des Gruppenlebens erweisen.

In Gruppen nehmen die Mitglieder bestimmte Rollen ein (von der „Sachautorität" über den „emotionalen Vermittler" bis zum „Clown" oder „Wasserträger"), was für das Erlernen von gesellschaftlichen Rollen von großer Bedeutung sein kann. Die Mechanismen der Rollenzuweisung müssen dabei deutlich gemacht werden, damit sich keine gefährlichen Hierarchien bilden. Andererseits: Es ist nicht schlecht, wenn eine Gruppe einen Sach- und einen emotionalen „Leiter" hat ...

Im Bereich angewandter Gruppendynamik ist inzwischen eine Fülle von Methoden und Techniken entwickelt worden, um in der Gruppenarbeit die Aspekte der latenten Dynamik und der Beziehungsebene zu thematisieren und gezielt strukturierte Lernprozesse zu ermöglichen, und zwar auch für den schulpädagogischen Bereich (Materialien bei *Fritz* 1977, *Sjölund* 1982, *Gudjons* 1995). Es sind Hilfsmittel, mit denen Schüler z. B. ihre Arbeitsbeiträge, ihr Rollenverhalten, ihre Gesprächsfähigkeit, ihre Zusammenarbeit, ihre Störungen und Konflikte usw. selbst einschätzen und die Ergebnisse in der Gruppe zur Diskussion stellen können.

In der Praxis bieten sich zwei Wege an, gruppendynamische Erkenntnisse für die schulische Arbeit fruchtbar zu machen.

Einmal kann man versuchen, soziale Kompetenzen (zum Beispiel „Kooperationsfähigkeit") getrennt von Sacharbeit bzw. ihr voraufgehend zu trainieren. Dies hat den Vorteil zielorientierter Einübung entsprechender Verhaltensweisen, aber den Nachteil einer zu langen Vorbereitungsphase für die Sacharbeit und die Unsicherheit, ob die Übertragung aus der „Laborsituation" in die „Ernstsituation" gelingt.

Zum andern kann man die Sacharbeit einer Gruppe durch metakommunikative Techniken oder Phasen begleiten, das heißt: Konflikte, Ängste, Langeweile, Ärger oder Resignation werden im Laufe des Gruppenprozesses thematisiert, Schwierigkeiten dann bearbeitet, wenn sie auftauchen. Eine große Hilfe sind dabei die Regeln und Verfahren der Themenzentrierten Interaktion nach Ruth *Cohn* (*Löhmer/Standhard* 1992). (Vgl. auch den Beitrag „Lebendig lehren und lernen" in diesem Buch.) Möglicherweise fragen Sie sich jetzt:

6. Welche Vorteile hat der Gruppenunterricht?

Es gibt inzwischen einen gewissen Konsens über fördernde Wirkungen der Gruppenarbeit. Wies bereits Georg *Dietrich* in der ersten größeren empirischen Studie (1969) auf solche Effekte hin, so lassen sich neuere empirische Untersuchungsergebnisse in sechs Punkten zusammenfassen (*Huber* 1985, 26 ff.):

1. Hinsichtlich Schulleistung und Lernverhalten waren die kooperativ lernenden Schüler im entsprechenden Fachgebiet signifikant besser als Kontrollklassen. Man kann also vorsichtig von gewissen *fachspezifischen Lernerfolgen* sprechen.

2. Einige Untersuchungen berichten von Steigerungen des Selbstwertgefühls kooperativ lernender Schüler. Es wächst offenbar das Gefühl, sich selber etwas zuzutrauen und auch für andere wichtig zu sein; das *Selbstkonzept* wird demnach *positiv beeinflußt*.

3. Nicht nur die individuellen sozialen Kompetenzen (prosoziales Verhalten: z. B. Helfen, gegenseitige Achtung, Unterstützung) werden verbessert, sondern auch die *sozialen Beziehungen* in der Schulklasse werden *gefördert*.

4. Weitere Wirkungen des Gruppenunterrichtes: Erhöhung der Interaktionschancen des einzelnen und somit zur Förderung sprachlich gehemmter Kinder, Entwicklung der Fähigkeit des kritischen Überprüfens von Inhalten und Gegebenheiten, Verstärkung produktiver, kreativer Prozesse, Ermöglichung wechselnder Identifikation und Sensibilität für den anderen, Leistungsvorteil der Gruppe, da unterschiedliche Fähigkeiten stärker mobilisiert werden.

5. Auch *beim kognitiven Lernen* können sich Vorteile ergeben, denn die Freigabe des Lösungsweges fördert das selbständige Denken und die intensive Sachauseinandersetzung; Wechselseitigkeit des Denkens (Reziprozität), ökonomisches Lernen und Arbeiten durch Rollendifferenzierung, Addition und schließlich Integration individueller Leistungen bieten günstige Ansätze gerade auch für kognitive Lernprozesse. – Gleichzeitig darf man nicht verschweigen, daß es „Trittbrettfahrer" gibt, daß Oberflächlichkeit und Leerlauf, Reden an der Sache vorbei, unproduktiver Streit u. a. m. diese Chancen beeinträchtigen können. (*Glöckel* 1992, 78 ff.)

6. Am wenigsten umstritten sind die Vorteile im *Bereich des sozialen Lernens* mit seinen gruppenpädagogischen Effekten: Verglichen mit der Großgruppe „Klasse" führt die größere Nähe in der kleinen Gruppe zu intensiveren persönlichen Beziehungen und zu vermehrtem Feedback, das für die Verhaltenssteuerung von großer Wichtigkeit ist. Die Kommunikation ist offener, individueller, breiter. Sensibilität und Zuhören sind gleichermaßen nötig wie Sich-Durchsetzen und Reden. Aktivitäten müssen koordiniert werden, Konflikte bearbeitet, Außenseiter integriert, Entscheidungen tragfähig gemacht werden, – insgesamt Chancen zur Erhöhung der kommunikativen Kompetenz. Vor allem die nicht ständig von Lehrerpult gesteuerte Sozialaktivität, die Selbstregulierung der sozialen und arbeitsbezogenen Prozesse, die Eigenverantwortung der Kleingruppe beim Problemlösen usw., – all' dies birgt eine Fülle von Möglichkeiten zur Realisierung sozialer Lernziele.

Darüber hinaus birgt Gruppenarbeit besondere Chancen zur *Bewältigung aktueller gesellschaftlicher und pädagogischer Herausforderungen*. Das multikulturelle Lernen, und zwar nicht abstrakt als Politiker-Forderung, sondern auf der mikrosozialen Ebene einer Kleingruppe, in der Kinder unterschiedlicher Nationalität sich kennenlernen und miteinander arbeiten und leben lernen, wird ermöglicht. Darin liegt eine *Chance zum Lernen von Demokratie* im Kleinen.

Ist das nicht alles doch ein wenig zu euphorisch?

7. Grenzen des Gruppenunterrichtes

Klar ist, daß Kleingruppenarbeit im Unterricht weder die demokratische Staatsform gewährleisten noch die gesellschaftlichen Probleme insgesamt lösen kann. Auch gravierende *institutionelle Bedingungen* schulischen Lernens bleiben erhalten: Der selektive Charakter der Schule wird nicht durchbrochen, ein verengtes individualistisches, ergebnisorientiertes, kognitives Verständnis von „Schulleistung" (hartnäckig auch von vielen Eltern vertreten) wird nicht aus der Welt geschafft. Gruppenunterricht kann auch nur partiell dazu beitragen, daß die inhaltliche Fremdbestimmung des Lernens gemildert wird: Lehrpläne gelten weiter, Noten müssen letztlich dann doch wieder individuell gegeben werden, die nächste Klassenarbeit kommt bestimmt, und die Grundprinzipien der Unterrichtsorganisation (Fachunterricht, Jahrgangsklassen usw.) werden auch nicht außer Kraft gesetzt.

Motivation und Aktivität der Schüler lassen sich durch Gruppenunterricht spürbar steigern, dies zeigen z. B. zahlreiche Erfahrungsberichte. Aber eine mangelnde Identifikation mit einer (aus welchen Gründen auch immer) insgeheim abgelehnten Schule kann auch der beste Gruppenunterricht in einem oder zwei Fächern nicht beseitigen.

Überholt ist auch die (von mir oben gebrauchte) etwas starre traditionelle Unterscheidung von zwei Grundtypen der Gruppenarbeitsweise: dem themengleichen (oder auch arbeitsgleichen) und themendifferenzierten (oder auch arbeitsteiligen) Verfahren. Neuere Untersuchungen haben ergeben, daß eine Mischung aus beiden Formen (sowohl zeitlich als Phasen wie auch inhaltlich als Aufgabenstellungen) in jeder der beiden einzelnen deutlich überlegen ist (*Wöhler* 1981). Die Veränderlichkeit der Kooperationsformen ist für das Interesse, für die geistige Beweglichkeit und Lerneffektivität also nicht unwichtig. Die Erfahrung zeigt, daß es notwendig ist, von Zeit zu Zeit Gruppen neu zusammenzusetzen, um negative Entwicklungen nicht zu stabilisieren.

Eine weitere Gefahr liegt darin, daß der gemeinsame Klassenverband „auseinanderfällt". Es muß darauf geachtet werden – womit wir wieder zu unserem am Anfang angeführten Beispiel zurückkehren –, daß Gruppenarbeitsergebnisse einen Bezug zur gemeinsamen Arbeit *aller* haben; sei es daß sie den andern mitgeteilt, vorgestellt – „veröffentlicht" – werden, sei es daß sie Grundlage für die gemeinsame Weiterarbeit und den Lernzusammenhang der Gesamtklasse bilden oder daß sie in ihrem Stellenwert für den längerfristigen Lernfortschritt der ganzen Klasse deutlich sind.

Schließlich wäre nichts so falsch wie eine Verabsolutierung des Konzeptes Gruppenunterricht. Der Frontalunterricht – gut gemacht – wird weiterhin nötig und auch sinnvoll sein, insbesondere im lehrgangsorientierten Unterricht.

Die Gruppenunterrichtsdidaktik betont die Einbindung der Kleingruppenarbeit in eine Polarität: Einerseits ist Gruppenarbeit immer wieder abhängig von der *Einzelarbeit* jedes Mitgliedes. Andererseits ist sie bezogen auf einen *größeren Zusammenhang* des Arbeitens und Lernens, z. B. auf dies gesamte Projektgruppe, auf das Klassenplenum, auf die Integration in ein flexibles Team-Teaching-Modell. Gruppenunterricht ist also nur im Methodenverbund sinnvoll.

Vom Wunsch zur Wirklichkeit
Dennoch geht es heute erstmal um mehr und besseren Gruppenunterricht statt Frontalunterricht. Wer also Gruppenunterricht in seiner Klasse verwirklichen möchte, sollte drei grundlegende Hinweise bedenken:
1. Die enorme Gesamtkomplexität des Konzeptes sollte den eigenen praktischen Möglichkeiten angepaßt werden; es geht um eine realistische Bestimmung derjenigen gruppenunterrichtlichen Elemente, die der eigenen Unterrichtskompetenz angemessen sind. Also bitte keine Selbstüberforderung! Scheuen Sie sich nicht, mit ganz kleinen Schritten anzufangen („Setzt euch doch mal für fünf Minuten in Vierer-Gruppen zusammen und überlegt Euch zwei Gegenargumente zu folgender Behauptung ...") Das kann jeder.
2. Die Ziele sollten genau – und eher bescheiden – definiert werden („Gegenargumente sammeln und dann gemeinsam diskutieren"), die Arbeitsaufgaben den Fähigkeiten der Schüler und Schülerinnen angemessen sein. Anfangs vielleicht eher themengleich für alle Kleingruppen und auf ein benennbares Ergebnis ausgerichtet („Zeichnet ein Modell des Papier-Recycling-Prozesses"), später arbeitsteilig, mit Medien und Materialien unterstützte selbständige Arbeitsprozesse mit offenem Ergebnis („Außenseiter in unserer Gesellschaft"). Das kann auch jeder.
3. Die zeitliche Dauer und das Anspruchsniveau sollten in sehr kleinen Schritten langfristig gesteigert werden. Von zentraler Bedeutung ist es, den Schülern und Schülerinnen immer wieder kleine Erfolgserlebnisse zu ermöglichen, – denn auch für Gruppenarbeit gilt: „Nichts ist erfolgreicher als der Erfolg!" Daher ist es auch nötig, Gruppenarbeitsphasen auszuwerten und zu reflektieren, nicht zuletzt, um aus Fehlern zu lernen. Das können alle.

Begünstigt wird Gruppenarbeit, wenn Medien und Materialien mehr und mehr Selbsttätigkeit erlauben, wenn Arbeitsaufgaben auf den Eigencharakter einer Gruppe zugeschnitten sind und wenn last not least Lehrer und Schüler bereit sind, aus Pannen zu lernen, statt gemeinsam stöhnend zu beschließen: „Nie wieder Gruppenarbeit!"

Literatur

Dann, H.-D./*Diegritz*, T./*Rosenbusch*, H. S. (Hg.): Gruppenunterricht im Schulalltag. Erlangen 1999.

Denecke, W. (Hg.): Gruppenunterricht als kommunikative Unterrichtspraxis. Hannover 1981.

Dietrich, G.: Bildungswirkungen des Gruppenunterrichts. München 1969.

Fritz, J.: Methoden des sozialen Lernens. München 1977.

Fuhr, R. u. a.. Soziales Lernen. Innere Differenzierung. Kleingruppenunterricht. Braunschweig 1977.

Glöckel, H.: Vom Unterricht. Bad Heilbrunn 1992.

Gudjons, H.: Spielbuch Interaktionserziehung. Bad Heilbrunn 1995, 6. Aufl.

Gudjons, H. (Hg.): Handbuch Gruppenunterricht. Weinheim 1993a (mit zahlreicher weiterführender Literatur und Praxishilfen).

Hage, K. u. a.: Das Methodenrepertoir von Lehrern. Opladen 1985.

Huber, G.L.: Lernen in Schülergruppen. DIFF-Studienbrief 1. Tübingen 1985.

Löhmer, C./*Standhard*, R. (Hg.): TZI. Stuttgart 1992.

Meyer, E.: Gruppenunterricht. Oberursel 1954 (zahlreiche weitere Auflagen).

Meyer, E. (Hg.): Die Gruppe im Lehr- und Lernprozeß. Frankfurt 1970.

Meyer, E./*Winkel*, R. (Hg.): Unser Konzept: Lernen in Gruppen. Hohengehren 1991 (dort weitere Literatur von E. Meyer).

Meyer, H.: UnterrichtsMethoden. Bd.1 u. 2. Frankfurt 1987.

Nürnberger Projektgruppe: Erfolgreicher Gruppenunterricht. Stuttgart 2001.

PÄDAGOGIK 44.Jg. Heft 1/1992: Gruppenunterricht.

PÄDAGOGIK Heft 1/2002: Lernen in Gruppen.

Prior, H.: Sozialformen des Unterrichts. In: D. Lenzen (Hg.): Enzyklopädie Erziehungswissenschaft, Bd. 4, S. 143–159. Stuttgart 1985.

Terhart, E.: Lehr-Lern-Methoden. Weinheim und München 1989.

Sader, M.: Psychologie der Gruppe. Weinheim und München 1991.

Sjölund, A.: Gruppenpsychologische Übungen. Weinheim 1982.

Wöhler, K. (Hg.): Gruppenunterricht. Hannover 1981.

Wie lange braucht ihr denn noch für die Übung.....

Entweder zehn Minuten - alleine - oder eine Stunde, wenn Sie uns unbedingt helfen wollen!

5. Interaktionsspiele

Eine produktive Klassengemeinschaft fördern

1. Was sind Interaktionsspiele?

1.1 ... sind „ernste Spiele"

Daß Interaktionsspiele „ernste Spiele" sind, wird Sie möglicherweise erstaunen. Denn: So wenig wie es einen schwarzen Schimmel gibt, so widersprüchlich scheint das Adjektiv „ernst" ausgerechnet beim Spiel. Contradictio in adjecto? Assoziiert man zu Spiel nicht eher „Spaß", „Lust", „Freude"? Warum also „ernste Spiele"?

„Ernste Spiele", so lautet der Titel eines 1970 erschienenen Buches von C. C. *Abt* (Köln 1970). Es ging um Spiele zur Förderung der Interaktion in Gruppen und zur Erfahrung und Entfaltung der persönlichen Potentiale der Teilnehmenden. Schon damals, also Ende der 60er/Anfang der 70er Jahre, gab es die Rede von den „gruppendynamischen Spielchen": ein bißchen Gefühl hier, eine zarte Berührung dort, sonniges Wir-Gefühl, aber kein ernsthaftes Lernen. C. C. *Abt* hielt kräftig dagegen: Es geht um ernsthaftes soziales Lernen, gleichzeitig um das, was Spiele im allgemeinen kennzeichnet: Freude, Lust, eine entspannte Atmosphäre. Ernste Spiele sind durchaus entspannend und können unterhaltsam sein, ohne daß sie nur zur Entspannung und Unterhaltung dienen.

Nehmen wir folgendes (Bei-)Spiel.

Eine neu zusammengesetzte Klasse steht vor dem Problem, daß sich die Kinder oder Jugendlichen untereinander kaum oder gar nicht kennen, – eine Situation, die vor allem beim Übergang in die Sekundarstufe alltäglich ist. Der Lehrer oder die Lehrerin schlägt folgendes Spiel vor.

„Der milde Michael" oder: Kennenlernen durch Attribute
1. Ziel: Kennenlernen, Abbau von Fremdheit
2. Durchführung: Jeder Schüler stellt sich mit seinem Namen vor und fügt diesem ein Adjektiv mit gleichem Anfangsbuchstaben hinzu, das etwas über ihn selbst aussagt: „Ich bin der computerliebende Christian – „Ich bin der kraftvolle Klaus" – „Ich bin die starke Susanne." – „Ich bin die fürsorgliche Fatima." Usw. Das Attribut soll in dieser ersten Runde unbedingt positiv sein.
3. Auswertung: Anschließend sagt jede/r Schüler/in, welche Namen ihm/ihr noch im Gedächtnis sind und darf an die betreffende Person Fragen stellen, wieso und warum sich diese so bezeichnet hat.

Variante (evtl. als zweite Runde, aber mit Vorsicht!): Ein negatives (selbstkritisches Attribut, z. B. der „chauvinistische Christian", der „kotzige Klaus", „die stinkfaule Susanne" usw.)
Ein Gespräch über die neuen Mitglieder der Lerngruppe kommt in Gang: Ein erster Austausch entsteht, persönliche „Daten" (für Nähe und Vertrautheit unabdinglich!) werden bekannt, aus anonymen Leuten werden menschliche Personen. Ein Spiel, unterhaltsam und doch ernsthaft, eine entspannte Atmosphäre und doch ein zentraler Anfang des Gruppenprozesses. Stellen Sie sich demgegenüber vor: Der Lehrer hätte nach einer kurzen Begrüßung gleich mit der Prozentrechnung angefangen ...
Interaktionsspiele können aber gerade im Anfangsstadium einer Klasse oder Lern/Arbeitsgruppe durchaus *auch sachbezogenes Kennenlernen* anbahnen. Nicht das allgemeine Kennenlernen steht dann als gesonderter Akt im Mittelpunkt, sondern der Zugang zum Thema durch anregende Interaktion der Schüler untereinander. Dazu wieder ein Beispiel.

Märchengruppen
1. Ziel: Motivierender emotionaler Zugang zum Thema und erstes Kennenlernen der Teilnehmer
2. Durchführung: Eine geplante Unterrichtseinheit beschäftigt sich mit Märchen (es geht genauso für Kurzgeschichten, Romane oder andere Texte). Der Lehrer hat aus jeweils einem Märchen vier bis fünf zentrale Figuren ausgewählt und auf je eine Karteikarte geschrieben (erstes Märchen: rote Karten, zweites Märchen grüne, drittes blaue usw.) Die Schüler und Schülerinnen ziehen nun die Karten und finden sich als Kleingruppe für „ihr" Märchen zusammen. Sie erhalten die Aufgabe, sich mit der gezogenen Figur zu identifizieren und eine Unterhaltung zu führen (z. B. zur Frage, warum ich nicht anders konnte, was ich vielleicht lieber getan hätte, was ich in der Märchenhandlung empfunden habe, wie ich die andern Personen des Märchens sehe usw.).
3. Auswertung: Anschließend können sie vielleicht eine Szene vorspielen, die eine kreative Variante des Märchens darstellt. Die Schüler und Schülerinnen lernen sich aus der Perspektive unterschiedlicher Figuren, in die ja immer auch persönliche und subjektive Phantasien einfließen, genauer kennen. Sie interagieren, statt der Interpretation des Lehrers zu lauschen. Sie entwickeln einen emotionalen Bezug zum Sachthema, indem sie miteinander in Kontakt treten und zugleich das Thema bearbeiten. Ohne große didaktische Phantasie kann der Lehrer die Gruppenergebnisse für die Weiterführung des Unterrichtes fruchtbar machen.

Mit den folgenden Anregungen zum Einsatz von Interaktionsspielen will ich deutlich machen, daß Spielen und Lernen in der Schule kein Gegensatz sind. Mehr noch: Spielen macht Freude, ist aber durchaus bezogen auf klare Ziele und Absichten des Lehrers und der Lehrerin, auf einen theoretischen Hintergrund und auf einen klaren Zusammenhang mit dem Unterricht.

Um es aber gleich vorweg zu sagen: Interaktionsspiele sind keine Wunderwaffe und kein Zaubermittel zur Lösung aller Aufgaben, die uns das soziale Lernen in der Schule der Gegenwart aufgibt. Andererseits: Es gibt inzwischen durchaus empirische Belege für die Fruchtbarkeit und die Effektivität von Interaktionsspielen in der ganz normalen Schule, wie *Berg* (1990) am Beispiel der gezielten Förderung und Entwicklung von Klassen gezeigt hat.

1.2 ... sind als Unterricht und als Spielstunden möglich
Interaktionsspiele können grundsätzlich mit zwei Funktionen eingesetzt werden:
a) Am Unterrichtsthema orientiert
   Sie stehen im Zusammenhang mit der inhaltlichen Arbeit im Unterricht, unterstützen die soziale Seite des Lehr/Lernprozesses und dienen der Optimierung der Arbeit an einem Sachthema durch Pflege der Beziehungen, der Kommunikations- und Kooperationsprozesse.

Ein Beispiel
Die Klasse arbeitet in Kleingruppen am Thema „Minderheiten in unserer Gesellschaft". Der Lehrer schlägt nach bestimmten Abschnitten eine kurze Reflexion der Zusammenarbeit in den Gruppen vor z. B. durch den „Kleinen Gruppenspiegel" (*Gudjons* 1995, S. 169, s. auch unten).

Vorteil: Enge Bindung an den Unterricht und die thematischen Lernprozesse, die Funktionalität wird unmittelbar einsehbar.
Nachteil: Die Reflexion und Pflege der Interaktionsebene kostet u.U. Zeit, die auf Kosten der inhaltlichen Arbeit gehen kann.

b) An sozialen Lernprozessen orientiert
   Interaktionsspiele bilden einen eigenen Lernbereich zum Aufbau von sozialen Kompetenzen. In Tutoren- oder Klassenlehrerstunden, auf Klassenreisen oder in regelmäßigen Spielstunden führt der Lehrer mit seiner Klasse Interaktionsspiele durch, allerdings nicht als Spielerei oder Freizeitbeschäftigung. Aus der Praxis ein Beispiel: „Nach wie vor spiele ich – typisch Lehrerin – nicht einfach so, weil es Spaß macht, sondern nach Plan und mit Absichten. Die Spiele, die ich einsetze, sollen als Haupteffekt das soziale Miteinander verbessern helfen." So formuliert es die Hauptschullehrerin Ina *Ulrich* (PÄDAGOGIK H. 4/

1994, S. 11). Diese Äußerung bezieht sich auf einen regelmäßigen Stundenblock mit Spielen, – ein ausgesprochener „Renner" unter den Schülern (ebd.).

Vorteil: Ina *Ulrich* gibt einen deutlichen Hinweis auf Freude, Motivation und Lust bei Schülern und Schülerinnen. Das soziale Lernen ist befreit vom Stoffdruck, von traditionellen Leistungsvorstellungen und von Zensuren.
Nachteil: Schulische Lerngruppen dürfen nicht unter der Hand zu gruppendynamischen Selbsterfahrungsgruppen werden. Die Übertragbarkeit auf die „Ernstsituation" des normalen Unterrichtes kann mißlingen, Interaktionsspiele bleiben isoliert.
Außerdem kann man Interaktionsspiele „zwischendurch" anwenden, z. B. zur Sammlung und Konzentration vor dem Einstieg in die Sacharbeit oder als Entspannung nach einer anstrengenden Lerneinheit. Ein kleines Beispiel:

„Gewitter"
Die Schüler schlagen vorsichtig lauter werdend mit den Händen auf den Tisch, auf ein Handzeichen des Lehrers ertönt ein gemeinsamer lauter Schlag als Blitz, – mit anschließendem Fäustetrommeln als Donner, sie trommeln dann leise mit den Fingern wie Regentropfen, der Regen verebbt, einzelne leise Tropfen sind nur noch zu hören, bis es ganz still nach dem Gewitter wird und man die Stille hören kann usw.

Weitere Beispiele finden sich bei *Herkert* (1993) zur „90-Sekunden-Pause" oder in den „New Games" von *Fluegelman/Tembeck* 1979, 1982). Bei Spielen, die mit Lärm verbunden sind, ist tunlichst darauf zu achten, ob im Nachbarraum gerade eine Klausur geschrieben oder meditiert wird!

1.3 Interaktionsspiele ermöglichen Erfahrung statt Belehrung
Dennoch sagte Ina *Ulrich* (s.o.): „Plan und Absichten". Das Entweder-Oder von Zweckfreiheit/Spaß/Kreativität auf der einen, Anstrengung/Arbeit/ Leistung auf der andern trifft für Interaktionsspiele nicht zu.

Unter Interaktionsspielen verstehe ich eine Spielform, die für soziale Lernprozesse **vier Merkmale** einlöst:
1. Es handelt sich um klar abgrenzbare Unterrichtssituationen, in denen vom Lehrer oder der Lehrerin mit definierbarer Absicht spielerische Elemente zur Förderung der Interaktion von Gruppen (Klasse wie Kleingruppen) eingesetzt werden.
2. Innerhalb eines klaren Settings („Spielregeln") soll gleichzeitig schöpferische Gestaltung möglich sein, also Raum für gruppenspezifische Veränderungen und Variationen gegeben werden.

3. Interaktionsspiele sind auf ein formulierbares Ziel bezogen, sie sind damit weder Unterhaltung noch beliebige Spielerei.
4. Es geht um direkte und unmittelbare soziale Erfahrungen „am eigenen Leibe" (nicht um Belehrung), allerdings wird gerade unter schulischen Rahmenbedingungen ein straffreier Experimentierraum ermöglicht: keine Benotung, keine Sanktionen, wohl aber (u U. kritische) Rückmeldung.

Viele Interaktionsspiele haben nämlich ihre Wurzel in den „gruppendynamischen Laboratorien" der Humanistischen Psychologie der 60er und 70er Jahre. Interaktionsspiele haben noch heute den Charakter eines Laboratoriums, das zum Ausprobieren ermutigt, das ohne Zensuren und Leistungsdruck das Erleben (durch Aktion) und Erfahren (durch Verbindung von Aktion und Reflexion) sozialer Prozesse ermöglicht. Also keineswegs immer nur die Quark-Mentalität „leicht und locker", aber auch nicht die totale Verplanung durch Grob- und Feinziele. Eben eher Laboratorium, das sanktionsfreies gesellschaftliches Probehandeln ermöglicht. Übrigens bedeutet die vielfach mündliche Überlieferung von Spielen auch, daß die genauen Quellen heute einfach nicht mehr genau angebbar sind.

Interaktionsspiele dienen zur Förderung des sozialen Lernens – und sind doch etwas ganz anderes als das übliche traditionelle Unterrichten. Erfahrung statt Belehrung also, immer ausgehend von der Realität einer (Lern-) Gruppe im Hier-und-Jetzt, nicht bezogen auf fremde Themen und Unterrichtsinhalte im Dort-und-Dann oder -Damals. Nicht eine Unterrichtsstunde über „Interaktion" liefert das Thema, sondern „das Leben selbst", also das aktuelle Geschehen zwischen den Beteiligten, den Schülern und Schülerinnen untereinander und in der Beziehung zum Lehrer oder der Lehrerin.

1.4 Interaktionsspiele fördern zentrale Ebenen einer Gruppe

Das Spektrum praktizierbarer Interaktionsspiele ist außerordentlich breit (*Gudjons* 1995, auch zu allen folgenden Spielen und Übungen mit weiteren Vorschlägen). Es reicht von einfachen Kennenlernspielen in einer neu zusammengesetzten Gruppe über spielerische Feedbackformen bis hin zu stark strukturierten Hilfen zur Reflexion der Gruppenarbeit mit Selbsteinschätzung des Arbeits- und Gruppenprozesses durch die Teilnehmenden.

So vielfältig die Ebenen/Einzelphänomene des Gruppenlebens sind, so schwierig ist eine Systematik oder eine Einteilung der Fülle bekannter Interaktionsspiele. In der Praxis wird das Auswahlkriterium für den Einsatz eines Spieles ein konkreter Bereich, ein Ziel, eine Dimension des Gruppengeschehens sein, das der Lehrer oder die Lehrerin fördern will. Es ist darum sinnvoll, die Vielzahl von Interaktionsspielen zu ordnen. Dabei lassen sich die wesentlichen Dimensionen des Gruppenlebens den typischen Entwicklungsphasen einer Gruppe zuordnen (z. B. die Dimensionen 1, 2 und 3 der Phase des Kennenlernens und des ersten

„Sich-Arrangierens"; Dimension 4 zur Phase der Konflikte; Dimension 5 und 6 zu Reflexionsphasen; Dimension 7,8 und 9 zur Phase der Regel- und Normbildung etc.). Wie das praktisch aussehen kann, habe ich im 3. Abschnitt (s. u.) mit einigen Beispielen erläutert.

Dimensionen des Gruppenlebens
1. Vorstellen, Kennenlernen, „warming up" einleiten
2. Wahrnehmung, Beobachtung, Kommunikation schulen
3. Die eigene Person und ihr Verhalten in der Gruppe kennenlernen
4. Vertrauen, Echtheit und Offenheit fördern
5. Feedback geben und annehmen lernen
6. Über die Gruppenarbeit reflektieren: Metakommunikation
7. Rollen und Normen klären und gestalten
8. Kooperation lernen
9. Entscheidungen treffen und Konflikte lösen
10. Kreativität, Spontaneität, Phantasie fördern

Diese Dimensionen helfen zu klären, was ich eigentlich fördern will, also das Ziel konkret zu bestimmen. Viele Spiele sind dabei polyvalent, d. h. für mehrere Ebenen einsetzbar. Sie wirken auch auf verschiedene Kinder unterschiedlich, – das muß man sich vorher klarmachen. Und man muß einschätzen, ob ein Spiel zum Entwicklungsstand einer Gruppe paßt (s. u. 3.). Ferner: Geht es mir in einer unruhigen Klasse erstmal um Ruhe und Entspannung oder will ich nach langem Sitzen einen trägen Haufen aktivieren? Wie ist die momentane Situation der Klasse/Gruppe? Will ich das Spielerische betonen oder etwas gezielt einüben?
Es gibt dabei einen fließenden Übergang zwischen Spiel und Übung. In der Tat wird auch geübt: zum Beispiel das genaue Wahrnehmen eigener und fremder Reaktionen, das Lösen eines Konfliktes, die Kooperation bei einer Aufgabe, das Ausdrücken von blockierenden Gefühlen und Störungen, aber auch von Freude, positiven Rückmeldungen und Erfolgserlebnissen.
Oft ist auch der Körper beteiligt, statt des üblichen Stillsitzens bewegen sich die Kinder oder Jugendlichen im Raum, drücken etwas mit dem Körper aus, bauen etwas, malen, machen Geräusche u. v. a.
Aber hinter solchen Spielen stehen grundsätzliche Überlegungen, Bezüge zur Theorie also.

1.5 Interaktionsspiele haben einen Theoriebezug

Ohne auf Hintergrundtheorien lange einzugehen: Eine der wesentlichen Grundlagentheorie von Interaktionsspielen ist der „Symbolische Interaktionismus". Dieser hat gezeigt, daß Menschen ständig soziale Situationen wechselseitig deuten („Inter"aktion) und durch deren Gestaltung die eigene soziale wie personale Identität erlernen (*Mead, Goffmann, Habermas*). Zum andern hat die moderne Sozialpsychologie und Gruppenforschung reiches Material erbracht, das man pädagogisch für soziale Lernprozesse nutzen kann (vgl. *Gudjons* 1993).

Wer Interaktionsspiele durchführt, sollte Kenntnisse von Gruppenprozessen, von Faktoren der Gruppeninteraktion und Kommunikationsprozessen, aber auch vom Zusammenhang der Identitätsentwicklung des einzelnen Jugendlichen mit Gruppenentwicklungsprozessen haben. (*Affeldt* 1994, s. u.) Wildes Drauflosspielen (weil die Kollegin mit ihren Spielen doch so tolle Erfolge hatte) ist das Gegenteil von Interaktionspädagogik.

Die kritische Rede von den „gruppendynamischen Spielchen" meint eben dies: Hier und da mal ein Spielchen anzubieten, ein gutgemeintes, aber falsch plaziertes Vertrauensspiel, ein Soziogramm zur Transparenz der Beziehungsebene (u. U. mit katastrophalen Folgen für Außenseiter), ein nonverbales Berührungsspiel (wo die Mädchen die Jungen doch eigentlich lieber auf den Mond schießen wollen). Interaktionsspiele sind gegenüber solchem „Wildwuchs" gekennzeichnet durch drei klare Bedingungen:

Bedingungen für Interaktionsspiele

1. Sie haben einen identifizierbaren Anlaß, der durch genaue Diagnose der Gruppensituation auf seiten des Lehrers oder der Lehrerin ermittelt wird. Im folgenden wird dies die Indikation genannt. Die oben genannten 10 Dimensionen des Gruppenlebens sind eine wichtige Hilfe für den Lehrer oder die Lehrerin herauszufinden, wo die Förderung genau ansetzen soll.

2. Die Lehrperson hat eine bestimmte Absicht und sie schätzt ein, was in einem Spiel anfangs intendiert wird und was nach der Durchführung erreicht (oder eben manchmal auch nicht erreicht) wurde.

3. Interaktionsspiele haben einen verdichtenden Fokus, d. h. sie „isolieren" einzelne Elemente von Interaktionsprozessen, die kontrolliert durch ein Spiel mit klaren Regeln angegangen werden. Wer alles zugleich machen will, erreicht meist gar nichts.

Wer Interaktionsspiele moderiert, muß dies also reflexionsgeleitet vor dem Hintergrund theoretischer Überlegungen tun, d. h. „indikationsorientiert" vorgehen, prüfen und von der Diagnose der Gruppensituation her begründet entscheiden, welches Spiel in welcher Variante angemessen und hilfreich sein kann. Dazu hilft besonders die Zuordnung von Spielvorschlägen zu den wichtigsten Phasen des Gruppenprozesses (s. u. 3.).

1.6 Interaktionsspiele sind keine Rezepte

Jeder Lehrer und jede Lehrerin kennt die praktischen Problemsituationen: Da streiten sich ständig zwei Schüler in einer Gruppe; die Gruppe „zerfällt" in Ängstliche und Dominierende; statt angemessenem offenen Austausch von gegenseitigen Wahrnehmungen wird nur gemosert, gemeckert, beschimpft; es schleichen sich destruktive Normen ein und die Gruppe oder Klasse ist blockiert für eine befriedigende Kooperation. Der Wunsch der Lehrenden ist verständlich: Für jede Problemsituation ein wirksames Spiel, – und schon klappt alles im gewünschten Sinn.

Doch soziales Lernen ist ein mühsamer Prozeß. Und dabei sind auch Interaktionsspiele keine Garantie zur Lösung einzelner Problemsituationen. Rezepte gibt es nicht. Dennoch: Wer langfristig die soziale Ebene einer Gruppe neben den inhaltlichen Zielen im Blick hat und die Gruppeninteraktion fördert, wird den Schülern und Schülerinnen Kompetenzen vermitteln, die ihnen später von größerem Nutzen sein werden als mancher durchgepaukte Stoff: Teamfähigkeit, Kooperationsbereitschaft, Kommunikationskompetenz, Sensibilität für Prozesse in Arbeitsgruppen u. a. m.

Vor allem aber: Soziales Lernen geschieht nicht nur um einer besser funktionierenden Arbeits- oder Lerngruppe willen, sondern die Gruppenprozesse sind ihrerseits Mittel zum Zweck der Persönlichkeitsentwicklung des einzelnen: „Personal growth", persönliches Wachstum der Kinder und Jugendlichen, Entfaltung ihrer individuellen sozialen Ressourcen. Statt mit Wissen vollgestopfter Schülerköpfe bilden wir Menschen, mit Kompetenz für das Miteinander ebenso wie mit individueller sozialer Reife.

Wer als Lehrer oder Lehrerin Interaktionsspiele einsetzen möchte, muß freilich über Begeisterung und Überzeugung hinaus grundlegende Kenntnisse vom Geschehen in Gruppen haben. Dazu ein kurzer Überblick über einige grundlegende Ergebnisse aus der Gruppenforschung, – mit jeweils ausgewählten Beispielen, wie man das jeweilige „Thema" gezielt durch Spiele oder Übungen förderlich bearbeiten kann.

2. Was man über Gruppenprozesse wissen sollte – Beispiele aus der Gruppenforschung

2.1 Wieviele Mitglieder? – Die Gruppengröße

Erste Antwort: Das hängt ganz vom Charakter der Gruppe und ihrer Aufgabe ab. Drei Leute sind für eine Fußballmannschaft zu wenig, 25 zu viel. Zweite Antwort: Für Kleingruppenbildung im sachbezogenen Unterricht ist die Zahl von fünf optimal. Wenn bei der Gruppentätigkeit, also etwa bei Entscheidungen oder Lösungsfindungen, im Prinzip alle gemeinsam etwas tun müssen, ist von der optimalen Gruppengröße von fünf Teilnehmern auszugehen (*Sader* 1991, S.63). Das Hinzufügen von weiterer Kapazität steigert nicht einfach quantitativ die Leistungsfähigkeit. Außerdem: Fünf können sich noch gemeinsam verantwortlich fühlen, bei acht wird dies schon schwieriger, bei 30 ist der eigene Verantwortungsanteil zu klein, um noch im Erleben eine Rolle zu spielen.

Man kann viele Interaktionsspiele mit der ganzen Klasse spielen, das haben die bisherigen Beispiele gezeigt. Vielfach ist es aber auch nötig und sinnvoll, Untergruppen zu bilden, die dasselbe Spiel in übersichtlichem Rahmen durchführen. Dazu kann die Gruppengröße durchaus acht Teilnehmende betragen.

Um Kleingruppen zu bilden, gibt es verschiedene Hilfen und Techniken:

Kleingruppen bilden
- Der Lehrer kann einfach Nachbarschaftsgruppen bilden lassen (jeweils fünf Schüler rücken nach Sitzordnung zusammen).
- Es werden Zufallsgruppen nach dem „Atomspiel" gebildet: Die Schüler laufen möglichst schnell im Raum umher und finden sich auf den Ruf „Atom zu drei", oder „zu vier" oder „Atom zu sieben" jeweils schnell zusammen, indem sie sich an die Hände fassen. Zuletzt heißt es dann: „Atom zu fünf (oder acht)", diese Gruppen bleiben für die nächste Aufgabe zusammen. Man kann das sogar mit Erwachsenen oder Studenten spielen, es bringt Schwung und Bewegung in die Großgruppe, und am Ende ist jeder froh, daß er zu einer Gruppe gehört. Langweilig ist demgegenüber das Abzählen oder Losen.
- Ein thematischer Schwerpunkt wird jeweils einem Platz im Raum zugeordnet (Fenster, Ecken, Tische, auf dem Fußboden ausgelegte Papierscheiben o. ä.): Befürworter einer These hier, Unsichere dort, erklärte Gegner da, Informationssuchende dort usw. Oder z. B. zum Thema Müll: Interessenten für den Aspekt Müllvermeidung zur großen Papierscheibe mit der entsprechenden Aufschrift, ebenso für den Aspekt Müllverbrennung, für den Aspekt chemische Probleme, biologische Kompostierung usw. – Oder die SchülerInnen schreiben ihren Namen auf einen Kuller (= kleiner ovaler Pappkarton) und plazieren ihn auf einer Themen-/Problemliste einer großen Wandzeitung.

- Nach Sympathie: Jeder darf sich mit den Teilnehmern seiner Wahl zu einer Gruppe zusammenfinden. Das ist oft sehr unsymmetrisch, hat aber den Vorteil der emotionalen Zufriedenheit der Teilnehmenden. Der Lehrer muß aber auf etwa gleich große Gruppen achten und u. U. lange Verhandlungen mit den Schülern und Schülerinnen führen.
- Nach der Methode 2–4–8: Alle gehen im Raum umher. Jeder sucht sich zunächst einen andern Partner, tauscht kurz seine Gefühle bei der Wahl aus, das Paar sucht sich ein zweites und bespricht wiederum den Prozeß der Wahl und was dabei vor sich ging, jede Vierergruppe sucht sich eine weitere und spricht wiederum über den Prozeß der Findung (ein äußerst spannendes Verfahren, das aber genügend Zeit erfordert).

Grundsätzlich gilt: Das Engagement in den Kleingruppen wird umso größer sein, je selbstbestimmter sich die Teilnehmer ihren Gruppen zugeordnet haben.

2.2 Was wollen wir? – Das Gruppenziel

Eine solche kleine Zahl erleichtert auch die erste grundlegende Aufgabenbewältigung jeder Gruppe, nämlich die *Identifikation mit dem Gruppenziel*, vor allem wenn die gebildeten Kleingruppen über längere Zeit zusammen bleiben sollen.

Wenn ein Gruppenziel ganz und von allen Mitgliedern akzeptiert wird, wird in der Gruppe eine starke Kraft wirksam, welche das Verhalten der Teilnehmer beeinflußt; werden Ziele hingegen von einem Großteil nicht akzeptiert und wird dies nicht offengelegt und ggf. geändert, bleiben die Anstrengungen wenig koordiniert und effektiv. (Schütz 1989, S. 31)

Das gilt auch für die Klasse als Großgruppe. Welcher Lehrer kennt nicht die Situation, daß die Schüler unmotiviert „herumhängen", daß sich Müdigkeit und Langeweile ausbreiten. Was ist los? „Wo seid ihr?", möchte man fragen. Man kann dies mit einem nonverbalen Interaktionsspiel tun, z. B. der

„Motorinspektion"

1. Ziel: Aufklärung, wieweit sich die Teilnehmer mit der Aufgabe, dem Thema, der Gruppensituation identifizieren. Hilfen geben zum Aussprechen von Desinteresse, Stagnation oder auch Engagement.
2. Durchführung: Die Schüler bilden stehend einen Kreis. In die Mitte wird ein Gegenstand gelegt, der die Arbeitsaufgabe, das Thema darstellt (z. B. symbolisch ein Buch im Deutschunterricht, ein Apfel in Biologie, eine CD in Musik, eine Pyramide im Geometrieunterricht usw., je nach Thema). Nun wählt jeder Teilnehmer durch langsames Ausprobieren einen Standort, der seiner gegenwärtigen Bereitschaft zum Engagement entspricht. Wer stark beteiligt

ist, stellt sich nahe daran, wer weniger daran interessiert ist, geht in entsprechend größere Entfernung. Es steht der ganze Raum zur Verfügung, ja man kann u.U. auch aus dem Raum herausgehen. Während der Übung soll solange nicht gesprochen werden, bis jeder seinen Platz gefunden hat, der seiner gefühlsmäßigen Nähe oder Ferne zum Thema oder der Arbeitsaufgabe entspricht. – Erst jetzt dürfen die Teilnehmenden sich verbal äußern.
3. Auswertung: Was lähmt mein Engagement? Warum stehe ich hier? Was kann ich selber ändern? Was müßte der Lehrer ändern? Was können wir gemeinsam tun?

Ein weiteres zentrales Thema für die Funktionsfähigkeit einer Lerngruppe sind die Rollen der Teilnehmenden, die sich hilfreich oder blockierend für die Gesamtgruppe auswirken können.

2.3 Who is who in der Gruppe? – Die Rollen
Jede Gruppe – ob Kleingruppe oder Klasse – bildet im Verlaufe der Zeit eine Struktur aus, die Machtverteilung, Rollen, Funktionen etc. regelt. Dies geschieht nur zu einem Teil auf bewußter Ebene. (*Sader* 1991, S. 69, *Brocher* 1967, S. 87 ff.)
Von besonderer Bedeutung für den Gruppenprozeß ist die Ausbildung
• *aufgabenorientierter Rollen* (z. B. der Koordinator, der Initiator, der kritischer Bewerter, der praktische Durchführungsförderer), aber auch
• *gruppenprozeßorientierter Rollen* (z. B. der Ermutiger, der Konfliktschlichter, das „vorbildliches Mitglied" – immer auch in der weiblichen Form!).
Es gibt aber auch
• *ego-zentrierte Rollen* (z. B. der Quertreiber, der Dauerredner, der „Hilflose", der Aggressive, der Unterstützungsbedürftige, der Kasper oder Clown usw.) (*Sader* 1991, S. 81).
Wie kann man nun mit Spielen oder Übungen klarmachen, zu welchen Rollen die SchülerInnen neigen und wie die Flexibilität zur Übernahme gewünschter Rollen angebahnt werden kann? Ein Beispiel:

„Wir alle spielen unsere Rolle"
1. Ziel: Training von Rollenflexibilität, Erproben von gewünschtem Rollenverhalten, feedback über gezeigtes Rollenverhalten
2. Durchführung:
• a) Die Klasse oder Gruppe simuliert im Rollenspiel eine Situation, z. B. daß sie in einem Bus sitzt, der plötzlich auf einer einsamen Dorfstraße in Spanien eine Panne hat (oder: „Im Wartezimmer eines Arztes" oder: „20 Leute sitzen im Büro eines Maklers und bewerben sich um die gleiche Wohnung" oder:

„20 Überlebende einer Schiffskatastrophe finden sich auf einer einsamen Insel wieder"). Jeder Gruppenteilnehmer verhält sich in einer Rolle, wie er dies normalerweise in der Gruppe auch tut. Die Situation wird durchgespielt. Zeit: ca. 10–15 Minuten. Anschließend geben sich die TeilnehmerInnen kurz feedback, wie sie sich in der gespielten Rolle gegenseitig wahrgenommen haben (Stuhlkreis!).

• b) Für die anschließende Runde wählt jede/r Teilnehmende eine deutlich alternative Rolle gegenüber der ersten. Er/sie spielt z. B. so, wie er/sie unter keinen Umständen sein möchte. Die Szene wird erneut gespielt, anschließend wieder feedback über die Eindrücke und Wahrnehmungen (Stuhlkreis).

• c) Anschließend wählt jede/r eine Rolle, wie er/sie gerne sein möchte, was er/ sei anstrebt, vielleicht als Experiment. Erneutes Spiel der Szene, anschließend feedback: Wieweit ist das gelungen, was war unnatürlich, wo zeigen sich aber auch neue, ungewohnte Möglichkeiten? (Stuhlkreis)

• Varianten: Rollen, die einem schwerfallen, die man aber für eine Gruppe wichtig findet, Rollen, die für eine sinnvolle Lösung der Problemsituation unabdingbar sind, Rollen, die vorher definiert und von einzelnen übernommen werden (vorher schriftlich z. B. an der Tafel sammeln).

3. Auswertung: Welche Rollen liegen mir? Welche Rollen sind für eine Gruppe förderlich/hinderlich? Wie flexibel bin ich, mir ungewohnte Rollen einzunehmen? – Und mit Bezug auf die Realität der Gruppe: Welche Rollen sind bei uns „unterbelichtet", wer hat die Fähigkeit, entsprechende Rollen zur Förderung der Gruppe zu übernehmen? Welches bisher gezeigte Rollenverhalten im Gruppenprozeß ist störend und sollte abgebaut werden?

Gesamtzeitbedarf: 40–90 Minuten.

2.4 Hoher Zusammenhalt = hohe Leistung? Die Gruppenkohäsion

Das Maß des Zusammenhaltes der Gesamtgruppe wird als Kohäsion (oder Kohärenz) bezeichnet. Landläufig wird davon ausgegangen, daß eine hohe Kohärenz günstig für die Sacharbeit sei. Aber der Zusammenhang zwischen Kohärenz und Leistung ist nicht einfach positiv linear: „Bei geringer Kohärenz verbrauchen die Mitglieder ihre Energie weitgehend für die Schaffung, Aufrechterhaltung und Verbesserung ihres Status und für andere Gruppenprozesse; für die Aufgabe selbst bleibt wenig. Bei mittleren Graden von Kohärenz werden viele Energien für die Sache selbst freigesetzt. Bei hoher Kohärenz kann die Leistung wieder absinken; die Gruppenmitglieder haben sich einen Kaffee gekocht, sitzen gemütlich zusammen, sprechen über sich selbst und als Gruppe und vergessen darüber ihre Aufgabe, weil das Gespräch wesentlich anziehender ist als die gestellte Aufgabe." (*Sader* 1991, S. 104)

Insofern ist also Leistung durchaus vom Zusammengehörigkeitsgefühl abhängig. In der Praxis dürften aber die meisten Arbeits- oder Lerngruppen zu *wenig* Kohärenz haben, um ihre Energien optimal für die Sache einzusetzen; deshalb wird es auch in der Schule eher nötig sein, die Kohärenz zu erhöhen. Dabei schaden Wettbewerb und Konkurrenz *innerhalb* der Gruppe dem Klima und der Leistungsfähigkeit, während Wettstreit *zwischen* Gruppen durchaus positive Auswirkungen auf die Kohäsion hat.

Kohäsion ist weitgehend abhängig vom Vertrauen in der Gruppe. Dazu gehört auch ein Klima, in dem jeder offen seine Gefühle und Auffassungen äußern kann, – ohne daß es (wie in manchen Selbsterfahrungsgruppen) zu einem Offenheitszwang kommt. Wie kann man Vertrauen und Offenheit fördern? Ein heikles Thema, weil hier Vorsicht geboten ist vor Künstlichkeit, vor „Seelenstriptease" und vor dem zwanghaften Niederreißen individueller Schutzzonen und Grenzen. An kaum einer andern Stelle ist die Einfühlsamkeit des Lehrers oder der Lehrerin so gefordert wie bei der Förderung von Vertrauen und Offenheit. Dennoch gibt es – unter der Voraussetzung eines vorsichtigen Einsatzes – auch hier praktische Hilfen. Zum Beispiel:

Obstkorb

1. Ziel: Bewußtwerden über die eigene Befindlichkeit in der Gruppe, Klärung von emotionalen Beziehungen, Mutmachen zum Ausdrücken von Änderungswünschen in Richtung Nähe und Distanz
2. Durchführung: Die Teilnehmenden werden gebeten, sich entspannt hinzusetzen und eine kleine Vorstellungs-/Phantasieübung mitzumachen. Die Augen werden geschlossen. Jede/r stellt sich – nach Anleitung durch den Lehrer (Vorbereitung nötig!) – nun vor, daß sich die Gruppe langsam in einen Obstkorb verwandelt. Verschiedene Obstsorten liegen darin. Jede/r läßt sich Zeit, dies Bild möglichst klar entstehen zu lassen. Was liegt in dem Korb? Wo liege ich? Wie sehe ich als Obstteil aus? Wo liege ich? Oben, in der Mitte, unten, am Rande? Wie ist meine Umgebung? Werde ich gedrückt, vielleicht von wem? Bin ich dick, dünn, mächtig oder nebensächlich? Entdecke ich Obstteile, die ich gerne bei mir habe, die ich mir näher wünsche, die ich mir vom Leibe halten möchte? Jede/r hat genug Zeit, dies Bild auszuphantasieren (i.d.R. 5 Min. max.)
3. Auswertung: Anschließend berichten die Gruppenmitglieder, was sie erlebt haben und was dies mit ihrer Situation in der Gruppe zu tun hat. Wie offen kann ich über meine „Lage" sprechen, auch in der realen Gruppensituation, welche Personen spielen eine Rolle, mit wem würde ich gerne mal reden, um die Beziehung zu klären und zu verbessern?

Gefördert wird die Kohäsion auch durch das Erlebnis von positiver Rückmeldung, wie andere mich in der Klasse erleben. Negative Kritik gibt es meist genug, aber die Stärken und die vorhandene „Sympathie" einer Person werden selten thematisiert.

Bedeutsam ist dafür die *Reziprozitätsregel*: „Wenn ich von jemandem erfahre, daß er (oder sie) mich gut leiden kann, so führt das ... zu einem positiven Gefühl für ihn bzw. für sie..." (*Sader* 1991, S. 96f),– und für die ganze Gruppe. Insofern ist es eine nützliche praktische Konsequenz aus der Attraktionsforschung und speziell der Anwendung der Reziprozitätsregel, im Falle des Vorliegens positiver Einstellungen und Gefühle diese auch zu formulieren und verbal auszudrücken. Damit ist kein ungerechtfertigtes Lob gemeint, wohl aber z. B. folgendes Spiel, das die bewußte Wahrnehmung der als angenehm erlebten Verhaltensweisen eines Teilnehmers deutlich macht. Ich spiele es besonders gern für Kinder, von denen man im allgemeinen annimmt, daß sie kaum positive Eigenschaften haben. Gerade dann aber ist für diese Kinder und für die Gruppe überraschend, was dabei herauskommt, nämlich aus dem

---

Stärkenbombardement

1. Ziel: Feedback geben im Bereich von Fähigkeiten, Begabungen und Stärken
2. Durchführung: Die Gruppe sitzt möglichst in Hufeisenform, ein leerer Stuhl steht am offenen Ende. Ein Teilnehmer (evtl. nach Aufforderung durch den Lehrer, „etwas Schönes zu erfahren") setzt sich darauf und bleibt schweigend sitzen. Die andern Teilnehmenden äußern nun spontan, was sie an ihm/ihr als Stärken, Vorzüge, Fähigkeiten (auch am Beispiel konkreter Situationen) erfahren haben. Die Gruppe wird ausdrücklich aufgefordert, sich klar zu werden, daß an jedem Menschen „etwas Gutes" ist und in diesem Spiel nur das zu benennen. Was hat der Teilnehmer für Stärken, welche Situationen fallen mir ein, wo ich ihn geschätzt habe, was kann er gut, wo ist er mir wichtig geworden? Usw. – Es dürfen ausschließlich nur positive Rückmeldungen gegeben werden. Der Lehrer fordert u. U. bei indirekter und verklausulierter Kritik auf, dasselbe noch mal ausschließlich positiv zu formulieren.
3. Auswertung: Wie ist es dem Betroffenen gegangen, als er/sie soviel Gutes hörte? Kann er/sie das glauben? Was macht es uns schwer, einander auch Gutes zu sagen? Wie schwer ist es uns gefallen, Kritik einmal bewußt wegzulassen? Wie können wir Regeln finden, diese positiven Rückmeldungen untereinander zu verstärken?

Dieses Spiel blendet ganz bewußt Konflikte einmal aus, die kommen noch ausreichend zur Bearbeitung. Aber das Erlebnis solcher positiver Rückmeldungen wirkt nach meiner Erfahrung wie eine warme Dusche, löst manchmal von selbst Verkrampfungen und ist bei Schülern nach einiger Gewöhnung äußerst beliebt. Der gruppendynamisch wichtige Prozeß des „liking" (ein in der Forschung häufig verwendeter englischer Begriff, der sich kaum angemessen ins Deutsche übersetzen läßt: „lieben" ist zuviel, „mögen" zuwenig) kann so erheblich gefördert werden.

2.5 Wie verständigen wir uns? – Der Informationsfluß

Im allgemeinen neigen wir bei Schwierigkeiten in einer Gruppe zu personzentrierten Erklärungen: Die Mitglieder haben sich nicht genug Mühe gegeben, sie waren zu rechthaberisch, zu desinteressiert, nicht fleißig genug etc. – Untersuchungen weisen hingegen darauf hin, daß Verständigungsprobleme oft durch die Informationsverarbeitung in der Gruppe bedingt sind (*Schütz* 1989, S. 22 f.). Man soll z. B. die *Schaltstellen für Informationen* möglichst gering halten (also nicht sagen: „Petra, erinnere bitte Michael, daß er die Arbeitsblätter von Ralf umschreiben läßt".) Für alle Gruppenmitglieder zugängliche *Visualisierungen* (z. B. des Arbeitsplanes auf einer Wandzeitung) sind sehr günstig, bei Informationsübermittlung muß man immer auf „Transportschäden" (*Sader* 1991, S. 142) gefaßt sein und *schriftliche Informationsübermittlung* ist effektiver als mündliche.

Der Informationsfluß in einer Gruppe kann auch erheblich verbessert werden, wenn die Teilnehmer in der Regel sich kurz fassen, Denkpausen einlegen, das Interaktionstempo verlangsamen, deutlich ihre Interessen äußern, eher eigene Meinungen äußern statt Fragen zu stellen, andere aus der Gruppe direkt (mit Blickkontakt) ansprechen. Vor allem aber haben sich gelegentliche Reflexionen auf der Meta-Ebene, also über die Gruppenarbeit zu sprechen, sehr bewährt, insbesondere Hilfestellungen dazu, daß die Gruppe dies selbst machen kann (s. u. 3.2).

2.6 Was ist erlaubt – was ist verboten? – Die Gruppennormen

Eine zentrale Hilfe zur Veränderung der Arbeit einer Gruppe ist es, nicht die Personen ändern zu wollen, sondern die Normen. Sie bilden eines der zentralen Bezugssysteme, die das Verhalten der Gruppenmitglieder regeln. Die meisten Normen sind implizit, bleiben unthematisiert, undiskutiert und gelten als Selbstverständlichkeit. Sie bilden sich auch oft erst im Verlaufe des Gruppenprozesses, manche werden überhaupt erst sichtbar, wenn sie übertreten werden. Machen Sie mal einen Test in Ihrem Kollegium ...

Unterschieden wird zwischen *deskriptiven* Normen, die die tatsächliche Denk- oder Verhaltensweisen beschreiben (in dieser Gruppe ist es üblich geworden, daß ungefähr die Hälfte zu spät kommt), und *präskriptiven* Normen, die gesetztes oder vereinbartes Verhalten vorschreiben (wir werden künftig nur anfangen, wenn alle pünktlich sind). Die Vielfalt der Normen ist groß, teilweise können sie sich auch widersprechen (wir setzen uns alle für ein Ergebnis ein, aber jeder einzelne Wunsch soll berücksichtigt werden).

Es ist wichtig zu sehen, daß in jeder Gruppe ein Bedürfnis nach Normen besteht, weil diese Sicherheit geben und Prozesse kalkulierbar machen. Das Problem besteht nur darin, daß oft die Auseinandersetzung und die rationale Vereinbarung fehlen. Es ist darum nötig, das „Selbstverständliche" (im positiven wie im negativen Normenbereich) zu hinterfragen und *Normen zum Thema zu machen* mit dem Ziel, eine möglichst breite Übereinkunft der Gruppe über wichtige Normen zu erreichen. Wenn nämlich die Gruppe über längere Zeit *Normeinhaltung* tatsächlich auch erlebt, festigt dies die Norm, während das dauernde Erleben von *Normverletzung* auf die Dauer die Gültigkeit der Norm schwächt! (*Sader* 1991, S. 203)

Daraus läßt sich folgende *praktische Konsequenz* ableiten: „Beachte, daß jede Normeinhaltung zur Normverfestigung führt. – Greife frühzeitig ein, wenn eine Entwicklung in eine unerwünschte Richtung geht." (Ebd. S.203) Spielerisch lassen sich z. B. Normen einer Gruppe aufdecken durch das

---

Verkehrszeichenspiel

1. Ziel: Aufdecken und Bewußtmachen von Gruppennormen, Ansätze für Veränderungen entwickeln
2. Durchführung: Der Lehrer hat die bekanntesten Verkehrsschilder aufgemalt (mindestens DIN A 4) oder die Schüler malen diese selbst. Die SchülerInnen wählen nun einige Verkehrsschilder aus und legen sie im Raum verteilt auf den Fußboden, so daß sich eine Art Straßenverkehr ergibt. Zu jedem ausgelegten Schild wird aber ein Kommentar geschrieben, der sich auf die Gruppe bezieht: Z. B. „30 km Höchstgeschwindigkeit: In unserer Gruppe /Klasse darf niemand vorpreschen, wir sind eine langsame Gruppe." Oder: „Absolutes Halteverbot: In unserer Gruppe darf sich niemand eine Pause gönnen, wir haben kaum Zeit zur Ruhe und Besinnung." Oder: „Vorfahrt beachten: Einige Teilnehmer setzen sich immer durch, während die andern brav warten müssen." Oder: „Durchfahrt verboten: Neue Wege sind bei uns unerwünscht." Oder: „Vorsicht Kinder: Bei uns wird auch auf die Schwächeren Rücksicht genommen." Usw. – Anschließend spricht die Gruppe über die Schilder, die Teilnehmer erklären ihre Kommentare.
3. Auswertung: Welche Normen sind deutlich geworden? Welche konkreten Situationen und Anlässe fallen uns dazu ein? Was können wir ändern, neu vereinbaren, wer könnte dafür die Verantwortung übernehmen? Man kann auch neue Vereinbarungen als kleinen Vertrag auf einer Wandzeitung formulieren und in der Klasse aufhängen.

3. Interaktionsspiele zur Förderung der Gruppenentwicklung

3.1 Regeln zur Anwendung von Interaktionsspielen

Wenn Klassen oder Gruppen über längere Zeit zusammenbleiben, entwickelt sich ein Gruppenprozeß mit unterschiedlichen Phasen oder Stadien. Man kann die Gruppenentwicklung mit Hilfe von Spielen und Übungen gezielt fördern und der Gruppe helfen, die mit einer Phase verbundenen typischen Entwicklungsaufgaben zu bewältigen. Wie *Affeldt* (1994, S. 9 ff.) belegt und mit vielen Spielen/Übungen demonstriert hat, entspricht die Gruppenentwicklung den wichtigen Schritten zur Identitätsentwicklung bei den einzelnen Jugendlichen:

• Die Gruppe steht am Anfang in einer *Abhängigkeitsphase* der Mitglieder untereinander (wegen des Bedürfnisses nach Sicherheit), – dem entspricht in der Entwicklung des Individuums das Bestreben nach möglichst schneller Identifikation mit dem, was es als zugehörig zu sich selbst erlebt;
• die Gruppe kommt dann in eine Phase des Strebens nach *Unabhängigkeit*, – individuell entspricht dem das Bedürfnis nach Konfrontation und Autonomie;
• schließlich die Phase der *Interdependenz* als geklärte wechselseitige Abhängigkeit der Mitglieder, – individuell als Integration von Bindungs- und Autonomiebestreben.

Eine verfrühte Unterstützung von Konfrontation durch den Lehrer bei nicht ausreichender Basis in der Identifikation und des Sicherheitsgefühls wäre z. B. ein gravierender Anleiterfehler, der unnötig Widerstände produziert. Umgekehrt: Eine verspätete oder unterdrückte (nötige) Konfrontation hemmt den Wachstumsprozeß sowohl der Gruppe als auch des einzelnen. Diese Indikationsorientierung ist die erste der folgenden Grundregeln für den Einsatz von Interaktionsspielen (vgl. auch *Walker* 1995).

Regeln für die Anwendung von Interaktionsspielen
1. Klären Sie für sich selbst die Frage: Wo steht die Gruppe, welches sind ihre Eigenarten, wie werden/könnten die SchülerInnen reagieren? Stellen Sie sich dabei auch einzelne Teilnehmende vor!
2. Bestimmen Sie genau den Anlaß und definieren Sie das Ziel für ein Spiel. Reflektieren Sie nach Abschluß des Spieles, was sich verwirklicht hat und was unerfüllt geblieben ist!
3. Spielen Sie nie ein Spiel, das Sie nicht vorher (in einer andern Gruppe) selber erlebt und erprobt haben!
4. Planen Sie so genau wie möglich den Ablauf und die Zeit, besorgen Sie die benötigten Materialien vorher! Lassen Sie Raum für freie Entwicklungen, auch wenn Sie dann nicht alles schaffen.

---

5. Überlegen Sie vorher, welche Spielvariante für Ihre Klasse die geeignete ist! Halten Sie sich offen für spontan nötige Alternativen.
6. Erteilen Sie klare und eindeutige Spielanweisungen, geben Sie am Anfang evtl. einen ganz knappen Überblick über den Ablauf! Stellen Sie sicher, daß Ihre Spielmoderation von allen verstanden wird.
7. Kein Spiel ohne – notfalls auch nur kurze – Auswertung und Reflexion mit den SchülerInnen!
8. Entscheiden Sie, ob die Teilnahme freiwillig sein soll (dies kann bei heiklen Spielen Grundregel sein) oder ob Sie prinzipiell von verbindlicher Teilnahme ausgehen (dies wird die Regel sein, die aber für einzelne Kinder auch ausgesetzt werden kann)!
9. Wenn ein Spiel einen klaren negativen Verlauf nimmt und das Ziel aus dem Blick gerät, brechen Sie es rechtzeitig ab! Verlassen Sie sich dabei auf Ihre Wahrnehmung und auf Ihr eigenes Gefühl. Wenn möglich, erklären Sie dies kurz, besser noch: Sprechen Sie mit den Teilnehmenden über die Gründe des Abbruchs (deutlich die Sitzordnung wechseln, z. B. Rückkehr in den Stuhlkreis!).
10. Sorgen Sie für die notwendigen Voraussetzungen und Rahmenbedingungen (z. B.: Eltern, KollegInnen, Schulleitung informieren, genügend Platz schaffen, Kontext einer Spielstunde beachten u. a. m.)!

3.2 Phasen des Gruppenprozesses und Spiele

Im folgenden lege ich aus der Fülle unterschiedlicher Phasenmodelle das bekannte Schema von Tuckman, wie es von *Pallasch* für schulische Gruppen konkretisiert wurde, zu Grunde (*Pallasch* 1993, S. 114). Phasen darf man sich allerdings nicht streng linear vorstellen, sie tauchen eher im Sinne einer Spirale mit mehreren Zyklen auf. So kann es passieren, daß eine gut funktionierende Gruppe plötzlich wieder in eine Konfliktphase kommt, oder daß die erste Phase (Kennenlernen, Angstabbau, Forming) sehr kurz ist, sich aber ein Nachholbedarf in der Phase der Normentwicklung zeigt usw. Die grundlegenden Entwicklungsprobleme kommen in allen Phasenmodellen vor, wenn auch gelegentlich in variierter Reihenfolge. Ein sehr brauchbares Modell der Zuordnung von Spielen und Übungen zu solchen Entwicklungsphasen und -aufgaben einer Gruppe hat auch *Stanford* (1980) für Schulklassen entwickelt.

Die Prozesse umschließen dabei immer eine Inhaltsebene (die eher bewußt ist) und eine Beziehungsebene (die oft latent bis unbewußt bleibt).

1. Phase: Forming – Kennenlernen und Sicharrangieren

Am Anfang einer Gruppe steht gewöhnlich ein Grund, ein Ziel oder auch eine Arbeitsaufgabe, die von der Gruppe erfüllt werden soll. Auf der latenten Beziehungsebene aber stehen Fragen im Vordergrund, die zwar meist nicht ausgesprochen werden, dafür aber ungleich dramatischer für die einzelnen sind: Was wird hier passieren? Werde ich akzeptiert werden? Gerate ich an den Rand oder werde Außenseiter? Wer sind die andern überhaupt? Wer wird mein Gegner sein, mit wem kann ich mich verbinden? Wie komme ich mit „blöden Typen" klar? Wie wird man mit mir umgehen? Usw. Die Unbekanntheit macht oft Angst, aber eine zu schnelle Intimität kann auch bedrohlich werden. Anonymität und Fremdheit müssen beseitigt, Unsicherheiten abgebaut, Fehleinschätzungen der andern korrigiert, Vor-Urteile ausgeräumt und Vertrauen vorsichtig aufgebaut werden.

All' das macht eine Unterstützung des Prozesses gegenseitigen Kennenlernens nötig, ein erstes „warming up", das vor allem Informationen übereinander vermittelt. Dazu helfen zahlreiche Kennenlernspiele, z. B. der

---

Doppelkreis

1. Ziel: Kennenlernen in strukturierter Form, andere und sich selbst wahrnehmen, Sich-Mitteilen

2. Durchführung: Jeder Teilnehmer sucht sich einen Partner. Die Gruppe stellt sich in einem Doppelkreis auf, Partner A steht innen (mit dem Rücken zur Mitte), Partner B außen; beide sehen sich an. Es beginnt jeweils Partner B, dann äußert sich Partner A. Nach jedem Moderationsschritt durch den Lehrer rückt der Außenkreispartner (B) um eine Person weiter nach rechts. Der Lehrer (Moderator) gibt z. B. folgende Aufgaben (die je nach Eigenart der Gruppe variiert und vom Lehrer selbst erfunden werden können):
   - „Wenn ich 100,00 DM geschenkt bekäme, würde ich damit ..."
   - „Als Musik mag ich am liebsten ..."
   - „An der Schule mag ich ganz gern, ..., mag ich überhaupt nicht, ..."
   - „Was ich in einer Gruppe nicht ausstehen ist, ..."
   - „Für den Beginn dieser Gruppe würde ich mir selbst folgenden Rat geben: ..."
   - „Ich habe Leute gern um mich, die ..."
   - „Ich habe ein bißchen Angst davor, daß in dieser Gruppe ..."
   - „Wenn ich so vor dir stehe, finde ich ganz sympathisch an dir ..."usw.

Der Moderator sollte genügend Vorschläge vorbereitet haben, damit die Themen nicht ausgehen. Für die Ankündigung des nächsten Wechsels empfiehlt sich eine kleine Glocke, damit der Lehrer nicht immer dazwischenrufen muß und alle zur Ruhe kommen und die nächste Aufgabe anhören können.

3. Auswertung: Was fiel mir schwer zu äußern, was hat mich überrascht (bei mir und andern), wie erging es mir mit unterschiedlichen Partnern, wem würde ich gerne noch eine der Fragen stellen? Es kann sich ein Blitzlicht anschließen, in dem jeder sich reihum mit einem Wort oder Satz äußert, wie er/sie sich jetzt fühlt.

Andere Spiele wären der „WTT" (Würstchentellertest), Namensschildspiele, Paarinterview u.v.a. (*Gudjons* 1995, S. 49 ff.).

2. Phase: Storming – Widerstände und Konflikte

Oft beginnt nach dem gegenseitigen Einschätzen der Gruppenmitglieder ein Gerangel um Macht und Einfluß, Spannungen und Widerstände treten auf, Rivalitäten, Untergruppen, Cliquen zeigen sich, jedes Mitglied sucht seine Position im sozialen Gefüge der Gruppe, – es stürmt: storming. Nahezu jede Gruppe macht eine solche Konfliktphase durch, manchmal kürzer, manchmal als scheinbarer „Dauerbrenner". In jedem Fall ist eine solche Phase der Konflikte normal, weil sich die in jeder Gruppe und in jedem Individuum vorhandenen gegensätzlichen Tendenzen „Autonomiestreben" und „Bindungsstreben" in ein Verhältnis bringen müssen, wenn die Gruppe arbeitsfähig werden will. Oft sind es dann gar keine neuen Konflikte, die jetzt hervortreten, es handelt sich vielmehr um die offene Austragung von Konflikten, die immer schon vorhanden, bisher aber ignoriert oder unterdrückt waren.

Bei Konflikten ist die eher personelle Konfliktebene (z. B. zwei Streithähne geraten aneinander) von der prozeßorientierten (z. B. Ringen um das weitere Vorgehen, Entscheidungen, Aufgabenverteilung) zu unterscheiden.

Für beide Ebenen gilt: Hilfreich ist es, wenn die Klasse inzwischen einige Fähigkeiten gelernt hat, die beim Konfliktlösen wichtig sind: Zuhören können, Ich-Botschaften äußern, regelmäßig den Prozeß reflektieren (Metakommunikation, s.u.).

Bei personbezogenen Konflikten muß vor allem gelernt werden, den Kontrahenten zu respektieren und nicht zu verletzen. Das kann man üben im Spiel.

Gürtellinien

1. Ziel: Zonen der persönlichen Verletzlichkeit deutlich machen, Anbahnung eines fairen, rücksichtsvollen Stils bei Auseinandersetzungen
2. Durchführung: Jeder Teilnehmer sucht sich einen Partner, dem er schon ganz gut vertrauen kann. Jeder der beiden fertigt für sich individuell eine Liste darüber an, was für ihn ganz besonders verletzlich ist (nicht mehr als 10 Dinge, z. B.: Spott über seine Behinderung, Lustigmachen über eine Schwäche, Angriff auf seine ethnische Eigenart – Kopftuch! –, hinter dem Rücken

reden, anschreien, bestimmte Schimpfwörter benutzen, ihm alles aus der Hand nehmen usw.). Anschließend wird die Liste mit dem Partner besprochen. Beide sollen klären, was wirklich unter der „Gürtelllinie" der Verletzbarkeit liegt oder was vielleicht doch Überempfindlichkeit ist. Jeder soll am Ende drei Punkte haben, die eindeutig unter der Gürtellinie liegen. – Anschließend werden von jedem diese drei Punkte genannt, also der Gruppe (in Ausnahmefällen der ganzen Klasse) bekanntgegeben. Der Partner hat für die künftige Gruppenarbeit die Aufgabe, die andern darauf aufmerksam zu machen, wenn diese bei seinem Partner Punkte unter der Gürtellinie angreifen.
3. Auswertung: Fiel es schwer, über die eigene Verletzbarkeit zu reden? Empfinde ich mich danach stärker oder schwächer (viele sagen ausdrücklich, daß sie sich stärker fühlen). – Womit schlage ich leicht andern unter ihre Gürtellinie? Nach einiger Zeit: Bilanz – hat es mit der Unterstützung des Partners geklappt? Hat sich bei Konflikten in der Gruppe etwas geändert?

Man kann auch Rivalen und Kontrahenten in spielerisch ritualisierter Form einmal ihre Kräfte messen lassen, vor allem um emotionale Spannungen abzubauen (Spiele: Tauziehen ohne Tau, Herr und Sklave, Zeitungsschlacht u. a. m., vgl. *Gudjons* 1995, S. 200 ff.) Ferner helfen Übungen wie „Disputation mit vertauschten Rollen" (ebd. S. 199) oder „Führung annehmen und Führung abgeben" (ebd. S. 202) dazu, Konflikte zu lösen, indem gelernt wird, das Problem aus der Sicht des Gegenübers zu sehen.
Ganz entscheidend für ein angemessenes Lösen von Konflikten sind feedback-Techniken. Feedback soll nicht-verurteilend, möglichst beschreibend, kurz und direkt sein, die eigenen Reaktionen auf ein vom andern gezeigtes Verhalten ausdrücken, keine Interpretationen und Spekulationen („das tust du doch nur, weil...") enthalten und – auch das Positive einbeziehen.

Feedback-Spiele
Dazu gibt es als Hinführung kleine Spiele wie das Tierspiel (jedem Teilnehmer wird gesagt, was für ein Tier er/sie sein könnte), ernstere Formen wie „Beschwerde- /bzw. Anerkennungsschreiben" (die Gruppe oder einzelne schreiben einem Mitglied einen ritualisierten Brief) oder den direkten „Heißen Stuhl", auf den sich jemand setzt, der von der Gruppe gesagt bekommt, wie er auf sie wirkt (nur zuhören ohne Verteidigung, abschließend soll er/sie als Ritual den Satz sagen: „Ich danke euch, daß ihr mit das so offen gesagt habt, aber ich bin nicht auf der Welt, um so zu sein wie ihr mich haben wollt.") – Solche feedback-Spiele und Übungen müssen sehr genau in ihrem Stellenwert überlegt und vom Lehrer auf Einhaltung der Regeln kontrolliert werden, damit Konflikte kanalisiert und nicht ausgeweitet werden! Denn: Feedback geben wie feedback annehmen muß erst gelernt werden!

Eine Hilfe zur Lösung eher prozeßbezogener Konflikte ist das Einüben eines bestimmten Vorgehens, z. B. als

---

Entscheidungsraster
1. Ziel: Eine klare Struktur für konflikthafte Entscheidungen gewinnen
2. Durchführung: Folgende Schritte sollen möglichst genau eingehalten werden:
   1. Klare Bestimmung des Problems (an der Tafel schriftlich formulieren): Was soll entschieden werden, welche Alternativen gibt es?
   2. Brainstorming (= unzensierte Ideensammlung) zu Lösungsmöglichkeiten. Kriterium: Die Anhänger der Alternative A machen möglichst viele Vorschläge, von denen sie vermuten, daß auch die Anhänger der Alternative B zustimmen könnten – und umgekehrt. (Wenn dies gelingt, ist meist eine Lösung schon gefunden oder liegt sehr nahe).
   3. Sichten und prüfen der Vorschläge auf Realisierungsmöglichkeiten, Schlüssigkeit, Konsequenzen hin. Aussortieren unbrauchbarer Lösungen.
   4. Festlegung der Gruppe durch Konsens oder durch Abstimmung: Trägt auch die Minderheit die Lösung mit? Unter welchen Bedingungen
3. Auswertung: Kann sich jede/r auf die gefundene Lösung einlassen? Wenn keine Lösung gefunden wurde: Wann und unter welchen Bedingungen können wir erneut über das Problem reden?

Die Phase des storming berührt sich stark – bzw. ist manchmal identisch – mit der folgenden Phase zur Etablierung und Aushandlung von Normen in der Gruppe.

3. Phase: Norming – Normen- und Regelbildung
Wir haben bereits gesehen, wie wichtig die Bildung von Normen für eine Gruppe ist (vgl. 2.6). Zu unterscheiden ist bei Spielen in dieser Phase eine Normen aufdeckende und eine Normen setzende Funktion. Von größter Bedeutung ist das Setzen von Normen, die helfen, eine Atmosphäre des Aufeinander-Eingehens und der Offenheit zu entwickeln. Es soll als Norm etabliert und gelernt werden: Grundlage unserer Arbeit ist, daß wir einander erstmal zuhören. Ich stelle dazu nur ein Beispiel vor:

Kontrollierter Dialog
1. Ziel: Genaues Zuhören lernen
2. Durchführung: Es werden Dreiergruppen gebildet. A und B sind Diskussionspartner, C ist Beobachter. A und B führen 5 Minuten lang ein Streitgespräch zu einen selbstgewählten oder vorgegebenen Thema. Jede/r darf aber

auf die Äußerung des Gegenübers erst dann antworten, wenn er/sie die Äußerung mit eigenen Worten zutreffend wiederholt hat (C überwacht dies). – Die Rollen können dann in der Dreiergruppe rotieren.
3. Auswertung: Ist mir das Zuhören vor meinem Gegenbeitrag gelungen? Was hindert mich am Zuhören?

Generell lassen sich Normen verändern, wenn die Gruppe immer wieder ihren Prozeß an geeigneten Punkten reflektiert. Dies ist möglich durch Techniken der Metakommunikation, z. B. dem

Gruppenspiegel
1. Ziel: Den Gruppenprozeß reflektieren, Veränderungen z. B. von latenten Normen vereinbaren
2. Durchführung: Jede/r Teilnehmende nimmt im Anschluß an eine Arbeitsphase zu folgenden Statements auf einer Einschätzskala durch Ankreuzen von 1–5 Stellung (Varianten der Fragen können vom Lehrer formuliert werden):
   1. Ich konnte mich so aktiv beteiligen, wie ich es wollte (1 = trifft voll zu bis 5 = überhaupt nicht zutreffend)
   2. Ich fühlte mich in dieser Gruppe frei und ungehemmt (1–5)
   3. Wir sind mit unserer Aufgabe gut vorangekommen (1–5)
   4. Am Verhalten der andern störte mich nichts (1–5)
3. Auswertung: Die Werte werden (in einer kleinen Gruppe) reihum vorgelesen, einer macht eine Strichliste. Anschließend wird über die Gründe vor allem von Unzufriedenheit gesprochen: Was wollen wir anders machen?

Auch hier gibt es eine Fülle von ähnlichen Hilfen zur Prozeßreflexion und Metakommunikation, auf die ich leider nur verweisen kann (vgl. *Gudjons* 1995, S. 156 ff.)

4. Phase: Performing – Arbeitsphase
Nach den bisherigen mühsamen Phasen ist die Gruppe in der Lage, an ihrer Aufgabe produktiv zu arbeiten. Die Energie wird nicht mehr primär für die Klärung der Beziehungsebene verbracht, sondern kann in die Findung von Lösungen investiert werden. Doch Vorsicht: Es kann jederzeit passieren, daß Themen der voraufgegangenen Phasen wieder auftreten. Wenn der Lehrer dies spürt, sollte er sich nicht scheuen, entsprechende Hilfen bereitzustellen. Aber auch in der Phase des Performing kann die Arbeit unterstützt werden, z. B. durch Spiele, die die Phantasie und Kreativität anregen: Alte Materialien originell gestalten („Abfallmenschen"), Pantomimen oder offene Szenen spielen u. a. m. Vor allem kommt

es bei solchen Spielen darauf an, den Mut zur Originalität und zur Un-konventionalität zu steigern, eine Atmosphäre der Ermutigung und des Experi-mentierens zu fördern.

Aber das Augenmerk sollte auch auf die Verbesserung von Kooperationsprozessen gelegt werden. Dies ist z. B. möglich durch das

---

Brückenbauspiel
1. Ziel: Erfahren, welche Faktoren Kooperation fördern, welche sie blockieren
2. Durchführung: Jeweils 5–8 Spieler bilden eine Gruppe, jede Gruppe erhält nach Möglichkeit einige Beobachter. Der Gruppenauftrag lautet: Baut nur unter Verwendung der zur Verfügung gestellten Materialien (Kartonbögen, Klebe, Scheren) eine Brücke, die möglichst tragfähig und möglichst lang ist (so daß man z. B. ein schweres Buch o.ä. darauf legen kann). die Brücke soll in 30 Minuten fertig sein. – Die Beobachter machen sich Notizen zum Ver-halten einzelner und zu dem, was sie im Laufe der Gruppenkooperation wahrnehmen.
3. Auswertung: Die Brücken werden vom Lehrer (evtl. mit einer kleinen Jury) getestet, aber es werden keine Preise verteilt. Denn: Wichtiger ist der Aus-tausch: Wie hat die Gruppe zusammengearbeitet? Wer übernahm welche Rolle? Wie sind die Mitglieder aufeinander eingegangen? Wurde jemand an den Rand gedrängt? Wie wurde mit unterschiedlichen Ideen umgegangen? Wie hat die Gruppe ihre Arbeit organisiert? Wie war das Klima? Wie verlie-fen die Entscheidungsprozesse?

Bei unterrichtsbezogenen Arbeitsgruppen folgt am Ende eine Phase der Informa-tion und Ergebnispräsentation für die übrigen Mitglieder der Klasse:

5. Phase: Informing – Mitteilung und Präsentation
Die Vermittlung von Gruppenarbeitsergebnissen an ein „Plenum" ist ein Prozeß, der ebenfalls durch verschiedene Techniken unterstützt werden kann, z. B.:
• Im fish-bowl setzen sich je ein Gruppenvertreter in der Mitte zusammen, stellen die Ergebnisse ihrer Gruppe vor und diskutieren sie untereinander (ein Stuhl bleibt frei für Plenums-Teilnehmer, die kurz etwas ergänzen oder fragen möch-ten).
• In einer „Vernissage" stellen die Gruppen ihre Arbeitsergebnisse auf einer Wandzeitung im Raum dar, wobei ein Gruppenvertreter vor der Wandzeitung steht und den umherwandernden Plenumsteilnehmern für Rückfragen zur Ver-fügung steht u. a. m. (Näheres bei Gudjons 1993, S. 33 und Knoll 1993, S. 81 ff.)

Notwendig und sinnvoll ist auch eine **Reflexionsphase**, in der überprüft wird, ob die Ziele und die angestrebten Qualitätsstandards erreicht wurden, ob es bessere Lösungswege gegeben hätte, wo Fehler und Schwächen lagen u. a. m. Hierbei ist es wichtig, daß die Lehrkraft den SchülerInnen Anleitung zur Selbstüberprüfung gibt und ihnen ein Methodenbewußtsein vermittelt. – Elemente einer solchen Reflexionsphase können aber auch *in* den laufenden Gruppenprozeß eingebaut werden.

Jede Gruppe aber kommt irgendwann an ein Ende: Ich ergänze darum das vorliegende Phasenmodell um eine ausdrückliche

Abschiedsphase.
Ein Schuljahr geht zu Ende, die Klasse wird aufgelöst, die Gruppe hat ihre Arbeit beendet. Auch dieser Prozeß muß bedacht und kann durch kleine Spiele zur Abrundung gebracht werden. Zum Schluß auch dafür ein Beispiel:

Abschiedsgeschenke
1. Ziel: Durch symbolische Geschenke am Ende einer Gruppenarbeit Wertschätzung ausdrücken
2. Durchführung: In kleinen Untergruppen (3–4 Teilnehmer) fertigt jeder für die andern Gruppenmitglieder aus einfachen Materialien (z. B. Ton oder Plastilin) ein kleines Geschenk mit Symbolcharakter an. Ausgedrückt werden soll dabei ein Stück Wertschätzung, wie man den jeweiligen Teilnehmer erlebt hat (z. B. als tragende Säule, als Brücke untereinander, als sichernden Zaun, als ideenreichen Brunnen (evtl. solche Ideen vorher gemeinsam sammeln). Die kleinen Geschenke werden mit einem Schildchen „von ... für ...“ versehen und kurz kommentiert.
3. Auswertung: Was empfinden wir am Ende der gemeinsamen Arbeit? Es kann sich ein Gespräch über die „Geschenke“ anschließen oder über die Zusammenarbeit: Was ist uns gelungen, was müssen wir nächstes Mal besser machen?

Mut zu Interaktionsspielen lohnt sich. Aber bedenken Sie die Grenzen des schulischen Kontextes, d. h. verwechseln Sie Sozialerziehung nicht mit Therapie, fühlen Sie sich nicht verantwortlich für die Lösung aller gesellschaftlichen Probleme, freuen Sie sich, wenn Ihre SchülerInnen Spaß gerade bei diesen „ernsten“ Spielen haben.

Literatur

Abt, C. C.: Ernste Spiele. Köln 1970.

Affeldt, M.: Erlebnisorientierte Gruppenarbeit in der Schule. Bad Heilbrunn 1994.

Berg, H.-J.: Entwicklung einer Schulklasse zur Gruppe. Frankfurt 1990.

Brocher, T.: Gruppendynamik und Erwachsenenbildung. Braunschweig 1967.

Fluegelmann, A./*Tembeck*, S.: New games. Bd. 1 und 2. Soyen 1979 und 1982.

Gudjons, H. (Hg.): Handbuch Gruppenunterricht, Weinheim 1993.

Gudjons, H.: Spielbuch Interaktionserziehung. Bad Heilbrunn 1995, 6. Aufl. (mit weiterführender Literatur).

Herkert, R.: Die 90-Sekunden-Pause. Wessobrunn 1993.

Knoll, J.: Kleingruppenmethoden. Weinheim 1993.

Pallasch, W.: Gruppendynamische Hilfen bei der Kleingruppenarbeit. In: Gudjons 1993, S. 111 ff.

PÄDAGOGIK H. 4/1994 „Spielen in der Schule" und H. 1/1998 „Ernste Spiele".

Sader, M.: Psychologie der Gruppe. Weinheim 1991.

Schütz, K.-V.: Gruppenforschung und Gruppenarbeit. Mainz 1989.

Stanford, G.: Gruppenentwicklung im Klassenraum und anderswo. Braunschweig 1980.

Walker, J.: Gewaltfreier Umgang mit Konflikten in der Sekundarstufe I. Frankfurt/M. 1995.

6. „Lohn der Angst"

Anmerkungen zur Lehrer/in-Rolle in offenen Unterrichtsformen

Ängste nicht verschweigen

Wenn Sie den Film „Lohn der Angst" kennen, wissen Sie, daß dort alle Gefahren eines Nitroglyzerin-Transportes gemeistert werden. Aber auf dem Rückweg passiert es: Die Selbstüberschätzung und der Übermut führen zum tödlichen Absturz, – „Lohn der Angst". Manchmal mag einem die Risikobereitschaft beim Einstieg in offene Unterrichtsformen wie ein Sprengstofftransport vorkommen ...

Wer sich auf den Weg macht, offene Unterrichtsformen (im folgenden habe ich überwiegend Freie Arbeit, Wochenplan und Projektunterricht im Blick) einzuführen, wird schnell mit der eigenen Angst konfrontiert. Führen dann aber die ersten Erfolge zu mangelnder Selbstkritik und zur Überschätzung der Möglichkeiten, liegt der Absturz in die Resignation nahe, wenn sich längerfristig Durststrecken einstellen.

Denn: Was passiert, wenn ich die gewohnte „wasserdichte" Kontrolle und Lenkung des Unterrichtsgeschehens ein Stück weit aus der Hand gebe? Das bisherige Planungsmonopol der Lehrerin und des Lehrers wird ja geteilt mit den Schülerinnen und Schülern. Und diese sind selten mit den neuen Ansätzen vertraut.

Es hat keinen Sinn, die damit verbundenen Ängste zu verschweigen. Im Rahmen meiner Mitarbeit in der Lehrerfortbildung haben wir immer wieder die folgenden Fragen gehört und diskutiert:

• Kann ich mir solche Veränderungen selbst zutrauen? Wie lange kann ich das durchhalten? Was mache ich bei Mißerfolgen? Werden die Schüler und Schülerinnen nicht über die Stränge schlagen oder desinteressiert sein, werden sie mitziehen? Alle? Oder nur meine Zugpferde? Was wird aus meinen Ansprüchen an Fachqualität (insbesondere „gymnasialen Fachansprüchen")?

• Was werden die Eltern sagen, wenn ich ihnen meine neuen Versuche am nächsten Elternabend vorstelle und erkläre? Vor allem die auf traditionelle Leistungsansprüche und Noten fixierten Eltern? Je näher es an den Abschluß geht, desto stärker drängen Eltern auf solide Kenntnisse ...

• Und der Schulleiter? Der weiß von andern Schulen, wo z. B. Freie Arbeit eingeführt wurde, aber „nichts gebracht hat", trotzdem möchte er seine Schule mit Reformfedern schmücken: Sollte ich mal mit ihm reden oder einfach loslegen? Ach ja, und dann ist da ja auch noch der Kollege Z., der sich schon hämisch auf die nächste Zensurenkonferenz freut, wenn er mir wieder nachweisen kann, daß seine Klasse mir weit voraus ist ...

- Und überhaupt: Geht das alles auf eigene Faust oder müßte ich mir KollegInnen suchen, die mitziehen? Schade, daß wir nicht als ganze Schule ein solches Reformexperiment starten. Ich würde sicher einige finden, aber die Fraktion der „Bremser" und der „Job-Mentalisten" im Kollegium ist doch ungeheuer mächtig.

Lehrer/inrolle: Sich selbst verändern

Angesichts solcher Fragen und Gefühle lohnt es sich, die eigene Veränderungsbereitschaft als LehrerIn kritisch zu überprüfen. Freie Arbeit und Projektunterricht z. B. sind keine bloßen methodischen Varianten, die man wie die unterschiedlichen Formen eines Stundeneinstieges technisch handhaben kann. Sie stellen hohe Anforderungen an das pädagogische Bewußtsein und die emotionale Durchhaltekraft von Lehrern und Lehrerinnen.

Ständig präsent ist die Versuchung, das Ganze abzubrechen, weil Schülerinnen und Schüler sich nach etlichen Jahren schulischer Sozialisation nicht so recht auf die neuen Formen der Freiheit, der Eigeninitiative und Selbständigkeit einlassen wollen und können.

Aber auch die Sorge nagt permanent an den LehrerInnen: Vertun die SchülerInnen nicht kostbare Zeit? Machen der Erfolg frei gewählter Aufgaben und die eigenverantwortliche Bearbeitung wirklich etwas her? Wie stehe ich im Kollegium da, wenn ich nicht handfest überprüfbare Kenntnisse nachweisen kann?

Mehr noch, – selbstkritisch gefragt: Wenn die SchülerInnen über weite Strecken die Arbeit tatsächlich selbstgewählt und eigenständig tun, verliere ich dann nicht mein „Publikum"? Mir wird meine Bühne gestohlen, auf der ich bisher gekonnt die Lernprozesse am Dirigentenpult arrangiert habe ... (Oder brauchen Sie etwa keine SchülerInnen, um sich komplementär als kompetente/r LehrerIn zu erleben und wohlzufühlen? Wer „holt" sich nicht auch viel in der Schule? Hat nicht Unterrichten immer auch mit Selbstbestätigung zu tun, gar nicht einmal nur negativ?) Wie schaffe ich es dann als UnterrichtsdirigentIn, mich zwischen Karajan (dem effektheischenden Zelebrator seiner Kunst) und Bernstein (dem geduldigen Führer durch Sachkompetenz) hindurch zu lavieren?

In Phasen offener Unterrichtsformen, insbesondere bei der Freien Arbeit, ist die LehrerIn-Rolle vor allem gekennzeichnet durch konsequentes Sich-Zurückhalten. Die Hauptaufgabe verlagert sich und besteht darin, geeignete Materialien bereitzustellen, Aufgaben zu entwickeln, konkrete Vorschläge zu unterbreiten.

Wenn phasenweise einmal nicht viel herauskommt bei einer Einzelaktivität, so ist dies noch verkraftbar.

Anders bei Projekten, die sich aus der Freien Arbeit heraus entwickeln und fachlich komplexere Ansprüche stellen. Hier wird die Lehrkraft ungleich stärker vor allem auf die Qualität des Planungsprozesses achten müssen (*Bastian*, in: *Bastian/ Gudjons* 1990, S. 240 ff.). Aber auch der Zusammenhang der einzelnen Projektthemen zum Gesamtcurriculum der Fächer (Lehrplan!) und die Integration in den Lehrgangsunterricht bleibt im Verantwortungsbereich der Lehrkraft! Wenn Projektunterricht eine wirklich gleichberechtigte Unterrichtsgroßform sein will, bedeutet dies eine erhöhte Anforderung an die LehrerIn-Rolle: ein ständiges Balancieren zwischen Lenken und Beraten.

Sich konfrontieren

Weil die Handlungsformen des Projektunterrichts ungleich anspruchsvoller sind (z. B. Kooperation in Gruppen, verantwortliche Zeitplanung, Bearbeitung nicht didaktisch aufbereiteter Materialien – vom Baukies bis zum Hausmüll – aus der „wirklichen Wirklichkeit", „ungewaschene Medien" von der Propagandaschrift eines Konzerns bis zum Flugblatt der Hafenstraße u. a. m., ist es allein mit „Sich-Zurückhalten" als Merkmal der LehrerInRolle nicht getan. Was die alles anschleppen ... Die Selbsttätigkeit der Schüler und Schülerinnen fordert sogar manchmal die harte Konfrontation mit den Auffassungen der Lehrkraft! Und das ist gut so, weil es eine Schein-Symmetrie der Rollen entlarvt und die – mit Recht kritisierte traditionelle – Komplementarität der Rollen hier aber durchaus fruchtbar macht! Übrigens mögen Schüler und Schülerinnen Lehrer und Lehrerinnen nicht besonders, die alles in scheinliberaler Manier „ganz toll" finden ...

Allerdings entstehen Probleme, wenn sich SchülerInnen auf die „neue" Komplementarität der Rollen gar nicht erst einlassen. Denn:

a) „Anbieten" der Lehrkraft z. B. setzt Kompetenz und Souveränität im Umgang mit Angeboten seitens der SchülerInnen voraus. SchülerInnen können sich aber auch oppositionell verweigern, weil sie es selber „besser wissen" und ihren eigenen Interessen nachgehen wollen, meine Angebote also gar nicht beachten. Was wird dann aus den Qualitätsansprüchen an die eigene (Lehr-)Arbeit?

b) Oder umgekehrt: Die SchülerInnen akzeptieren meine neue Rolle nicht, weil sie mit Häppchen von mir wie gewohnt gefüttert werden wollen. Nach unserer Erfahrung gibt es immer wieder gerade auch Schüler und Schülerinnen, die durchaus traditionell lernen wollen.

Die Arbeit an der veränderten LehrerIn-Rolle (und entsprechend der SchülerIn-Rolle) ist darum ein genauso zentrales Thema wie die methodische Ebene der Freien Arbeit und des Projektunterrichts.

Aspekte der neuen Rolle

Die Rolle der Lehrenden in offenen Unterrichtsformen wie der Freien Arbeit und in Projektphasen läßt sich konkret u. a. durch folgende Tätigkeiten und Einstellungen beschreiben.

• *Anbieten*: Das heißt vor allem: Der Gleichtakt des frontal geführten Klassenunterrichts wird ausgesetzt. Das bedeutet u. a., daß der Lehrer sehr viel weniger redet (*Potthoff* 1991, S. 105 ff.), sich viel mehr Zeit für den einzelnen Schüler und für Kleingruppen nimmt. Hilfreich ist es auch, eine Auswahl an Handlungsformen (möglichst schriftlich, vgl. *Vaupel* 1993, S. 21) verbindlich vorzugeben, Alternativen aufzuzeigen, zur Entscheidung aufzufordern, – also keineswegs Beliebigkeit und laisser faire ... Das Gegenteil von Anbieten wäre „Alleinlassen" der SchülerInnen mit einem Thema ohne jede Hilfe.

• *Fragen*: Das meint zunächst einfach wirklich offenes Fragen, setzt also Nicht-Wissen voraus. Es schließt aber auch kritisches Konfrontieren ein, z. B. einer Gruppe mit ihren gewählten Themenaspekten, mit ihrer Zeitplanung, mit ihren gesteckten Zielen (oder deren Fehlen!), mit den Formen der Ergebnisvermittlung an andere. Fragen heißt aber auch, auf mögliche Spielräume aufmerksam zu machen ... Das Gegenteil wäre ständiges „Meckern", das immer schon den richtigen Weg seitens des Lehrers durchschimmern läßt.

• *Beraten*: Hilfen geben in der Bereitstellung von Materialien, Hinweise auf Erkundungsmöglichkeiten, Tips für das Vorgehen, immer zwischen der Frage, ob sich die Schüler selbst die Telefonnummern heraussuchen sollen oder ob ich als LehrerIn ihnen die Arbeit abnehme ... Das Gegenteil wäre straffe Führung und Degradierung der SchülerInnen zu bloßen Ausführenden vorgegebener Anweisungen.

• *Unterstützen*: Das heißt vor allem Ermutigen, nicht nur Bedenken vortragen, sondern auch auf die Potentiale und Kräfte einzelner und der Gruppe aufmerksam machen und das Selbstvertrauen stärken, ohne illusorische Phantasien zu nähren ... Das Gegenteil wäre der penetrante Hinweis auf die noch fehlenden Aspekte und das niedrige Niveau der Arbeit.

• *Anerkennen*: Freie Arbeit und Projektlernen machen zwar in der Regel „Spaß", motivieren also durchaus intrinsisch, sind aber genauso auf persönliches Lob und Bestätigung angewiesen. Lob meint aber nicht nur autoritätsabhängige wohlwollende Äußerungen („das habt ihr aber gut gemacht"), sondern den sachlichen Hinweis auf das Erreichen eigener Standards („Ihr habt schon zwei von euren drei Zielen erreicht") ... Das Gegenteil wäre die „Unterrichtsglucke", die meint, ohne ihr ständiges Lob würden die Schüler schnell resignieren.

• *Rückmelden*: Gemeint sind persönliche Wahrnehmungen („mir fällt auf, daß ihr Andreas nur die Schreibarbeiten machen läßt"), eigene Beobachtungen zum Arbeitsprozeß („ihr wolltet ursprünglich drei Leute interviewen"), Fokussieren einzelner Probleme („ihr diskutiert viel um die Arbeitsaufteilung und kommt mit eurem Thema langsam voran, wollt ihr das so?"), Mitteilungen über das emotionale Arbeitsklima („ihr geht sehr behutsam miteinander um und läßt jeden ausreden"). Voraussetzung ist hohe Beobachtungsaktivität des Lehrers. Das Gegenteil wäre moralisierendes Werten oder Verurteilen. Eine schwierige Gratwanderung zwischen wertneutralem feedback und pädagogischer Belehrung ...

• *Besprechen*: Statt Vorschriften zu machen, ist hier die ehrliche Diskussion von Schülerideen und Lehrerwünschen gefragt. Besprechen meint das Einbringen eigener Ideen beider Seiten, das gemeinsame Ringen um die beste Lösung, die keineswegs von vornherein feststeht. Besprechen heißt auch, immer wieder offen sein für neue Ideen, aber auch notwendige Einschränkungen vorzunehmen, Vorschläge auf Realisierbarkeit zu überprüfen, probeweises Handeln zu empfehlen, sich gemeinsam auf Ausgangspunkt und Ziel zu besinnen ... Das Gegenteil wäre die klipp und klare Anweisung, nun folgenden Weg zu gehen ...

Diese Aspekte der LehrerIn-Rolle sind unverzichtbar, aber zugleich widersprüchlich zum Gewohnten, risikoreich, mit Angst auf beiden Seiten besetzt. Und hochgestochene Theorien der Lehrerrolle werden in der Praxis meist als belastende Anforderungskataloge aufgefaßt. Erfahrungsgemäß bilden Praktiker im Unterschied zu den studierten Didaktiken sehr bald ihre subjektiven Handlungstheorien aus, die sich als „Bündel rudimentärer theoretischer Sätze erweisen ...", diese „können bis zu einem gewissen Grade Widersprüche in sich aushalten." (*Potthoff* 1991, S. 107)

Entlastung durch exemplarisches Lernen

Abschließend möchte ich noch auf einen grundlegenden Zusammenhang hinweisen. Das eigene Rollenverständnis hängt eng zusammen mit dem von einer Lehrkraft vertretenen Bildungskonzept. Offene Unterrichtsformen wenden sich gegen ein Verständnis von Bildung als Enzyklopädismus im Sinne einer oberflächlichen Vielwisserei. Es geht vielmehr um die Qualität auch der Lern*prozesse* und des Gelernten. Hier ist das – lange Zeit vergessene – Prinzip des „exemplarischen Lernens" (*Gerner* 1963, *Klafki* 1991, *Wagenschein* 1959) als Reformansatz wichtig. Es hilft, eine der größten Ängste bei offenen Unterrichtsformen zu mindern: die Angst, die Stoffülle (des Lehrplans) nicht zu schaffen.

Der Grundgedanke ist einfach: Nicht die Vermittlung von Wissen im Sinne von „Fertigprodukten in möglichst hoher Zahl" steht im Mittelpunkt des Unterrichts, sondern die gründliche und selbsttätige Auseinandersetzung mit „Exempeln", an denen verallgemeinerbare Kenntnisse und Einsichten gewonnen werden (*Klafki* 1991, S. 143). Man muß z. B. nicht alle Wüsten behandeln, sondern kann am Beispiel der Sahara das Wesentliche, Typische, Prinzipielle, Gesetzmäßige von Wüsten erkennen. Oder man kann am Thema „Luther vor dem Reichstag zu Worms" die Grundproblematik des Verhältnisses von weltlicher und geistlicher Macht, von Staat und Kirche begreifen. Im Fall wird das Allgemeine gesehen; ein solcher „kategorialer Blick" versucht, auf Grund der begriffenen Grundstrukturen eines Falles andere Fälle zu identifizieren und das Identische als das Wesentliche herauszuheben.

Solche kategorialen Erkenntnisse (*Klafki* 1991, S. 144) enthalten zwei grundlegende Momente:
• Sie ermöglichen dem Schüler grundlegende Einsichten in die naturhafte, kulturelle oder gesellschaftlich-politische Wirklichkeit (z. B. am Thema Siedlungsplanung unseres Stadtteils allgemeine Zusammenhänge von Urbanisierung, Ökonomie, Ökologie und Technik). *Glöckel* (1992, S. 259) nennt dies treffend die Ebene des *„Sach-Exemplarischen"*.
• Kategoriale Erkenntnisse vermitteln den Schülerinnen aber auch eine übergreifende Such- oder Lösungs*strategie,* – eine „Methode des Entdeckens" (wie der Amerikaner J. *Bruner* sagt), die sie in ähnlichen Fällen als „Suchschema" anwenden können.

Auf diese Weise wird exemplarisch gewonnenes Wissen zu „arbeitendem Wissen" (wie der Reformpädagoge Hugo *Gaudig* schon zu Anfang unseres Jahrhunderts treffend formulierte). Es wird nicht bloß im Gedächtnis abgelegt, sondern wirkt weiter, es hilft zur Aufschlüsselung der Welt – und zwar als Eigenaktivität der Lernenden. Eine solche kategoriale Aneignung der Kultur meint eher die Tiefe als die Breite, das „lange Verweilen bei den Phänomenen" (*Wagenschein*) oder die „Tiefenbohrung" (*Glöckel* 1992, S. 260).

Aber auch eine solche „Tiefenbohrung" muß – um im Bild zu bleiben – in der Landschaft verortet werden: Die notwendige Ergänzung des exemplarischen Prinzips ist daher das „orientierende Lernen" (Heinrich *Roth*), das den Zusammenhang, den Überblick, die Einordnung, die Weite, den Horizont sichert. Gleichwohl kann der Unterricht in offenen Arbeitsformen stärker auf Tiefe und Gründlichkeit gerichtet werden, erweitert durch systematisierende Aspekte z. B. eines Lehrgangs. In jedem Falle aber kommt es darauf an, daß erworbenes Wissen weiterwirkt, „arbeitendes Wissen" wird. Und dazu kommt es vor allem dann, wenn die Lehrkraft Raum zum selbständigen Forschen, zur Selbsttätigkeit, zur Ruhe, zur Gründlichkeit öffnet. Dazu gehört eben auch die mutige Arbeit an der Veränderung der eigenen Rolle vom Dompteur zum Lernberater.

Literatur

Bastian, J.: Lehrer im Projektunterricht. Plädoyer für eine profilierte Lehrerrolle in schülerorientierten Lernprozessen. In: *Bastian*, J./*Gudjons*, H. (Hg.): Das Projektbuch. Hamburg 1991 (3. Aufl.), S. 28 ff.

Gerner, B.: Das exemplarische Prinzip. Darmstadt 1963.

Glöckel, H.: Vom Unterricht. Bad Heilbrunn 1992 (2. erw. Aufl.).

Klafki, W.: Neue Studien zur Bildungstheorie und Didaktik. Weinheim und Basel 1991 (2. erw. Aufl.).

Potthoff, W.: Freies Lernen – Verantwortliches Handeln. Freiburg 1990

Vaupel, D.: Wer auswählen gelernt hat, will dann auch mitbestimmen. Wochenplan, Freie Arbeit und Projektunterricht integrieren. In: PÄDAGOGIK H. 10/1993, S. 20 ff.

Wagenschein, M.: Zum Begriff des exemplarischen Lernens. Weinheim und Basel 1959.

Ich unterrichte lieber so wie vor 40 Jahren, da war _alles_ leichter.

7. Unterrichtsstoff darbieten

Wirksame Präsentation im darstellenden Unterricht

1. Darbietender Unterricht – veraltet, verachtet, aber Alltag

1.1 Ist der Ruf erst ruiniert ...(das Negativimage)

Steht der Lehrer oder die Lehrerin vor der Klasse und präsentiert über einige Zeit Informationen, so gerät dies leicht unter Verdacht: Darbietende Unterrichtsformen (auch darstellender Unterricht genannt, *Terhart* 1989, S. 135) haben keinen guten Ruf, weil sie (scheinbar) den selbstbestimmten Anteil der Lernenden am Unterrichtsgeschehen ignorieren. Die Kommunikation gleicht einer Einbahnstraße, der „Nürnberger Trichter" scheint die einzige didaktische Fähigkeit des Lehrers zu sein, – kurz schüleraktivierenden Methoden wie Freiarbeit, Offener Unterricht, Gruppenarbeit, Projektunterricht usw. sind nicht in Sicht. Es riecht nach Unterweisung, Drill, Abrichtung, Fremdbestimmung der Inhalte und der Lernform, passiv-rezeptiver Lernhaltung der Schüler und Schülerinnen. Stimmt diese Kritik? Sollte man also den Frontalunterricht abschaffen, – oder: ihn neu entdecken? Ich plädiere nachdrücklich für die Neu-Entdeckung und professionelle Gestaltung! (Gudjons 2003)

Der darbietende Unterricht kommt tagtäglich vor. Warum? Weil er *unverzichtbarer Bestandteil der Unterrichtsmethodik* ist. Sieht man einmal von berechtigten Einwand didaktischer Phantasielosigkeit der Lehrenden ab, so ist Tatsache, daß auch die Schüler und Schülerinnen bei *gelingendem* darbietenden Unterricht einiges leisten: Sie hören nicht nur passiv zu, sondern verarbeiten die Informationen höchst aktiv, mobilisieren ständig ihr kognitives Netz im Gehirn, um die neueingehenden Informationen richtig zuordnen zu können, – ein höchst aktiver Vorgang! Lernen als passives Abgefülltwerden gibt es nicht, denn es kommt immer nur durch aktive Aneignungsprozesse in Gang, – oder gar nicht. Obwohl in der didaktischen Literatur der jüngsten Zeit sträflich vernachlässigt, gehört der darbietende Unterricht zum Kernbereich von Unterricht, geht allerdings nicht darin auf.

1.2 ...lebt es sich ganz ungeniert (die Berechtigung)

Lehrerdarbietungen sind unterrichtsmethodisch betrachtet Teil der Sozialform *„Frontalunterricht"*. Zu diesem gehören ebenso das fragend entwickelnde Unterrichtsgespräch, der Schülervortrag, das Abfragen durch den Lehrer wie auch die

Darbietung des Stoffes durch den Lehrer. Wenn übrigens ein Schüler ein Referat hält oder eine Arbeitsgruppe ihre Ergebnisse präsentiert, gehört das ebenfalls zum Frontalunterricht! Entscheidendes Merkmal ist, daß die Arbeits-, Interaktions- und Kommunikationsprozesse *„von vorne"* gesteuert und kontrolliert werden. Nicht nur die Lehrer und Lehrerinnen, sondern gerade auch die Schüler und Schülerinnen müssen als Teil ihrer methodischen Kompetenz (*Klippert* 1994) neben all' den vielen Fähigkeiten im Rahmen schüleraktiver Methoden gerade auch die Fähigkeit lernen, Informationen sachgerecht, motivierend und lebendig darzubieten!

Ob eine Lehrperson darbietende Formen wählt, hängt vom *Gesamtzusammenhang der Ziel-, Inhalts- und Methodenentscheidungen ab* (*Meyer* 1989, S. 9). Das ist einhellige Auffassung in der gesamten Didaktik.

Wenn Sie überwiegend eine gezielte kurzfristige kognitive und systematische Vermittlung von Inhalten als Ziel setzen, liegen Sie mit darbietenden Unterrichtsformen durchaus richtig. Wenn Sie die Lernenden auf Dauer zu eigenem Suchen nach Lösungswegen animieren wollen und ihre Kreativität herausfordern wollen, dann liegen Sie aber falsch.

Das bedeutet: Ein Gegeneinander-Ausspielen von schüleraktivierenden Methoden (ich benutze dies als Sammelbegriff für die neueren Verfahren wie offener Unterricht, Freiarbeit, Gruppenunterricht, Projektarbeit usw.) und darbietenden Verfahren wie z. B. Lehrervortrag wäre ein Zurückfallen hinter den gegenwärtigen Stand der gesamten Didaktik und Methodik der Gegenwart (*Aschersleben* 1989, S. 22, *Meyer* 1989, S. 8 f, *Terhart* 1989, S. 138, *Bastian* 1990, S. 8 f, PÄDAGOGIK H. 5/1998).

Sofern alle Methoden für alle kritisierbar bleiben, braucht sich niemand vor dem darbietenden Unterricht zu fürchten. Wenn er im Rahmen der *Methodenvielfalt* praktiziert wird, also immer in Kombination mit schüleraktivierenden Methoden, hat er seinen berechtigten Stellenwert und sollte so professionell wie möglich durchgeführt werden. Also nicht aus dem Stehgreif, unvorbereitet, für die Zuhörenden langweilig, als Hauptmittel für „Lehrende", die diese Tätigkeit allzu wörtlich nehmen und in falscher Weise in die Selbstdarstellung als „Lehrer" verliebt sind ...

Die folgenden Hilfen setzen also eine generelle Bereitschaft zur methodischen Vielfalt und ein erzieherisch-didaktisches Gesamtkonzept jedes einzelnen Lehrenden voraus. Nur unter dieser Voraussetzung geht es um Techniken der Stoffvermittlung. Diese sind allerdings so unverzichtbar wie das Handwerk des Maurers: Auch wenn er eine Kathedrale baut, muß er die Kelle beim Mauern richtig halten und den Mörtel richtig auflegen können ...

1.3 Wie gestalte ich darbietende Unterrichtsphasen?

a) Zuerst abwägen, ob eine darbietende Unterrichtsphase angebracht ist.

• Sind die Voraussetzungen für meinen Lehrervortrag (*Fuhrmann* 1990) vorhanden (inhaltlich, von der Altersstufe her, von der aktuellen Atmosphäre her)?

• Bietet mein Lehrervortrag tatsächlich die beste Möglichkeit zur rationellen Stoffvermittlung? Z. B. für die Vermittlung von Hintergrund- und Zusatzinformationen? Oder will ich etwa Fertigkeiten vermitteln (z. B. Multiplizieren von Dezimalbrüchen) – dann müßte ich andere Methoden wählen.

• Welche Funktion kann mein Lehrervortrag haben – z. B.

  – Eröffnung einer neuen Unterrichtseinheit, Überblick über das Kommende („Ich möchte euch heute vorstellen, wie ich mir den weiteren Unterricht zu dem Thema „Ausländer und Asylbewerber" vorgestellt habe)

  – Einschübe in einen laufenden Arbeitsprozeß („Ich stelle euch folgende noch zu bearbeitende Fragen und Aufgaben vor... und mache euch Vorschläge für eure eigene Weiterarbeit...")

  – Unverzichtbare Sachinformationen, z. B. eine erläuternde Erklärung zu einem naturwissenschaftlichen Thema, ein Bericht, eine Schilderung, eine Erörterung in sozialkundlichen, sprachlichen Fächern, ein Problemaufriß mit offenen Fragen zur Weiterarbeit, zu der bestimmte Sachinformationen nötig sind usw.

  – Zusammenfassungen von Unterrichtsphasen, z. B. zur Wiederholung vor einer Klassenarbeit u. a. m.

Auf keinen Fall darf die Lehrerin oder der Lehrer der Versuchung erliegen zu glauben, daß Schüler und Schülerinnen grundsätzlich am besten lernen, wenn die Lehrkraft als kompetente Fachperson den Stoff vermittels Darbietung *„konsequent durchzieht"*. Dabei wird Lehren mit Lernen verwechselt und Unterricht mit einer Vorlesung...

b) Einen klaren Rahmen für die darbietende Phase setzen

• Von großer Wichtigkeit ist es auch, den Schülern und Schülerinnen zu sagen, was sie während der Darbietung tun oder nicht tun sollen, z. B. einfach nur genau zuhören, Fragen notieren, Zwischenfragen stellen, sich Notizen machen, Skizzen mitzeichnen usw. Ich selber habe gute Erfahrungen damit gemacht, durchaus Seitengespräche zum Nachbarn (leise!) zu erlauben, unter zwei Bedingungen: es muß zur Sache gehören und es muß anschließend als Frage, Kritik, Rückmeldung o. ä. eingebracht werden.

• Die Lehrkraft selber muß sich unbedingt gut vorbereiten. Nichts ist langweiliger als ein nicht durchdachter Vortrag, der sachliche Präzision und mediale Präsentation durch Weitschweifigkeit und Redundanz ersetzt. Eine gute inhaltliche, zeitliche und vor allem mediale Vorplanung ist die halbe Miete des darbietenden Unterrichts: Folien vorbereiten, Bilder sortieren, Tafelskizzen vorher aufzeichnen und evtl. verdecken. Für die inhaltliche Gliederung gibt es ein empfehlenswertes „Spickzettelverfahren": Jeder Gedanke oder jede wichtige inhaltliche Information wird auf eine Karteikarte DIN A 7 notiert, die Karten werden als Stapel geordnet und die jeweils abgearbeitet Karte wird beim Vortrag unter den Stapel geschoben. So kann man die abschreckende „große Vortragsmappe" vermeiden.

• Keiner sollte die Wichtigkeit der Vorbereitung unterschätzen (*Fuhrmann* 1990, S. 18), z. B. ruhig einmal vor dem Spiegel sprechen, die Zeit mitstoppen, sich selber einmal auf Tonband hören, oder gar selbst im Video erleben. Ich garantiere Ihnen: Sie werden auch als erfahrene Lehrkraft manche Überraschung erleben.

• Die Durchführung der darbietenden Phase sollte unbedingt konsequent sein. Was aber tun, wenn dabei Störungen durch Schüler oder Schülerinnen auftreten? Es ist darum äußerst wichtig, während der Darbietung, Blickkontakt zu den Schülern und Schülerinnen zu halten. Störungen „meinen" immer etwas, sie müssen entschlüsselt werden, weil sie eine Bedeutung haben. Fühlen sich die Zuhörenden überfordert? Haben sie den Sinn der darbietenden Phase nicht verstanden? Handelt es sich um Störungen auf der Beziehungsebene zur Lehrperson? Oder sind die Schüler und Schülerinnen von der vorhergehenden Sportstunde einfach zu müde? (Zum Störaspekt des Unterrichtes grundlegend: *Winkel* 1980)

• Ein darbietender Unterrichtsabschnitt sollte ein klares und erkennbares *Ende* haben. Das mag banal klingen, aber es wird leicht unerträglich, wenn noch dauernd Nachschübe kommen: „Ach so, ja, das habe ich noch vergessen …", „übrigens hat zu unserm Thema Platon schon gesagt …" , „Ja, da fällt mir gerade noch ein, daß Frau Schulz euch in Bio ja schon folgendes dazu erklärt hat …"

• Es muß dann schließlich auch klar sein, wie es *weitergeht*: Fragen können gestellt, Arbeitsaufgaben verteilt, ein neuer Abschnitt begonnen werden usw.

Der Rahmen für darbietenden Unterricht
1. Klarheit der Situation, Themenangabe, Zeitansage, Kontext der Darbietung
2. Aufgaben für die Zuhörenden benennen: Fragen notieren, auf bestimmte Abschnitte achten, Skizzen mitzeichnen, mitschreiben – oder das alles nicht, sondern einfach zuhören. Regeln festlegen (z. B. für Seitengespräche)
3. Genaue Vorbereitung, inhaltlich und medial (s. u. „Hilfen zur Präsentation")
4. Konsequente und straffe Durchführung, Störungen entschlüsseln
5. Klarer Abschluß und erkennbare Überleitung zum nächsten Unterrichtsabschnitt

c) Darbietenden Unterricht bewußt inszenieren
Die Überschrift klingt nach Schauspielerei. Im negativen Sinn ist dies nicht gemeint. Aber daß jeder gute Unterricht mit Dramaturgie zu tun hat, wird in der aktuellen Didaktik gerade wiederentdeckt (*Meyer 1987, Berg/Schulze* 1993).

• Von größter Bedeutung ist der *Anfang*. Es mag gelegentlich durchaus überzeugend und echt sein, wenn die Lehrkraft ihren ganz persönlichen Bezug zur Bedeutung des Themas nennt. Aber Vorsicht vor einem Gehabe, das an Selbsterfahrungsgruppen erinnert: „Mir ist ganz wichtig ...", „Es bedeutet mir ganz viel..." usw.

• Viel besser ist es, einen *Überraschungseffekt* einzuplanen (das muß nicht immer ein amüsanter Knüller sein, sondern kann auch die Erzeugung eines kognitiven Konfliktes beinhalten): Die Kugel paßte vorher durch den Ring, nach der Erwärmung bleibt sie darin stecken, – wieso eigentlich? Ein Stück Eisen geht im Wasser unter, aber ein riesiges Eisenschiff schwimmt, – wieso denn das? Usw. Überraschende Fragestellungen motivieren zum weiteren Zuhören.

• Die *Sprache* in der Darbietung soll einfach und verständlich sein. Vermeiden Sie lange Sätze und Schachtelsätze. Erklären Sie Fachbegriffe, schreiben Sie diese an die Tafel (mit Erklärung). Und: Keine Angst vor ein wenig geschickter Rhetorik! Ein Vortragender sollte nicht wie Dagmar Berghoff bei der Tagesschau wirken, sondern eher wie ein Jürgen von der Lippe, ohne als platter Entertainer aufzutreten. Modulieren Sie durchaus Ihre Stimme, sprechen Sie auch mal ganz leise oder dann wieder temperamentvoll. Bewegen Sie sich im Raum, aber nicht wie ein Tiger im Käfig. Bedenken Sie: Einschlafreferenten gibt es genug, aber auch an hohlen Showmastern besteht kein Bedarf. Darum:

• Achten Sie auf eine gute und erkennbare sachliche *Gliederung* ihrer Darbietung. Klare Einleitung, ein Hauptteil und ein Abschluß sind immer noch rhetorische Stilmittel von Bedeutung. Es kann auch bisweilen sinnvoll sein, die Gliederung den Zuhörenden bekannt zu geben (z. B. durch Tafelanschrieb oder eine Folie, s. u.).

• Es ist auch wichtig, wenn irgend möglich, auf die *Erfahrungen* der Schüler und Schülerinnen einzugehen und so Lebensnähe herzustellen („Ihr müßt den Mülleimer runterbringen, aber wie geht es mit dem Müll dann eigentlich weiter? „Oder: „Wo laßt ihr eigentlich die Batterien aus eurem Walkman?") u. a. m.

• Bauen Sie durchaus *Wiederholungsschleifen* ein (aber nicht zu auffällig und penetrant), lassen Sie Denkpausen entstehen, geben Sie Impulse für die anschließende Verarbeitung Ihres Beitrages („Das sollte die Afrika-Gruppe mit Bernd, Petra und Oliver unbedingt mal genauer untersuchen..."), gestehen Sie aber auch zu, daß Sie auch nicht alles wissen und beantworten können.

- Von entscheidender Bedeutung ist die *visuelle Unterstützung* ihrer Darbietung (s. u. Hilfen zu Präsentation). Die moderne Didaktik und Präsentationsmethodik ist hier gerade für den Schulalltag ungemein anregend und noch lange nicht ausgeschöpft. Aber auch hier gilt: Keine Show, sondern ein angemessener Einsatz.
- Achten Sie unbedingt auf die *Rückkopplung* während ihrer Präsentation. Sie können dies einfach machen durch genaue Beobachtung der Reaktionen der Zuhörenden, aber auch durch geplante Rückfragen („Heike, du machst so ein kritisches Gesicht , kannst du uns nachher mal sagen, was dich bei diesem Gedanken stört?"), Sie können auch „Kontrollmechanismen" einbauen , indem Sie während des Vortrages dazu auffordern, daß die Schüler sich praktische Beispiele überlegen sollen oder eigene Erfahrungen dazu entwickeln usw.
- Und das Wichtigste am Ende: Sie dürfen über alles sprechen, – nur *nicht über 15 Minuten* (wie mal ein Witzbold formuliert hat).

Weitere Stilmittel sind (*Fuhrmann* 1990, 18):
- das Opponieren (das Erzeugen einer Fragehaltung durch widersprüchliche Informationen);
- eine Pro/Contra-Darstellung (von scheinbar gleichberechtigten Argumenten, die aber erst genauer untersucht werden müßten);
- die Zuspitzung („Ich will mal übertreiben...");
- eine (vielleicht fiktive) Erlebnisschilderung („Luther dachte so für sich, als er vor dem Kaiser in Worms stand ...");
- auch empörend rhetorische Fragen („Hat sich Stauffenberg denn nicht klargemacht, daß er einen Menschen töten will, auch wenn es der Tyrann Hitler war?");
- eine gedankliche Falldiskussion („Stellt euch mal vor, ein Verbrecher kehrt nach dem Gefängnisurlaub nicht zurück...");
- Beispiele verwenden (eingedenk des alten Satzes: Exempla trahunt – verba docent, Beispiele überzeugen, Worte belehren);
- Schüler als Experten ansprechen („Wie Jan gestern uns die Vermehrung der Regenwürmer erklärt hat...");
- und schließlich auch eine gute Portion Humor („Der liebe Gott weiß alles, Lehrer wissen alles besser ...").

10 Tips zur praktischen Gestaltung einer Darbietung
1. Inszenieren Sie Ihre Präsentation sehr bewußt, sie braucht eine gute Dramaturgie!
2. Sorgen Sie für einen interessanten Einstieg, vielleicht einen Überraschungseffekt (kognitiver Konflikt)!
3. Nutzen Sie unterschiedliche Stilmittel, von widersprüchlichen Informationen bis zum Humor!
4. Achten Sie auf Ihre Sprache: einfach, klar, mit rhetorischen Elementen!
5. Halten Sie sich an eine klare sachliche Gliederung!
6. Stellen Sie wenn immer möglich den Bezug zu den Erfahrungen der Schüler und Schülerinnen her!
7. Richten Sie Denkpausen ein und planen Sie geeignete Wiederholungen ein!
8. Unterstützen Sie Ihre Präsentation von Informationen unbedingt mit modernen visuellen Hilfen (s. u.)!
9. Sorgen Sie für Rückkopplungen während Ihrer Darbietung!
10. Sprechen Sie nie über 15 Minuten! Geben Sie dies auch als Richtlinie für Präsentationen durch Schüler!

2. Mit den Augen lernen

2.1 „Ein Bild ist besser als 1000 Worte..." – wirklich?

Der pädagogische Wert von Bildern ist lange bekannt: Comenius schuf im 17. Jahrhundert seinen berühmten „Orbis pictus", eine Welt in Bildern; von dem Philosophen John *Locke* (1632–1704) stammt der grundlegende Satz: „Nihil est in intellectu, quod non fuerit ante in sensu", nichts ist im Verstand, das nicht zuvor in den Sinnen war. Heute stehen wir aber vor dem Problem, daß uns eine Bilderflut geradezu überschwemmt, Werbung, Fernsehen, Illustrierte etc. verleiten uns zu einer sehr oberflächlichen Aufnahme von Bildern.

Wir müssen uns in der Schule also davor hüten, diese fastfood-Mentalität nicht auch noch durch überflüssigen und dilettantischen Bildeinsatz im darbietenden Unterricht zu fördern. Aufgabe ist vielmehr, zur produktiven Auseinandersetzung mit Bildern gezielt anzuregen. Dabei müssen wir berücksichtigen, daß sich die Mentalität unserer Schüler und Schülerinnen in Richtung anspruchsloser Unterhaltung durch Bilder entwickelt. Genau dem ist durch didaktisch gut geplanten Bildeinsatz im darbietenden Unterricht gegenzusteuern.

Man unterscheidet grundsätzlich zwischen Abbildern (z. B. Foto, reale Zeichnung) und *logischen oder analytischen Bildern* (z. B. Verlaufskurven, Diagramme etc.) (*Weidenmann* 1991). In jedem Fall müssen Bilder einen qualitativ anspruchsvollen Informationsgehalt haben. Nur dann ist es möglich, vom Bildverstehen 1. Ordnung (einfaches Erkennen, was zu sehen ist) zum Bildverstehen 2. Ordnung zu gelangen: Erkennen des wirklichen Informationsgehaltes und der Mitteilungsabsicht des Bildproduzenten. Beide Arten von Bildern – Abbilder wie logische – Bilder haben einen großen Vorzug: Sie bieten Informationen „auf einen Blick", sie können Zusammengehöriges schneller zusammenfassen als verbale Information. Das bedeutet: Immer wenn es um einen raschen Überblick zu einem Gebiet geht, dann sind Bilder vorzüglich geeignet, verbale Präsentationen zu unterstützen. (Zur Visualisierung neuerdings *Stary* 1997, *Schnelle-Cölln/ Schnelle* 1998).

Folgende Kriterien helfen bei der Auswahl und der Herstellung von Bildern, die Stoffpräsentationen im darbietenden Unterricht unterstützen sollen (vgl. Abb. 1 und 2 zum menschlichen Ohr):

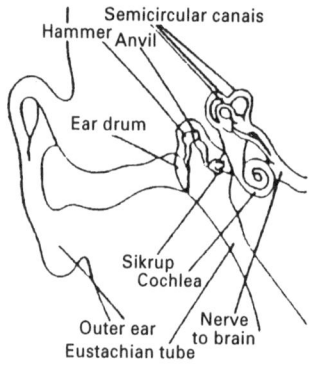

Abb. 1: Negativ-Beispiel

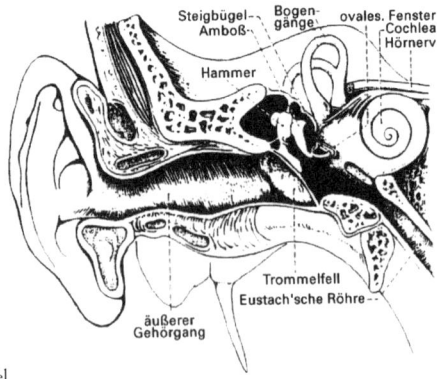

Abb. 2: Positiv-Beispiel

- gute Figur-Grund-Unterscheidung (in Abb. 1 ist dies nicht der Fall, das Bild besteht aus lauter Linien ohne Kontraste, Abb. 2 dagegen zeigt über schwarz bis zur angedeuteten Schattierung eine gute Kontrastierung verschiedene Zwischentöne zur Orientierung des Betrachters);
- eindeutige Schattierungs- und Farbinformation (ein Musterbeispiel ist Leonardos Abendmahl);
- eine vertraute Perspektive, die unseren Sehgewohnheiten Rechnung trägt (Personen von oben sind z. B. für unsere gewohnte Wahrnehmung nur ganz schwer zu erkennen);
- und ein erkennbarer Kontext, damit man sieht, in welche Umwelt und Situation das Bild gehört (in Abb. 3 der Karikatur von Hachfeld ist dies meisterhaft gelungen durch den kleinen Kreis unter dem Werfer: jeder sieht sofort, daß die Szene auf einem Sportplatz spielt).

Abb. 3: Karikatur von Hachfeld

Sehr günstig ist es auch, wenn Bilder „Seh-Hinweise" (im Bild) enthalten. In Abb. 2 (Ohr) ist dies der Fall durch die Beschriftung. Sie liefert nicht nur zusätzliche Informationen zum Verstehen des Bildes, sondern hält auch dazu an, das Bild genauer zu betrachten. Denn wir dürfen uns nicht täuschen; Bilder sind nicht immer so eindeutig, wie es scheint. Wahrnehmung durch den Betrachter und Bild sind zweierlei. Es kann auch vorkommen, daß die Schüler und Schülerinnen auf dem Bild etwas sehr Unterschiedliches wahrnehmen und es unterschiedlich deuten. Das kann man sehr schön demonstrieren an den sog. „Optischen Täuschungen" (Abb. 4): Auf Anhieb wirken die Linien gleich lang oder nicht parallel, erst bei sehr genauem Hinsehen oder Nachmessen zeigt sich das Gegenteil. Das bedeutet: Wahrnehmung ist nicht „unmittelbar", sozusagen eine Fotografie des Bildes im Gehirn, sondern immer eine Konstruktion.

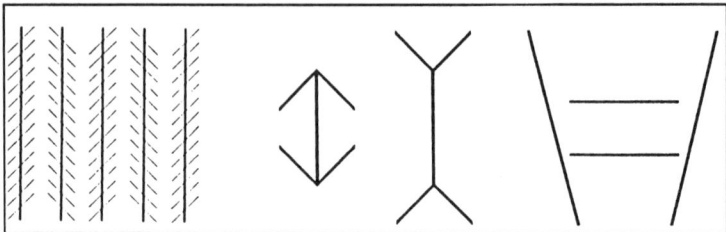

Abb. 4: Optische Täuschungen

Die didaktische Konsequenz für den Umgang mit Bildern: Die Betrachter brauchen Zeit und ggf. Anleitung, sich intensiv mit einem Bild zu beschäftigen. Nicht die Fütterung der Zuschauenden mit Bildern nach der Schlaraffenlandmentalität, sondern ein effektiver Nutzen der Bilddarbietung ist das Ziel.

2.2 Bilder nutzen – aber richtig

- *Mehrere Sinne* sollen angesprochen werden. Eines der wichtigsten Ergebnisse der neueren Lernforschung ist, daß Informationen dann am besten aufgenommen werden, wenn sie mehrkanalig (d. h. über mehrere Sinne) angeboten werden. (*Gudjons* 1994, 10)
- Für die Darbietung von Bildern heißt das vor allem, daß sie in sprachliche Informationen eingebettet sein sollten (Auge und Ohr werden aktiviert). Ein Bild muß also erklärt, kommentiert, mit Fragen angereichert werden. Sprachliche Einbettung kann aber auch heißen, daß die Betrachter aufgefordert werden, sich zu äußern, d. h. es müssen Sprechanlässe geboten werden. Eine solche „Umcodierung" visueller Informationen in sprachliche ist der beste Schutz vor dem passiven, oberflächlichen fastfood-Konsum von Bildern.
- Hier liegt eine günstige Möglichkeit, darbietende Phasen durch schüleraktive Verfahren weiterzuführen, wenn z. B. gezielte Beobachtungsaufgaben vorher verteilt werden, auf die man dann anschließend zurückkommt.
- Sie können mit Bildern *Inhalte präsentieren*: Durch ein Bild wird etwas stellvertretend dargestellt und vor Augen geführt. Sie bilden ganz einfach zunächst etwas ab: Sie sprechen z. B. über Getreidesorten und zeigen einfach Bilder von Roggen, Gerste, Hafer und Weizen. Damit fügen Sie dem gesprochenen Wort Konkretheit hinzu. Aber das ist nicht alles. Nehmen Sie nochmal Abb. 2, das Bild des Ohres: durch geschickte Didaktisierung (Kontrastierung, Benennungen etc.) werden die wesentlichen Merkmale des Ohres geschickt herausgearbeitet (das Typische ist so klar und so gut erkennbar, daß kein natürliches Exemplar diese Informationen liefern könnte).

• Sie können mit Bildern *erklären*: Nehmen wir an, Sie wollen erklären, wie ein Generator funktioniert. Dazu müssen Sie bestimmte Elemente vorstellen (Spulen, Rotor, Stromfluß etc.). Im Unterschied zur Präsentation kommt es aber jetzt darauf an, daß die Schüler die dynamischen Beziehungen zwischen diesen Elementen verstehen (in der Fachsprache: ein mentales Modell aufbauen), sie müssen den Ablauf verstehen. Auch dies ist bildhaft gut möglich, indem Sie z. B. durch langsames Übereinanderlegen von Bildteilen auf dem Overheadprojektor Schritt für Schritt die Abläufe entstehen lassen (s. u. Folien und Overhead). Dabei ist allerdings wichtig, den Lernenden genügend Zeit zu lassen, die Sequenzierung nachzuvollziehen und zu „durchschauen".

• Sie können mit Bildern *argumentieren und motivieren*: Meinungen und Überzeugungen lassen sind durch Bilder stark beeinflussen (Sie kennen das vor allem aus der Werbung), weil Bilder auch die Gefühle beeinflussen und emotionale Bedürfnisse wecken bzw. befriedigen. Besser als lange verbale Schilderungen der verheerenden Wirkung von Atombomben sind z. B. Bilder von Opfern des Hiroshima-Angriffes. Überzeugender als manche verbale Erläuterung ist es, zwei Bilder von Lungen zu zeigen: eine gesunde und eine durch Rauchen zerstörte u. a. m. Bilder können auch stark motivierend wirken, wenn sie Interesse wachrufen, Rätselhaftes vorstellen, Neugier für einen Zusammenhang wecken u. a. m.

• Sie können mit Bildern *fokussieren*, d. h. Ausschnitte aus bestimmten Sachverhalten in den Brennpunkt rücken: Sie behandeln z. B. Gefahren im Haushalt. Abb. 5 zeigt ganz einfach, wie durch Hervorheben der Gefahrenpunkte bestimmte Details aus einem umfassenderen Bild hervorgehoben werden. Die Gefahrenpunkte sind hier schwarz fokussiert. Der Betrachter muß nicht lange rätseln, was das Bild bedeuten mag, sondern wird zu den wesentlichen Punkten geführt.

Abb. 5: Mit Bildern Inhalte fokussieren

• Sie können mit Bildern *Sprache verwandeln in visuelle Symbole*: In meiner Vorlesung zum Pädagogischen Grundwissen verwandle ich die komplizierte Theorie des symbolischen Interaktionismus in ein relativ einfaches Schaubild, das die Interaktion eines Lehrers mit einem Schüler („Setz' dich!" – „Jaja, gleich!") in einer Grafik einfängt (*Gudjons* 1997, S. 165).

• Es gibt drei Voraussetzungen zum angemessenen Umgang mit Bildern:
a) das Bild muß ausreichend wahrgenommen werden. Eine große Hilfe sind dazu bestimmte Arbeitsaufgaben für die Betrachter, z. B. ein Bild (vorher austeilen) zu beschriften, Fragezeichen hineinzumalen, es zu ergänzen, einen Ausschnitt zu betrachten, es zu verändern usw. ;
b) das Bild muß dekodiert werden. Man muß dazu wissen, daß wir Bilder grundsätzlich in zwei blitzschnell ablaufenden Phasen betrachten: in der ersten geht es um globales Erkennen (was ist das? Worum geht es?), in der zweiten Phase lesen wir lokal Einzelinformationen ab. Didaktisch gesehen wird durch die o.a. Vorschläge diese wichtige zweite Phase unterstützt. Also: Die im Bild verschlüsselten Informationen sollen zutreffend erkannt werden durch gezielt gestellte Fragen oder durch Fragen, die die Betrachtenden untereinander entwickeln und diskutieren dürfen. Auch hier zeigt sich wieder, wie wichtig eine gut geplante Fortsetzung darbietender Unterrichtseinschübe ist;
c) das Bild muß in einen inhaltlichen Zusammenhang eingebettet werden. Es muß also, wie schon mehrfach betont, durch sprachliche Informationen ergänzt, durch Texte komplettiert oder mit der ursprünglichen Aufgabenstellung oder dem Thema verknüpft werden.

Übrigens lassen sich bildhafte Darstellungen auch gut *zur Lernkontrolle* nutzen: z. B. eine Abbildung ergänzen („wie müßte die Kurve nach den uns vorliegenden Informationen weitergehen?"), eine Abbildung korrigieren („was ist falsch an der Reihenfolge der Bilder?") u. a. m.

Bilder im darbietenden Unterricht sind also erheblich mehr als schmückendes Beiwerk oder bloße Illustration (obwohl Illustration wörtlich „Erleuchtung" heißt). Dazu ist es aber nötig, Bilder didaktisch zu gestalten. Dazu abschließend einige Hilfen.

• Um dem Betrachter zu helfen, die wesentlichen Informationen eines Bildes zu erkennen, können Sie „ins Bild eingreifen": Sie können wichtige Bildteile umrahmen, Pfeile eintragen, etwas farblich hervorheben, einen Bildausschnitt („Lupe") einbauen. Ein Beispiel dafür ist Abb. 6: Sie stellen die Flugfeder eines Vogels dar und fügen eine Ausschnittvergrößerung hinzu, die die Verzahnung von Schaft der Feder und Nebenästen in einem kleinen Kreis wie unter einer Lupe vergrößert und mit einer Linie der entsprechenden Stelle der Feder zuordnet.

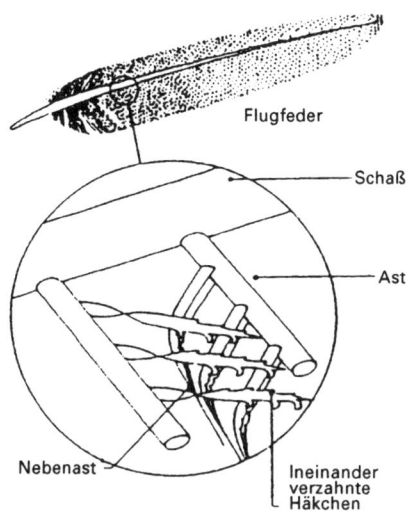

Abb. 6: Information hervorheben

- Sie können auch (viel einfacher) bestimmte Bildteile zudecken und dann langsam nach und nach für die Betrachter öffnen, um so eine Art Zeitlupe entstehen zu lassen.
- Weitere Möglichkeiten beschreibe ich im Abschnitt über Folien und Overheadprojektor.

Tips zum Umgang mit Bildern
1. Achten Sie auf das „Bildverstehen 2. Ordnung": den Informationsgehalt wirklich erschließen, kein fastfood-Konsum.
2. Wählen Sie Bilder nach Qualitätskriterien aus.
3. Bauen Sie Sehhinweise in das Bild ein und geben Sie genug Zeit, diese beim Betrachten zu nutzen.
4. Betten Sie Bilder in Ihre sprachliche Darstellung ein, aber reden Sie nicht pausenlos, während die Schüler das Bild studieren.
5. Überlegen Sie vorher, was Sie mit einem Bild erreichen wollen: präsentieren, erklären, argumentieren, motivieren, fokussieren usw.
6. Prüfen Sie, ob Arbeitsaufgaben beim Betrachten oder danach gestellt werden können.
7. Gehen Sie mit Bildern durchaus kreativ um, vom Verdecken von Teilen bis Ausfüllen von Leerstellen.

3. Hilfen zur wirksamen Präsentation

3.1 Folien und Overheadprojektor (OHP)

Die enormen Vorzüge dieser Medien sind jedem bekannt, der schon mit ihnen gearbeitet hat:

- gegenüber der Tafel: Folien sind beliebig oft reproduzierbar, unter Kollegen austauschbar, man bleibt mit dem Gesicht den Zuhörenden zugewendet, hat sie nicht im Rücken beim Zeichnen oder Erklären eines Bildes usw.,
- gegenüber Projektor und Epidiaskop kommt man mit normalem Tageslicht aus, kann Bilder aus Büchern auf Folien kopieren, ohne die vielleicht seltenen oder kostbaren Originale immer mit in die Klasse nehmen zu müssen,
- man kann eine Fülle von Darstellungstechniken einsetzen, die das Zuhören spannend und interessant machen, hinterläßt plastische Erinnerungsspuren in den Köpfen, bündelt die Aufmerksamkeit nach vorne, was beim darbietenden Unterricht unabdingbar ist u. v. a.
- Auch für den Einsatz von Folien gilt, was ich grundsätzlich für den darbietenden Unterricht vorgeschlagen habe: Darbietungen müssen sorgfältig inszeniert werden! Wenn man ideenlos nur Fertigfolien verwendet, schöpft man das Potential des Overheadprojektors lange nicht aus. Dazu einige Beispiele. (Vorzügliche Anregungen finden sie bei *Will* 1994 a und b.)
- Vortrag und Folieneinsatz koordinieren: Zunächst wird der Inhalt der Folie angekündigt. Dann wird die Folie gezeigt, jedoch wird eine kurze Sprechpause gemacht, damit der Inhalt von den Rezipienten aufgenommen werden kann. Erst dann wird die Folie erläutert. Zu einem letzten Schritt wir der Inhalt explizit kommentiert.
- *Live-Folien*: Auf einer leeren Folie entsteht während des Vortrages ein Bild, eine Skizze, Begriffe werden notiert und mit Verbindungslinien in ein Netzwerk gebracht usw., die Zuschauenden erleben die Entwicklung auf der Folie Schritt für Schritt mit, was die Aufmerksamkeit eher anspricht als die Erklärung eines fertigen Bildes.
- *Teilfertig-Folien*: Man bereitet eine oder mehrere Folien mehr oder minder detailliert vor und ergänzt sie während der Darbietung, entweder durch Einzeichnen, Einfügen von Wörtern, Beschriftungen, Markierungen, Hervorhebung etc., oder man legt Folien übereinander in der
- *Overlaytechnik*: Mit einer Grundfolie wird z. B. in die Fragestellung eingeführt, bis zu zwei Folien dann schrittweise zur Ergänzung darübergelegt; auf diese Weise vermeidet man eine zu hohe Komplexität eines Einzelbildes und läßt einen Vorgang schrittweise entstehen (Abb. 7 zeigt dies für den Vorgang der Wahl des Bundespräsidenten).

 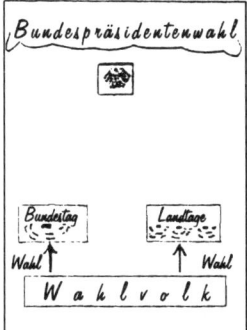 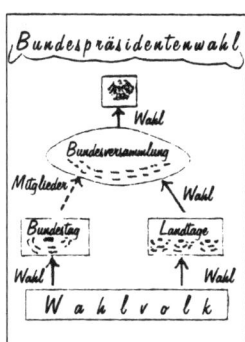

Abb. 7: Overlaytechnik

- „Striptease-Technik": Die umgekehrte Technik, man nimmt von drei übereinan-
derliegenden Folien einzelne weg, bis die Grundfolie sichtbar ist, oder schiebt
eine neue Folie dazwischen (so kann man z. B. ein volles Gefäß entleeren und
mit neuem Inhalt füllen oder demonstrieren, wie ein Gewässer voller Schad-
stoffe durch biologische Maßnahmen wieder gereinigt wird, bis sich neue
Fischarten darin tummeln u.v.a.).
- Auflegetechnik: Der Overheadprojektor wird zur „Mini-Bühne", wenn man
kleine Gegenstände darauflegt, die natürlich nur Schattenbilder ergeben. Aber
diese Technik ist z. B. sehr gut einsetzbar, wenn man physikalische Versuche
demonstrieren will, z. B. die Wirkung von Magnetfeldern: ausgestreute Eisen-
späne werden vom Hufeisenmagneten angezogen, die Magnetfelder sind visuell
erkennbar u. v. a.
- Mini- und Auflegetransparente: Auf einer Folie mit einer Grundskizze werden
kleine bewegliche Miniskizzen hin- und hergeschoben, z. B. Personen, Fahr-
zeuge o. ä. So kann man sich z. B. über eine Landkarte bewegen u. a. m.
- Drehfolien: Die Grundfolie zeigt das gleichbleibende Feld, die hat in der Mitte
ein Loch, durch das ein Druckknopf oder eine Reiszwecke als Achse gesteckt
wird; darauf kommt dann das bewegliche Drehteil, das ebenfalls ein Loch in
der Mitte hat. So können Grundfolie und Drehteil fest miteinander verbunden
werden, wobei die obere Folie drehbar ist. Eine sinnvolle Technik, die z. B. zur
schrittweisen Erläuterung von Kreisdiagrammen gut verwendet werden kann
(Abb. 8 zeigt ihren Einsatz zur Erklärung der Funktionsweise von Radar auf
einen Flughafen).

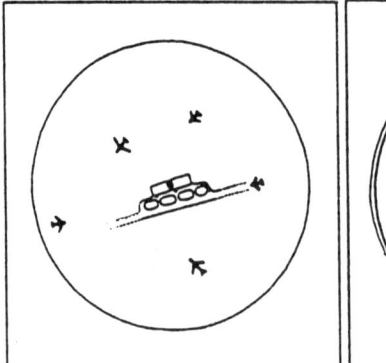

Abb. 8: Folie zur Erklärung des Flughafen-Radars

Schüler anregen, ebenfalls *Folien anzufertigen* oder bei der Vorstellung von Arbeitsergebnissen zu verwenden.

Tips zum Folieneinsatz
1. Folien mit andern Medien (Buch, Tafel, Film etc.) kombinieren.
2. Gedankengang, Gliederung eines Referates auf Folie sichtbar machen.
3. Folien selbst herstellen, nicht nur fertige verwenden.
4. Wenige Aussagen per Folie sind besser als Informationsflut.
5. Bildhafte Elemente verwenden, nicht nur Wörter.
6. Folien farbig gestalten, wasserlösliche oder wasserfeste Folienstifte verwenden, klare Schrift.
7. Techniken nutzen:
   – Folien live entstehen lassen
   – Teilfertigfolien ergänzen
   – Overlaytechnik, auch Auflagetransparente in Miniform
   – „Striptease-Technik" mit Overlay verbinden
   – OHP als Minibühne nutzen, z. B. für physikalische Versuche mit Drehfolien arbeiten
   – Zeigestab benutzen, auf die Folie zeigen, nicht auf das Wandbild
   – Schüler anleiten, selbst Folien zu produzieren und zu verwenden
   – Folienarchiv anlegen für Wiederverwendung

3.2 Flipchart und Pinwand

Wem Overheadprojektor und Folieneinsatz zu „technisch" sind, der ist gut beraten mit Flipchart und Pinwand. (*Langner-Geißler/Lipp* 1991) Diese Arbeitsmittel sind z. B. auch sehr gut geeignet für Elternabende oder Konferenzen.

Abb. 9: Flipchart

Unter einem *Flipchart* ist ganz einfach eine transportable Papiertafel mit einem großen Block Papier (i. d. R. 70x100) zu verstehen mit dreibeinigem Ständer (Abb. 9). Der Vorteil eines Flipcharts: Man kann ihn überall leicht aufstellen (selbst draußen), man kann durch Umblättern jederzeit vorherige Blätter wieder zurückholen, man kann sehr sinnlich mit dicken Filzstiften schreiben und malen, und man kann vor allem die Blätter abreißen und für längere Zeit im Klassenraum aufhängen. Dies hilft zur Berücksichtigung der individuellen Aufnahmegeschwindigkeit; besonders die „Langsamen" brauchen Gelegenheit, öfter wiederholend hingucken zu können (eine Folie dagegen wird nach dem Wegnehmen unsichtbar!) Auch Arbeitsgruppen können einen Flipchart leichter benutzen als einen OHP. Ein weiterer Vorteil ist, daß auf einem Flipchart auch reale Gegenstände kurzfristig angehängt werden können, die man zur Veranschaulichung mitgebracht hat.

Vor allem die graphischen Möglichkeiten beim Flipchart sind vielfältig und gut für die optische Unterstützung einer verbalen Darbietung zu nutzen. Man kann mit dicken Filzstiften („Eddings") arbeiten , verschiedene Farben verwenden, Symbole z. B. Widerspruchspfeil, Ausrufungszeichen, Warndreieck u.v.a. als „Ankerreize" benutzen. Von den Experten für Flipcharteinsatz wird immer wieder darauf hingewiesen, daß die Gestaltung eines Blattes liebevoll sein soll: d. h. variantenreich in der Verwendung von Schriften, Farben, Groß- und Kleinbuchstaben usw. Bei vorher angefertigten Plakaten /Flipchart-Seiten) sollte aber nicht bloß vorgelesen werden, was darauf steht, sondern es sollte kommentiert, erklärt, weitergeführt werden.

Pinwände (Stellwände mit weichem Untergrund, z. B. überspannter Kork) haben ebenfalls vielfältige Funktionen, die weit über die Unterstützung darbietender Unterrichtsteile hinausgehen. Sie können sie aber für Ihre Darbietung speziell nutzen. Einige Beispiele.

• Besonders für die *Strukturierung* der Anfangsphase von Lern- und Arbeitsprozessen haben sich Flipchart und Pinwände bewährt: Die entstehende Gesamtstruktur eines Lern- oder Arbeitsabschnittes wird visualisiert und ist weit mehr als eine Anfangsorientierung: Sie kann als Wegweiser später dann im fortschreitenden Prozeß jederzeit zur Standortbestimmung und zum Gesamtüberblick dienen.

• Bei einem *einführenden Vortrag* wird jeweils ein wichtiger Gedanke, eine Fragestellung oder eine wichtige Information (z. B. „was müssen wir wissen, um die Stadtplanung unseres Wohngebietes zu verstehen und zu beurteilen?") als gut sichtbare *Karteikarte* untereinander an die Pinwand gehängt (vorher notieren!). Später kann man dann diese Karten vor aller Augen umgruppieren, zu Clustern ordnen und zur Grundlage von Arbeitsthemen z. B. für Gruppen machen.

• Oder Sie können *verschiedenfarbige Karten* einander zuordnen, z. B. rot: pro Atomkraft (Argumente), gelb: gegen Atomkraft (Argumente). Diese Karten werden während des Vortrages nacheinander aufgespießt, d. h. mit einer kleinen Nadel angeheftet. Später können dann Schülergruppen sich genauer mit diesen Argumenten auseinandersetzen, z. B. die Karteikarten abnehmen und für ihre Gruppenarbeit verwenden (Vorteil gegenüber OHP!)

• Sie können auch *Abhängigkeiten* verschiedener Faktoren eines Problems sinnfällig darstellen, indem Sie *Verbindungslinien* zeichnen (besser noch, weil anschaulicher:) Wollfäden von Stecknadel zu Stecknadel ziehen (Abb. 10) macht dies am Beispiel der Faktoren, die den Individualverkehr im Stadtbild bestimmen) deutlich. Viele weitere Beispiele finden Sie bei *Langner-Geißler/ Lipp (1991).*

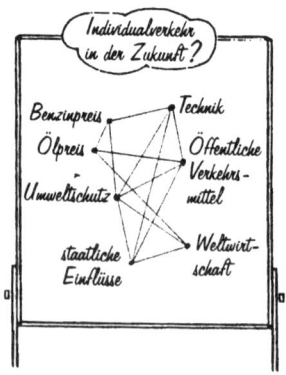

Abb.: 10: „Verknüpfung" von Faktoren (Pinwand)

• Wenn Sie *mehrere Pinwände* haben, sollten Sie diese im Halbkreis vorne aufstellen (nicht zu eng) und sich selbst zum Sprechen dazwischen plazieren. Sie können dann aber auch von Pinwand zu Pinwand gehen und die Materialien in Ihren mündlichen Vortrag entsprechend einbauen.

Man sollte diese Möglichkeiten nicht als Spielerei abtun oder für die Präsentation unterschätzen. Nicht umsonst werden diese Verfahren in der Erwachsenenbildung und in der Wirtschaft längst selbstverständlich eingesetzt. Sie sind hocheffektiv und nutzen alles, was wir aus der modernen Lernforschung wissen. Kann die Schule es sich wirklich leisten, immer noch bei der alten Tafel-Kreide-Schwamm-Didaktik zu bleiben? Das gilt auch für das Verfahren des Mind-Mapping, das ich Ihnen als Präsentationsmethode nun vorstelle.

3.3 Mind-Map

Bis vor kurzem wußte ich auch noch nicht, was ein Mind-Map eigentlich ist und wozu es gut sein kann. Inzwischen arbeite ich in meiner didaktischen Praxis sehr erfolgreich damit. Also: Was ist ein Mind-Map und wie kann man es (über seine zahlreichen andern Möglichkeiten hinaus, *Kirkhoff* 1988, *Lipp* 1994) für die Darbietung von Informationen nutzen?

Ein Mind-Map ist eine sehr einfache Technik, um Gedanken, Ideen, Sachverhalte aufzuschreiben. Man kann es bei der eigenen Vorbereitung eines Themas nutzen, aber auch während einer Präsentation. Das Grundprinzip ist dabei, nicht alles schön der logischen Reihenfolge nach zu notieren, sondern assoziativ, so wie es einem einfällt. Meistens arbeitet unser Gehirn nämlich in dieser Weise. Wenn Sie z. B. einen allerersten Aufriß eines Themas machen wollen, während Sie vorne stehen, dann können Sie ein Mind-Map an der Tafel oder auf einer leeren Overhead-Folie anfertigen (ein Beispiel finden Sie in Abb. 11):

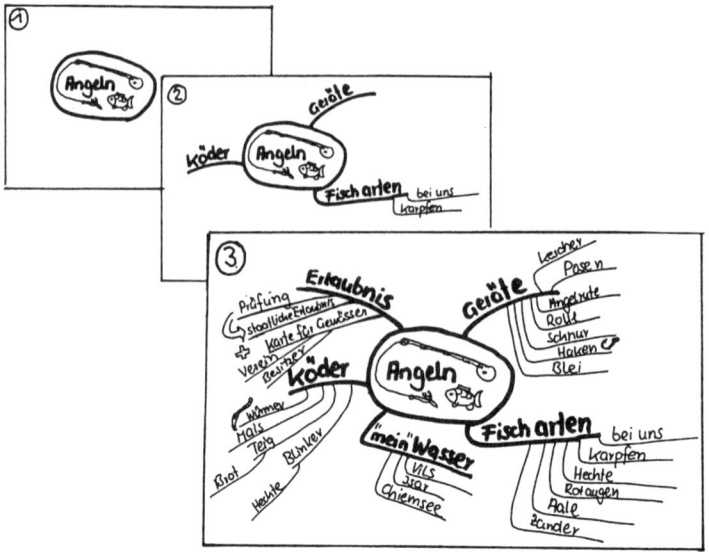

Abb.: 11: Mind-Map „Angeln"

- Das Thema wird in die Mitte geschrieben und eingekreist.
- Von diesem Stichwort aus entwickeln Sie nun die einzelnen Gedankengänge in allen Richtungen. Zuerst überlegen Sie einige wichtige Aspekte (zwei bis vier) und notieren diese als die ersten Hauptäste, nach links, nach rechts, nach oben, nach unten (vgl. Abb. 11 zum Stichwort Angeln).
- Nun werden die Gedanken notiert, „wie sie kommen"; wenn sie zu einem Hauptast passen, werden sie dort angehängt, wenn nicht, kann ein neuer Hauptast notiert oder es können Nebenäste an die schon bestehenden Äste angehängt werden.
- Die Unteräste lassen sich dann immer weiter verzweigen. Für die Beschriftung der Äste ist wichtig, möglichst waagerecht zu schreiben und die Äste (=Linien) zu beschriften. Sonst geht die Übersichtlichkeit verloren. – Haupt- und Nebenäste werden unterschiedlich dick gezeichnet. Beschränken Sie sich auf ganz wenige Wörter und schreiben Sie in Druckbuchstaben.

Nehmen wir an, Sie entwickeln in einem Neigungskurs mit Schülern das Thema Angeln, so wie es in der Abb. 11 beschrieben ist. Sie können dies nach der eben beschriebenen Art machen, können das Mind-Map aber auch durch Zuruf der Schüler anfertigen. Die Zuordnung zu Haupt- und Nebensätzen machen Sie selbst.

Weitere Möglichkeiten für Mind-Maps liegen darin, Gesprächsergebnisse aus Diskussionsrunden festzuhalten, die Planung für ein Projekt zu entwickeln oder auch Schülergruppen anzuregen, ihre Arbeitsergebnisse in Form eines Mind-Maps festzuhalten und z. B. als Plakat der Klasse vorzustellen. (*Lipp* 1994, S. 24f) Helfen Sie Ihren Schülern und Schülerinnen, die Mind-Map-Technik zu lernen, – es lohnt sich!

Anfertigung eines Mind-Maps
1. Thema in die Mitte!
2. Drei bis vier Hauptäste suchen!
3. Alles so aufschreiben, wie es in den Sinn kommt! Nebenäste bilden!
4. Linien beschriften, nur Stichwörter, Druckbuchstaben!

3.4 Audiovisuelle Medien

Für den darbietenden Unterricht sind Filme, Videoaufzeichnungen, aber auch das gute alte Tonband sehr nützlich zu gebrauchen. Das Tonband ist heute leider fast aus dem Horizont verschwunden, sieht man einmal vom Kassettenrecorder ab. Dabei läßt es sich gerade auch für die Präsentation unterstützend hervorragend nutzen: Man kann Geräusche einspielen, Vogelstimmen erklingen lassen, Dialoge vorführen. Man kann aber auch Musik als Hintergrundkulisse für bestimmte Typen von Darbietungen gut verwenden (im Superlearning z. B. beim Sprachenlernen wird dies längst ausgenutzt.) Probieren Sie es ruhig einmal aus, eine Schilderung oder eine Erzählung mit leiser (vielleicht etwas meditativer) Hintergrundmusik zu untermalen.

Das alte Medium des Filmes ist heute ergänzt worden durch Video (*Kittelberger/Freisleben* 1994). Bei der visuellen Unterstützung von Informationspräsentationen überwiegen die Vorteile des Videos bei weitem die wenigen Nachteile (wie geringe Bildschirmgröße, schlechte Kontraste, rechtliche Fragen beim Unterrichtseinsatz privater Mitschnitte z. B. aus dem Fernsehen usw.). Größer sind die Vorteile: Man kann Sendungen aus dem Fernsehen aufnehmen und thematisch gezielt einsetzen, man kann selbst schneiden, leichter als beim Film vor- und zurücklaufen lassen u. a. m.

Günstig für Unterstützung von Stoffpräsentationen sind Filme (ich meine damit im folgenden auch immer Video-Bänder), die nicht dasselbe ausdrücken, was ich auch verbal sagen kann. Filme müssen als Hinführung zum Thema provozierend sein, müssen Neugier erzeugen z. B. durch kontroverse Standpunkte und durch ungewohnte Sichtweisen etc. motivieren, sich auf das Kommende einzulassen. Sie sollen in dieser Funktion keine fertigen Lösungen eines Problems bringen, dann sind sie als Einführung langweilig.

Filme können auch Sachinformationen bieten, die ich verbal in dieser Weise nicht liefern kann. Sie sind anschaulich, haben eine hohe Informationsdichte, durch Zusammenwirken von Bild und Ton ergeben sich vielfache Ausdrucksmöglichkeiten. Sie sind realitätsnah und können Sachverhalte zugänglich machen, die sich einer unmittelbaren Beobachtung entziehen.

Um diese Vorteile effektiv zu nutzen, ist es aber wichtig, daß die Aufnahme der Sachinformationen durch den Vortragenden gesteuert wird. Sonst überwiegen womöglich irrelevante Aspekte (man freut sich über die alten Autos oder amüsiert sich über die veraltete Mode, statt aufs Wesentliche zu achten).

Vor einem Einsatz eines Films ist also zu prüfen:
- Welches Ziel soll durch den Film erreicht werden? (Spannender Aufhänger, Wecken von Interesse am Thema, gezielte Zusatzinformationen zu meinen verbalen Ausführungen, Veranschaulichung, weiterführende Informationen u. a. m.)
- Enthält der Film unbeabsichtigte Nebenaussagen oder einen zu hohen Anteil an Informationen, die für mein Ziel eher kontraproduktiv sind?
- Verstehen die vor mir sitzenden Schüler, Eltern oder Kollegen den Film ohne Zusatzinformationen? Ist das Niveau angemessen? Kennt vielleicht die Mehrzahl den Film bereits?
- An welcher Stelle meiner Darbietung ist der Film oder sind Ausschnitte sinnvoll? (Einführung? Unterstützung des Höhepunktes? Zusammenfassung der Ergebnisse? Anreicherung durch Anwendungsbeispiele? Überprüfung des Verstehens meiner Ausführungen? u. a. m.)

Fazit: Führen Sie in jedem Fall den Film kurz ein. Machen Sie z. B. folgendes:
- Sagen Sie, *worum es geht und warum Sie den Film jetzt zeigen*, die Lernenden wissen dann, was sie mit dem Film anfangen sollen („Der jetzt folgende kurze Filmausschnitt zeigt die Folgen der Ölpest für die Wasservögel, wir sehen dabei genauer, wie der Ölschlamm vor allem das Gefieder verklebt").
- *Stellen Sie Beziehungen her* zum bereits Gesagten/Behandelten oder zu vorherigen Phasen des Unterrichts („Letzte Woche haben wir uns mit der Erdölproduktion beschäftigt, heute möchte ich euch an einem Beispiel zeigen, welche Risiken der Öltransport bringt").
- Stellen Sie die *inhaltliche Gliederung* des Filmes (evtl. auf einen Flipchart-Blatt) vorher kurz dar (1. Beladen eines Tankers, 2. Auslaufen, 3. Kursverlauf, 4. Kollision in Küstennähe, 5. Auslaufen des Öls, 6. Umweltfolgen etc.).
- *Werfen Sie vorher Fragen auf,* die im Film nicht beantwortet werden (Warum konnte der Kapitän das Schiff nicht stoppen? Hat der Wind einen Einfluß auf

die Katastrophe?) Solche Fragen können zwischendurch an der geeigneter Stelle kurz nach dem Anhalten des Films andiskutiert werden, was die Aufmerksamkeit für den Film erheblich steigert! Oder lassen Sie Antworten der Schüler und Schülerinnen auf großen Karteikarten notieren, die später ausgewertet werden.

• Stellen Sie vorher arbeitsteilige oder arbeitsgleiche *Beobachtungsaufgaben* zum Film („Tischgruppe 1 achtet bitte einmal genau auf den Kurs des Schiffes, insbesondere auf mögliche Abkürzungen, die der Kapitän nimmt, Tisch 2 merkt sich alles, was zum Wetter gesagt wird" usw.)

• Sagen Sie am Anfang auch ganz klar, ob der *Film durchläuft* oder wo er *unterbrochen* wird und ob Fragen gestellt werden können und wann. So steuern Sie die Aufmerksamkeit und beugen einem passiven Konsumieren des Filmes vor.

• *Weitere Möglichkeiten* sind: sich eine Überschrift für den Film überlegen und die Vorschläge hinterher besprechen (damit kann man unterschiedliche Aspekte gut herausarbeiten); den Film anhalten und die Zuschauer auffordern, zu assoziieren (was hat mich bisher besonders beeindruckt, was empfinde ich bei den einzelnen Abschnitten, was fehlt mir etc.), sich mit einzelnen Personen zu identifizieren (z. B. mit dem Kapitän, der eine hohe Prämie für schnellen Transport erhält, mit dem Fischer, der vor dem Ruin steht, mit dem Versicherungsmakler, der den Schaden bezahlen soll und sich mit allen Mitteln dagegen wehrt usw.)

Der Einsatz eines audiovisuellen Mediums ist also erheblich mehr als bloße Illustration einer Darbietung. Er bietet vor allem auch Möglichkeiten, im Anschluß an die darbietende Phase die Schüler und ihre Aktivität wieder in den Mittelpunkt zu rücken.

3.5 Visualisierungen aus dem Stehgreif

Wenn Sie während einer Darbietung das Gefühl haben, Sie reden zu abstrakt, helfen Sie sich durch kleine improvisierte Visualisierungen (Schulz von Thun 1994, auch die Abbildungen). Das ist ganz einfach, erfordert aber etwas Mut und Training.

Sie kennen sicher folgendes Phänomen aus eigener Erfahrung: Sie haben vor längerer Zeit einen Vortrag gehört, bei dem der Referent kleine Männchen an die Tafel gezeichnet hatte, um irgendeinen Sachverhalt zu veranschaulichen. Momentan erinnern Sie sich nur noch an die Männchen, aber während Sie über die Bildchen nachdenken, fällt Ihnen plötzlich das Stichwort wieder ein, um das es ging, sie erinnern vier Faktoren, die in einem Zusammenhang standen, dann fällt Ihnen ein, daß dies ein Zirkelzusammenhang war usw. So kann eine einfache Visualisierung dazu helfen, Erinnerungsketten in Gang zu setzen.

Stehgreif-Visualisierungen helfen einem auch, das Wesentliche „im Blick" zu behalten. Außerdem werden gedankliche Unausgegorenheiten schnell deutlich.

Wie kommt man auf solche Bilder? Wichtig ist, die in der Sprache selbst sich anbietenden Bilder zu nutzen oder abstrakte Sachverhalte metaphorisch auszudrücken („eine Idee geht baden", – zeichnen Sie dazu doch gleich selbst einmal ein kleines Bild, oder statt „testen" sagt man „auf den Zahn fühlen"). Die folgende Abbildung (Abb. 12) nimmt eben dieses sprachliche Bild zu Grundlage, um folgenden Sachverhalt zu visualisieren: „Als Pädagogen haben wir es – besonders in neuen Gruppen – oft mit sog. schwierigen Schülern und Schülerinnen zu tun. Schwieriges Verhalten läßt sich als Versuch interpretieren, uns als Lehrer und Lehrerinnen zu testen: ob wir kompetent sind, wie standhaft wir sind, ob wir echt sind und wie wir sie behandeln."– Dabei wird „testen" durch „auf den Zahn fühlen" ersetzt, – und schon erhält man ein einfaches, aber einprägsames Bild! (Abb. 12)

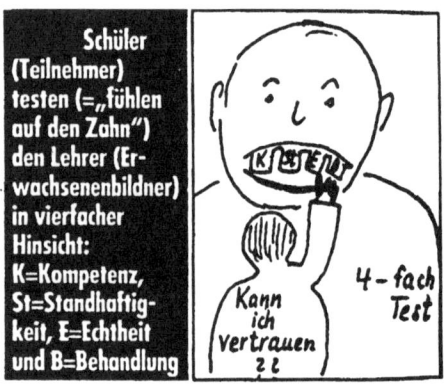

Abb.: 12: Visualisierung „schwierige Schüler"

Möglicherweise sagen Sie jetzt: „Aber ich kann nicht zeichnen!" Was passiert in diesem Augenblick? Ihr negatives Selbstkonzept meldet sich und Sie geben sich die Instruktion: „Mach dich nicht lächerlich!" Also vermeiden Sie es, wobei Ihr Defizit bleibt. Visualisieren wir dies! Einmal als Kreislauf von vier Faktoren, dann mit Bildelementen. Das Ergebnis können Sie in Abb. 13 sehen. Wenn Sie sich mit dieser Visualisierung auch nur wenige Augenblicke beschäftigen, werden Sie leicht feststellen, daß Ihnen der Sachverhalt viel eindrücklicher klar wird als bei meiner verbalen Beschreibung wenige Zeilen vorher ...

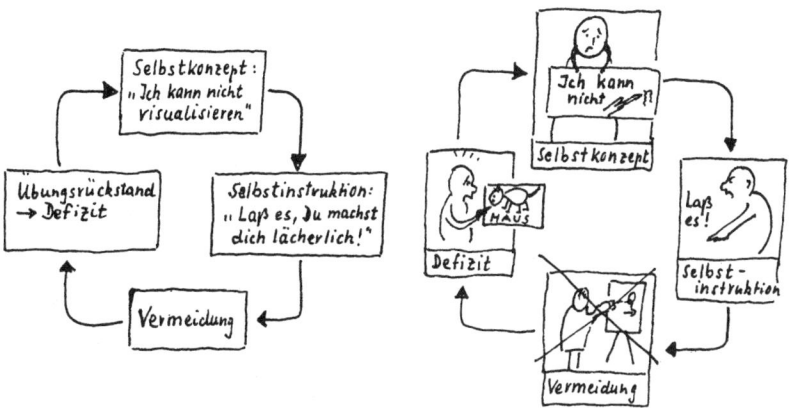

Abb.: 13: „Ich kann nicht zeichnen"

Man kann sich auch zunächst einige Standardsymbole bereitlegen (Konfliktpfeil, eine Waage, stilisierte Gesichtsausdrücke u. a. m.), dann später Netze (z. B. Ablaufdiagramme, „Aufhängevorrichtungen" u. a. m.) und schließlich es auch einmal wagen, Zeichnungen mit gegenständlichen Symbolen anzureichern.

Stehgreif-Visualisierungen
1. Standardsymbole bereitlegen („Widerspruchspfeil").
2. Formale Schemata nutzen und inhaltlich füllen („Kreislauf").
3. Auf sprachliche Bilder achten („baden gehen").
4. Abstrakte Begriffe in Metaphern umformen („testen -> „auf den Zahn fühlen").

3.6 Texte für Schülerhand

Bisher haben wir eine Darbietungsform im Auge gehabt, bei der die Lehrperson vorne steht und redet, auch wenn dabei eine Fülle von hilfreichen und unterstützenden Medien zum Einsatz kommt. Im folgenden geht es darum, diese Form mit schriftlichen Materialien für Schüler und Schülerinnen zu verbinden. (*Ballstaedt* 1991, 1993)

Eine entscheidende Bedingung für das Aufnehmen von Informationen ist das „Anwärmen" von passendem Vorwissen. Dazu kann man *einige Zeit vor der Dar-*

bietung entsprechende Texte austeilen, die einführende Vorinformationen enthalten, ein Problem aufreißen, Meinungen aus einer engagierten Perspektive darstellen u. a. m. Man kann aber auch einen Handzettel *unmittelbar* vor der Darbietung austeilen, der die Gliederung und einige Kerninformationen enthält, Zeit zum Lesen geben und so an die kognitive Struktur des Vorwissens anknüpfen. Eine schriftliche Unterlage kann aber auch *am Ende* ausgeteilt werden, um die gegebenen Informationen in Ruhe nochmal durcharbeiten oder Fragen dazu entwickeln oder gestellte Fragen beantworten zu können.

Wie sollten solche Texte für Schülerhand gestaltet sein?
- Eine gute Gliederung steht immer „vor Augen", d. h. sie hat nicht nur eine innere (sachlogische) Folgerichtigkeit, sondern ist auch optisch auf dem Papier erkennbar. (Ich „gliedere" – genaugenommen handelt es sich um das Layout – diesen Abschnitt mit einfachsten Hilfsmitteln: Absätze, fette Punkte, Kursivdruck der Leitbegriffe, wobei ich hoffe, daß Sie die Gesamtgliederung des Beitrags gut nachvollziehen können.)
- Eine nachgewiesen günstige Wirkung (*Ballstaedt* 1993, S. 25) hat ein sog. „*advanced organizer*" (Abholer). Das ist ein kurzer, dem Inhalt vorangestellter Text, der anknüpfend an das Vorwissen und die Erfahrungen der Rezipienten mit bekannten und allgemeinen Begriffen in das Thema einführt. (Als Beispiel für diesen Handbuchbeitrag würde ich den advance organizer so formulieren: „Als Lehrende müssen wir des öfteren Informationen darbieten. Aber wie kommen wir damit an? Wie präsentiert man Informationen lebendig und wirksam? Folgende Ideen werden dazu vorgestellt: Regeln für die Darbietung, der Einsatz von Bildern und sieben praktische Hilfen.")
- *Zusammenfassungen* am Ende wichtiger Abschnitte bündeln als Rückblick oder Überblick die wichtigsten Aussagen und helfen so, eine kognitive Struktur aufzubauen und das Dargestellte zu speichern.
- *Überschriften* sind vor allem in längeren Texten nötig. Sie sollen prägnant und inhaltlich aussagekräftig sein (also nicht: Einleitung, Weitere Gedanken, Schluß etc.). Günstig ist es auch, gelegentlich eine Überschrift als Frage zu formulieren. Man weiß dann genau, worum es geht.
- *Die Sprache* soll einfach, der Satzbau klar sein. Je nach Gruppe, für die ein Text gedacht ist, muß das Vokabular geläufig sein. Unverzichtbare neue Fachbegriffe müssen übersetzt oder mit einem Beispiel erklärt werde (s.o. „advanced organizer"). Übrigens hat die Sprachforschung nachgewiesen, daß die alte Regel: „Kurze Hauptsätze stellen das Optimum an Verständlichkeit dar" so nicht gilt. – Achten Sie auch auf möglichst häufigen Gebrauch sprachlicher Bilder, bildhafter Wörter, anschaulicher Vergleiche, das sind immer Oasen in der Textwüste. (Haben Sie gesehen?)

• *Anregende Zusätze* haben auf die Leser eine animierende Wirkung. Man kann dazu die ganze Bandbreite der Rhetorik und Stilistik nutzen, von überraschenden Informationen über die Darstellung von Widersprüchen und das Aufführen ungelöster Probleme bis hin einer guten Portion Humor (wo es angebracht ist). Die beliebten kleinen Cartoons in vielen Texten sollten aber nicht bloß die Augen kitzeln, sondern immer einen inhaltlichen Bezug zum Text haben, sonst fühlen sich ernsthaftere Leser leicht wie Kinder behandelt.

• Schließlich sollte das *Layout* funktionell sein und didaktischen Gesichtspunkten folgen. Der moderne Computer ist dazu eine enorme Hilfe, aber auch eine Verführung zur Spielerei.

Texte für Schülerhand

1. Verbale Darbietungen können mit Texten medial verbunden werden.
2. Texte können das Vorwissen verbessern oder „anwärmen", den Ablauf der Darbietung verstehen helfen, Anregungen zur weiteren inhaltlichen Verarbeitung bieten.
3. Die Inhalte (strenge Beschränkung auf die zielabhängigen Informationen, alles andere hat keinen Platz in der Präsentation)
4. Die Partneraussage (zeige ich Wertschätzung, Akzeptanz und Adressatenorientierung oder halte ich die Leute für dumme Trottel, die ich mit Informationen erstmal aufklären muß). Eine gelungene Präsentation lebt von der Achtung der Teilnehmenden, vor allem, indem deren Perspektive in den Mittelpunkt gestellt wird.
5. Die Selbstaussage (stelle ich mich als kompetent dar, informiert und überzeugt oder oberflächlich, überheblich, unsicher, ängstlich).

3.8. Die Präsentationsmethode

Man versteht darunter eine mit modernen Mitteln geplante Information, Demonstration oder Vorführung. Das Verfahren ist in der Wirtschaft sehr bekannt. Es kann aber auch für den darbietenden Unterricht wertvolle Hinweise geben. Dort wird zwar nichts verkauft, aber die psychologisch fundierten Bedingungen der Informationsaufnahme sind gar nicht so unterschiedlich. *(Hartmann/Funk/ Nietmann* 1991).

Jede Präsentation hat vier Seiten:
1. Das Ziel (will ich informieren, überzeugen, motivieren u.a.m.)
2. Die Inhalte (strenge Beschränkung auf die zielabhängigen Informationen, alles andere hat keinen Platz in der Präsentation
3. Die Partneraussage (zeige ich Wertschätzung, Akzeptanz und Adressatenorientierung oder halte ich die Leute für dumme Trottel, die ich mit Informationen erstmal aufklären muß). Eine gelungene Präsentation lebt von der Achtung der Teilnehmenden, vor allem, indem *deren* Perspektive in den Mittelpunkt gestellt wird.
4. Die Selbstaussage (stelle ich mich als kompetent dar, informiert und überzeugt oder oberflächlich, überheblich, unsicher, ängstlich).

Bereits ein erstes nachdenkendes Übertragen auf die Schule zeigt, wie der institutionelle Rahmen des Lehrens die Lehrenden (und auch die Lernenden) hier oft schon verdorben hat ...

Eine Präsentation wird äußerst sorgfältig vorbereitet, durchgeführt und nachbereitet:

• die *Vorgeschichte* wird genau analysiert: Was weiß ich von den Teilnehmenden, wie ist ihre Erwartungshaltung, wie ist die Beziehung zwischen Vortragendem und Teilnehmenden, welche Erfahrungen haben die Teilnehmenden mit Präsentationen;

• die *Adressatengruppe* wird unter die Lupe genommen: Wer wird zustimmen, wer wird opponieren, wer wird vielleicht stören, wer wird Desinteresse zeigen, – wie kann ich darauf reagieren? Was erwarten die Teilnehmenden von der Präsentation?

• Möglichkeiten, dieses *spezifische Publikum* anzusprechen, werden überlegt (hat ein Lehrer das alles wirklich „im Gefühl"?);

• die *Informationen werden genau gewichtet*, Kerninformationen haben Vorrang vor Hintergrundinformationen;

• ein *Präsentationsmanuskript* wird erarbeitet, das wichtige Passagen in wörtlicher Rede enthält; „Regieanweisungen" formuliert („Pause machen", „Folie länger liegen lassen");

• die *Körperhaltung* und die Körpersprache werden trainiert: Blickkontakt (aktiviert die Teilnehmenden und gibt ihnen das Gefühl, einbezogen zu sein!), keine einstudierten Gesten, sondern natürliche Körperhaltung, Grundposition Stehen und Sitzen wechseln, was Dynamik in das Zuhören bringt;

• die *äußeren Bedingungen* werden liebevoll gestaltet (von der Sitzordnung über die Anordnung der Medien bis zur Kleidung);

• der *Ablauf* wird genau geplant und am Anfang bekanntgegeben (Einleitung = 15% der Zeit, Hauptteil = 75 %, Abschluß = 10 %) plus Fragerunde, Zeitrahmen und anschließende (Selbst)Auswertung werden konsequent organisiert;

• *Rhetorik und Medieneinsatz* werden vorher geübt und nicht dem Zufall überlassen.

Es lohnt sich, in der angegebenen Literatur die Beispiele für Präsentationen zu lesen, sie würden mit dem Schlendrian des darbietenden Unterrichts gründlich aufräumen.

Literatur

Aschersleben, K.: „Frontalunterricht – Vorurteil oder Fachbegriff?" In: PÄDAGOGIK H. 1/1989, S. 20–23.

Ballstaedt, S.: Lerntexte und Teilnehmerunterlagen. Weinheim 1992.

Ders.: Schriftliche Unterlagen für Schülerhand. In: PÄDAGOGIK H.5/1993, S. 24–27.

Bastian, J.: Frontalunterricht – Zurück zu einer Schule von gestern? In: PÄDAGOGIK H. 11/1990, S. 6–1.

Berg, H.-C./*Schulze*, T.: Lehrkunst. Neuwied 1993.

Fuhrmann, E.: Einen Lehrervortrag gestalten. In: PÄDAGOGIK H. 11/1990, S. 15–18.

Gudjons, H.: „Ein Bild ist besser als 1000 Worte" – Mit den Augen lernen. In: PÄDAGOGIK H. 10/1994, S. 6–8.

Ders.: Pädagogisches Grundwissen. Bad Heilbrunn 2001, 7. Aufl.

Ders.: Frontalunterricht – neu entdeckt. Integration in offene Unterrichtsformen. Bad Heilbrunn 2003 (mit zahlreichen Praxisbeispielen und neuen Literaturhinweisen).

Hartmann, M./*Funk*, R./*Nietmann*, H.: Präsentieren. Weinheim 1991.

Langner-Geißler, T.: Pinwand und Flipchart. In: PÄDAGOGIK H. 5/1993, S. 20–23.

Langner-Geißler, T./*Lipp*, U.: Pinwand, Flipchart und Tafel. Weinheim 1992.

Lipp, U.: Mind-Mapping in der Schule. In: PÄDAGOGIK H. 10/1994, S. 22.–26.

Kirckhoff, M.: Mind-Mapping. Berlin 1988.

Kittelberger, R./Freisleben, I.: Lernen mit Video und Film. Weinheim 1994, 2. Aufl.

Klippert, H.: Methoden-Training. Weinheim 1994.

Meyer, H.: UnterrichtsMethoden. Frankfurt/M. 1987.

Ders.: Plädoyer für Methodenvielfalt. In: PÄDAGOGIK H. 1/1989, S. 8–15.

PÄDAGOGIK H. 5/1998: „Frontalunterricht – gut gemacht".

Peterßen, W.: Anschaulich unterrichten. München 1994.

Schnelle-Cölln, T./Schnelle, E.: Visualisieren in der Moderation. Hamburg 1998.

Schulz von Thun, F.: Auch Sie können aus dem Stehgreif visualisieren! In: PÄDAGOGIK H. 10/1994, S. 11–14.

Stary, J.: Visualisieren. Berlin 1997.

Terhart, E.: Lehr-Lern-Methoden. Weinheim 1989.

Weidenmann, B.: Lernen mit Bildmedien. Weinheim 1991.

Ders.: Overheadprojektor und Folien. Weinheim 1994, 2. Aufl.

Ders.: Kreativer Folieneinsatz. In: PÄDAGOGIK H. 10/1994, S. 15–21.

Winkel, R.: Der gestörte Unterricht. Bochum 1990, 2. Aufl.

Abbildungen: Nr. 1–3, 5 und 6 aus *Weidenmann* 1991; Nr. 4 aus *Gudjons* 1994; Nr. 7 und 8 aus *Will* 1994 (b); Nr. 9 und 10 aus *Langner-Geißler*; Nr. 11 aus *Lipp* 1994; Nr. 12 und 13 aus *Schulz von Thun* 1994.

unsere gemeinsam erarbeitete Regel war NICHT MEHR **LAUT** WERDEN!

8. In Ruhe unterrichten

Mehr als ein Traum

„Ja, mach wieder Stille"

Ganz wörtlich war diese Überschrift der Wunsch eines Kindes, nachdem die Lehrerin am Tage vorher probiert hatte, wie das eigentlich ist, wenn es absolut still in der sonst sehr unruhigen und lauten Klasse wird. „Mach wieder Stille." Die Lehrerin hatte nichts anderes gemacht, als ihren Zeigefinger auf den Mund zu legen und eine Weile zu schweigen. Allmählich trat Ruhe ein, wenn sie auch nur vielleicht eine viertel Minute dauerte. Für die Kinder aber war es offenbar ein Erlebnis: die Atmosphäre in der Klasse war spürbar gelöster. (*Faust-Siel* u. a. 1993, 23) Kinder sehnen sich nach Ruhe. Lehrer und Lehrerinnen auch.

Was ist das – Ruhe?

• Ruhe im Unterricht bringt zwar in der Regel (z. B. bei allen Arten von Hospitationen) zunächst einmal *Pluspunkte*. Eine Lehrkraft, die nicht für Ruhe sorgen kann, der die Klasse aus dem Ruder läuft, hat schlechte Karten. Ein guter Lehrer (masculinum!) zumindest kann erstmal für Ruhe sorgen, in der Optik der Eltern, der Schüler und der Kollegen völlig selbstverständlich. Die äußere Ruhe gilt als Voraussetzung oder Bedingung für das Unterrichten. Aber Ruhe und Ruhe ist lange nicht dasselbe, nur wenige Beispiele:

• Ruhe kann z. B. durch *äußere Gewalt* hergestellt sein: Durch Brüllen („Jetzt ist aber Ruhe! Der nächste fliegt raus!"), Anschnauzen, Rausschmeißen, eine schlechte Note als „Quittung" verabreichen, Lächerlichmachen, Drohen mit der nächsten Klassenarbeit, Beschimpfen, – das schafft kurzfristig Ruhe zum Unterrichten. Friedhofsruhe kann man das auch nennen. Schüler schalten ab, passen sich an, ergeben sich dem Zwang. Manche brüllen allerdings auch zurück ...

• Ruhe gibt es auch als *Stummsein*: Stummheit in Gestalt einer trägen Masse. Die Lehrerin referiert, zeigt Bilder, erklärt, – redlich bemüht, den Stoff interessant darzubieten. Gelegentliche Zwischenfragen werden zurückgestellt. „Darauf komme ich gleich ..." Schüler und Schülerinnen (besonders in der Oberstufe) haben deshalb ihre eigenen Taktiken entwickelt: eine unglaubliche Fähigkeit, halbdösend Aufmerksamkeit vorzutäuschen, Träumen mit konzentriertem Blick nach vorn, während ein/zwei Eifrige mitarbeiten. Stummsein kann aber auch *Protest* sein: Wut, die keine Bahn findet, Rückzug, wenn Resignation sich einstellt.

• *Den Mund halten*, – auch eine Form von Ruhe. Vielleicht aus Angst vor Versagen. Oder auch als Reaktion auf Einschüchterung. Den Mund halten ist allemal ambivalent: Es kann – positiv – ein Ausdruck von Selbstbeherrschung sein, es kann aber auch ein Ausdruck von Unfreiheit in der Äußerung von Fragen, Unsicherheiten, Zweifeln sein. Man will sich keine Blöße geben, lieber schweigen als durch „dumme" Fragen auffallen, auch wenn vielleicht 90 % der Mitschüler das Ganze nicht verstanden haben. Wenn Schülern und Schülerinnen den Mund halten, müßte das zumindest zu denken geben.

• Manchmal auch: *Ruhe als Hochform von Konzentration.* Schüler und Schülerinnen widmen sich mit unglaublicher Energie einer Aufgabe, sind fasziniert von einem Problem, arbeiten mit Hochdruck an einem praktischen Produkt. Oder sie lauschen auf den spannenden Lehrervortrag, sind beeindruckt von einem Dokument, einem Film, einem Text, – das ergriffene Schweigen ist Ausdruck höchster Betroffenheit. Das Rätselhafte fasziniert, die Herausforderung hat sie gepackt. Das Stundenende ist eine unliebsame Störung.

Wem dient Ruhe?

Sicher lassen sich noch viele weitere Varianten der „Ruhe" im Unterricht ausmachen. Ich fürchte allerdings, daß die Frage nach den Mitteln, mit denen Lehrer und Lehrerinnen für Ruhe sorgen, einem Stich in ein Wespennest gleicht. Schlechtes Gewissen, Schuldgefühle, das Gefühl eigenen Versagens werden sich mischen mit einer unendlichen Sehnsucht danach, endlich in Ruhe unterrichten zu können. Doch: Wem dient denn eigentlich die heißersehnte Ruhe?

Dem Lehrer oder der Lehrerin, damit sie ihre berufliche Aufgabe erfüllen können? Böse gesagt: der Befriedigung, der Bequemlichkeit, dem erzieherischen Kompetenzgefühl der Lehrenden? Ruhe im Unterricht als funktionale Lärmeinstellung?

Oder den Kindern und Jugendlichen: ihnen einen Raum zu eröffnen, in dem sie in Ruhe ihren Interessen nachgehen können, in dem sie sich selbst von innen erfahren können, in dem sie Zeit haben, ohne Störung ihre Lernbedürfnissen zu befriedigen? Oder beiden: Lehrenden und Lernenden?

Die Schule produziert Unruhe

Unstrittig ist, daß Kinder und Jugendliche Unruhe und Konzentrationsschwierigkeiten mit in die Schule hineinbringen. Die gravierenden Veränderungen in der alltäglichen Lebenswelt von Kindern und Jugendlichen sind bekannt, – sie reichen vom schnellen, lustvollen, auf Entertainment getrimmten Fernsehkonsum über die abnehmenden sinnlichen „langsamen" und eigentätigen Primärerfahrungen bis hin zu durchprogrammierten Terminnetzen (mit Klavierstunde, Handball, Zahnarzt, Reiten, ständig wechselnden Verabredungen usw.). Aber unsere Schüler und Schülerinnen kommen auch abgehetzt, unausgeschlafen, in vollgestopften U-Bahnen oder Bussen, mit Walkman von andern abgeschottet, manchmal bereits verprügelt oder bedroht, selten im mütterlichen Zweitwagen in die Schule.

Und die Schule bietet ihnen kaum die Möglichkeit zu einem inneren „Ankommen", bei dem die Seele dem vorausgeeilten Körper folgen könnte. Wir bieten nicht mehr als kurzatmige Stundenabläufe im 45-Minutentakt (wegen der notwendigen Unterrichtsorganisation), völlig disparate Inhalte in schnell wechselnden Fachstunden ohne erkennbaren Zusammenhang, durch das Läuten (statt durch den Lernrhythmus) bestimmte Pausen, einen ständigen Wechsel von Lehrpersonen, die alle die gleiche Aufmerksamkeit erwarten, Inhalte, die oft weit weg von der Alltagsrealität sind, – diese Kritik an der Schule ist bekannt. Hinzu kommt der Leistungsdruck, die Auslese, der Zwang, sich gegen den andern zu behaupten. Manchmal (?) auch das methodische Einerlei, was die Schüler und Schülerinnen zu einer fragwürdigen „Ruhe" zwingt, bis die Monotonie der Lehrenden umschlägt in Unruhe als Protest der Lernenden.

Die Lehrkraft als Ruhepol?

Die übliche Forderung an dieser Stelle ist, daß die äußere Ruhe in der Klasse von einer Lehrkraft auszugehen habe, die selbst eine innere Ruhe ausstrahlt. Schlimm wird es allerdings, wenn dann neue Forderungskataloge für die Lehrenden aufgestellt werden: mentales Training machen, sich in Meditation üben, regelmäßig Entspannungsübungen selbst durchführen, keine Tag ohne autogenes Training, Yoga am Abend und am Morgen, Focussing-Techniken zur Förderung der inneren Wahrnehmung, den Atem kontrollieren u. v. a.

Es gibt viele Hilfen, wie ein Lehrer oder eine Lehrerin zur eigenen inneren Ruhe finden kann (PÄDAGOGIK H. 12/1994). Hilfen,– keine Vorschriften und Forderungen.

Doch oft ist gerade bei den vielen angebotenen Verfahren für Lehrer und Lehrerinnen untergründig etwas ganz anderes zu spüren: Ein neuer Druck, neue Ansprüche, neue Anstrengungen, – ungute Gefühle, die von vornherein schon müde statt ruhig machen können (*Groddeck* 1988, 17). Man fühlt sich unzureichend ausgebildet oder reagiert aggressiv gegen die neue Modewelle. Viele Lehrer und Lehrerinnen haben nämlich ein gutes Gespür dafür, daß die strukturellen Bedingungen von Schule und Schulorganisation, die Mentalität der Kinder und Jugendlichen, die Lebensbedingungen des außerschulischen Alltags von der inneren Ruhe eines Einzelnen nicht einfach unwirksam gemacht werden können. Schon gar nicht durch psychologische Techniken, die oft in ganz anderen institutionellen Kontexten und Situationen entstanden sind und die heutige Schule primär überhaupt nicht im Blick hatten. Kein neuer Psycho-Streß also durch die Forderung neuer Ruhe-Techniken!

Den eigenen Weg finden

Damit es keine Mißverständnisse gibt: Dies bedeutet überhaupt keine Ablehnung moderner Entspannungs- und Konzentrationsverfahren, kein Plädoyer gegen den Weg nach innen, der uns hilft, eigene Ruhe in uns selbst zu entdecken und zu fördern. Ich selber mache z. B. regelmäßig autogenes Training, – mit gutem Erfolg. Am besten gefällt mir dabei der Schlußsatz am Ende aller Übungen, den ich ganz langsam und bewußt spreche: „An jedem Ort, zu jeder Zeit – Ruhe und Gelassenheit." Ich bin mir dabei aber ganz realistisch im Klaren, daß ich die hektische Situation einer modernen Massenuniversität nicht ändern werde. Aber ich beginne meinen Tag mit innerer Ruhe und einer positiven, schöpferischen Gespanntheit. Meine Studierenden merken es in der Regel sehr schnell, wenn auch von mir noch Unruhe, Zeitdruck, Forcierung des Lerntempos usw. ausgehen.

Es ist wichtig, jede/n zu ermutigen, den *eigenen* Weg zur Ruhe zu finden. Dieser Weg wird verfehlt, wenn – wie z. B. in einem Verkaufs- oder Managementtraining – Techniken angelernt werden und äußerlich bleiben. Ruhe läßt sich auch mit Schülern und Schülerinnen nicht einfach technisch durch Übungen verschiedenster Art „herstellen". Es kommt darauf an, daß jeder Lehrer nach dem *ihm gemäßen* Weg zur Ruhe für sich und seine Schüler sucht, die ihm selbst angemessene Weise zur Befriedigung seines Grundbedürfnisses nach einer „gelösteren Lehr-Lernsituation" (*Groddeck* 1988, 18) findet.

Für den einen mag dies bedeuten, überhaupt keine Konzentrations- oder Entspannungsübungen zu verwenden, sondern sich zunächst einmal von dem über lange Jahre internalisierten Schülerbild zu befreien, das ihn hindert, in Ruhe zu unterrichten oder auch klar und konsequent seine Ansprüche durchzusetzen. Wer sich nämlich selbst aufgrund einschlägiger Erfahrungen darauf programmiert hat, überall die „bösen Geister" der Unruhe zu wittern, sich bereits in die

Enge getrieben fühlt, bevor ein realer Schüler überhaupt den Mund aufgemacht hat, die Meute bereits bei der Unterrichtsvorbereitung im Kopf hat, der „bringt etwas Kaputtes mit in den Unterricht" (*Hofmannsthal* 1984, 475).

Für andere bedeutet den eigenen Weg finden vielleicht, daß sie nach den ihnen zur Verfügung stehenden und in ihrer Lage „passenden" Mitteln suchen: Ein offenes Gespräch mit der Lerngruppe; möglicherweise nur einmal mit einem Teil; ein freies Gesprächsangebot für die, die mit dem Lehrer an der Unruhe leiden (u. U. nachmittags zu Hause); ein Gespräch über Erfahrungen der Ruhe und Konzentration bei einem Hobby, wo die Schüler selbstvergessen im Tun aufgehen können, anschließend ein Vergleich mit der Unterrichtssituation und Sammeln von Schülerideen und -vorstellungen zur Veränderung der Unterrichtssituation. Tricks bewirken allenfalls kurzfristig Ruhe.

Regeln und Rituale

Wieder andere Lehrer und Lehrerinnen haben gute Erfahrungen gemacht mit ganz einfachen Regeln und kleinen Ritualen. Zum Beispiel:

Ruherituale
* Für zwei Minuten den Kopf auf den Tisch legen dürfen, die Augen schließen und schweigen („manchmal sehr gut, manchmal völlig daneben", meint der Realschullehrer K. H., PÄDAGOGIK H.12/1988, 10), man kann dies auch Schülern während der Stunde (!) erlauben als Signal für „Ich will in dieser Zeit nicht angesprochen werden";
* das schweigende Handheben der Lehrerin als Aufforderung für alle, zur Ruhe zu kommen, wobei jede/r individuell erst dann die Hand heben soll, wenn er/ sie zum Mit-Schweigen bereit ist;
* ein bestimmter Platz in der Klasse: Wer sich auf ihn setzt, möchte allen etwas mitteilen (z. B. in Nicht-Frontal-Phasen) und kann – vereinbarungsgemäß – sicher sein, daß ihm alle ohne Unterbrechung zuhören (das gilt für Schüler und Lehrer gleichermaßen);
* manche Lehrer/innen erlauben es den Schülern und Schülerinnen auch, freiwillig auf ein Zeichen hin eine „Auszeit" zu nehmen und den Klassenraum für eine vereinbarte Zeit zu verlassen, wenn sie ihre eigene Unruhe, Unkonzentration oder aggressive Störungswünsche spüren.

Solche mit den Schülern gemeinsam ausgehandelten Rituale sind in ihrer Wirkung nicht zu unterschätzen! Sie sind weder Zaubermittel für Ruhe im Unterricht noch Banalitäten, die man lieber lächerlich macht als sie zu erproben.

Dazu gehören auch

- die auf Schülerwunsch vermehrt eingerichteten Stillarbeitsphasen im Unterricht; manche Klassen (*Groddeck* 1988, 18) wünschen sich in diesen Phasen leise Hintergrundmusik, obwohl das beim Lernen nicht unproblematisch ist. Ich habe das in Seminaren ausprobiert und die spannende Erfahrung gemacht, daß die Musik den besonderen Ruhecharakter dieser Abschnitte intuitiv unterstützt.
- Daß auch die Unterrichtsgestaltung der Lehrkraft einen Rhythmus von Anspannung und Entspannung haben muß, lernt man zwar bereits im Referendariat, vergißt es aber sehr bald im Bemühen, die Stoffülle zu bewältigen.
- Schließlich verabreden Klasse und Lehrer, „daß wir die ersten 5–10 Minuten des Unterrichts für eine Schweigephase benutzen wollen, um nach der Pause 'auf unsere Situation' umzuschalten. Jeder kann seinen Bedürfnissen entsprechend noch etwas erledigen, lesen, aufräumen, vorbereiten usw. Es sollte aber in dieser Zeit nicht gesprochen werden." (Ebd., 19)

Ruhe im Unterricht kann auf diese Weise zum Teil einer *gemeinsam* aufgebauten Klassendisziplin werden. Ich verstehe „Disziplin" dabei ganz schlicht so wie es der Fremdwörter-Duden erklärt: „Auf Ordnung bedachtes Verhalten", – ... *bedachtes* Verhalten!

Stille als Konzept

Dabei sind Ruhe und Stille zweierlei. Ruhe ist ambivalent: Sie kann erzwungene Abwesenheit von Lärm sein, aber auch glückliches Ereignis im Lernprozeß. Stille hat eine andere Qualität: Sie betrifft uns existentiell, denn „Veränderung beginnt innen" (*Wehr* 1977). Gezeigt haben uns z. B. Franz von Assisi, Novalis, C. G. Jung, Maria Montessori, Martin Buber und viele andere, was Stille und Schweigen, Meditation und der Weg nach innen an Kräften freisetzt, – als Weg der Erziehung und Bildung, nicht als bloße Zutat zum üblichen Unterrichtsgeschäft.
Heute wird die Stille allmählich wieder entdeckt. Nicht nur in der Zen-Meditation, bei östlichen Gurus oder im Urlaubskloster bei den Mönchen.
Pädagogisch unterschied bereits Maria *Montessori* (1870–1952) zwischen einem „befohlenen Leiserwerden" und „Stille" als gemeinsamer Willensanstrengung einer Kindergruppe. Sie beobachtete schon bei Vorschulkindern die faszinierende Fähigkeit zur „Polarisation der Aufmerksamkeit". (*Montessori* 1980) Auch heute ist zu betonen, daß Stille kein dem Lernenden fremder Zwang ist: Kinder wollen und brauchen Stille.
Für die Grundschule wurde dies inzwischen differenziert begründet und methodisch entfaltet (*Faust-Siel* u. a. 1993, 9 ff.). Für die Sekundarstufe ist Stille nicht weniger wichtig, – hat das Erleben von Stille doch nichts mit Zwang und Befehl,

nichts mit äußeren Belohnungen, dafür aber mit Glück und intensiver Freude zu tun (ebd., 24).

Allerdings: Stille ist bei *Montessori* Teil eines pädagogischen Gesamtkonzeptes (das u. a. die Abkehr vom uniformierenden Klassenunterricht sowie die selbsttätige Arbeit unter Berücksichtigung der kindlichen Lerninteressen vorsieht). Auch im Konzept von *Faust-Siel* u. a. ist Stille weder ein Additum zum üblichen Unterricht noch instrumentell reduzierbar, etwa im Sinne einer Disziplinierung zur äußeren Ruhe. Es geht auch unterrichtsorganisatorisch um eine „Um- und Neuorientierung" (ebd. 29), die unser Grundverständnis von Bildung in der Schule tangiert.

Nach Ablehnung der disziplinierenden Funktion (wie sie durchaus auch in der Geschichte der Pädagogik zu finden ist, z. B. in der Mädchenerziehung: schweigende Zurückhaltung, Zuhören, Unterordnung) betonen Faust-Siel u. a. zwei grundlegende Bildungsfunktionen der Bedeutung von Stille.

• *Zum einen* geht es um eine *ausgleichende Funktion* angesichts der gegenwärtigen Wandlungen der Lebensbedingungen von Kindern und Jugendlichen: Stille setzt einen Gegenpol zu den vielfältigen und flüchtigen Erfahrungen, zum Strom und zur Hektik der Eindrücke und Beanspruchungen der Kinder (ebd., 32 ff.).

• *Zum andern* hat Stille als Weg innerer Erfahrung eine *(persönlichkeits) bildende Funktion*. Stilleübungen können ein Tor zur inneren Welt sein, sie stärken die Person, indem sie eine Möglichkeit anbieten, sich mit den auf die Kinder einströmenden Eindrücken und Erfahrungen auseinanderzusetzen, innezuhalten, neue Seh- und Wahrnehmungsmöglichkeiten zu eröffnen (ebd., 33 ff.).

Ein pädagogisches Ziel unserer Schule heute könnte sein, daß *Ruhe* zur *Stille* wird.

Literatur

Faust-Siel, G. u. a.: Mit Kindern Stille entdecken. Frankfurt/M. 1993, 4. Aufl.
Groddeck, N.: Erziehen heißt Zeit verlieren. In: PÄDAGOGIK H. 12/1988, S.16–19.
Hofmannsthal, L.: „Mit einem Bein kann man nicht tanzen" – zum Phänomen der Internalisierung im Schulalltag. In: Westermanns Pädagogische Beiträge H. 10/1984, S. 474–476.
Montessori, M.: Kinder sind anders. Frankfurt/M. 1980.
PÄDAGOGIK H. 12/1994.
Wehr, G.: Veränderung beginnt innen. Stuttgart 1977.

Sie können mich gerne beraten – Hauptsache, Sie machens nicht so wie meine Eltern...

9. Das gute Beratungsgespräch

Methodische Hilfen

Im folgenden geht es um konkrete, in der Beratungspraxis unmittelbar anwendbare Interventionsmöglichkeiten für den Berater und die Beraterin. Gedacht ist dabei an die vielen Lehrer und Lehrerinnen, die über keine qualifizierte Beratungsausbildung verfügen, im Alltag aber mit dem zunehmenden Beratungsbedarf der Schule von heute konfrontiert sind. Auch gibt es ganz verschiedene Beratungsanlässe: Einer Schülerin, die mich fragt, welche Möglichkeiten die Fachoberschule bietet, werde ich möglichst klare Sachauskünfte geben; ein Schüler, der sich an mich wendet, weil er von andern ständig verprügelt wird, hat Anspruch darauf, daß ich mich mit ihm gemeinsam auf die Suche nach Hintergründen und möglichen Lösungen mache. Beratung und Beratung ist also nicht dasselbe. Kann man da allgemein anwendbare „Methoden" oder gar „Techniken" empfehlen? Klingt dies nicht allzu sehr nach „Sozialtechnik". Diese Einwände lassen sich relativieren, indem wir einige Mißverständnisse klären.

Gegen drei Mißverständnisse

1. Die *Person* des Beraters ist sein wichtigstes Instrument in jeder Kommunikation. Aber: Praktische Interventionstechniken sind als Handwerkszeug Handwerkszeug unverzichtbar. Was nützt ein Maurer-Genie – ohne Mörtel und Kelle ...
2. Hier wird nur eine „eiserne Ration" an Hilfsmitteln für ein gutes Beratungsgespräch vorgestellt. Aber: Auf Dauer wird das (Berater)Leben allein mit einer eisernen Ration sehr kärglich. Zur eigenen Kompetenzerweiterung soll ermutigt werden, z. B. durch eine *Beratungsausbildung*! Anderseits: Auch mancher Radrennfahrer hat einmal mit Stützrädern angefangen...
3. Die methodischen Hilfen sind keine Erfolgsgarantie. Aber: Sie tragen dazu bei, die gröbsten *Fehler* im Beratungsgespräch zu *vermeiden*. – Eine Reflexion der Grundsatzproblematik von Beratung (z. B. mit Hilfe der am Ende genannten Literatur) setze ich voraus.

Basiseinstellungen – oder Vier Handlungsleitende Prinzipien

1. Echtheit/Selbstkongruenz

Am einfachsten wird das hier Gemeinte deutlich durch sein Gegenteil: Der Berater richtet keine unechte Fassade auf, keine professionelle Front, zeigt kein (vermeintliches) „Therapeutengehabe", sondern ist offen für alles, was in ihm selbst vorgeht und was er wahrnimmt am Ratsuchenden. Er trägt keine Maske, sondern ist so „da", wie er im Moment ist. Das heißt nicht, sein Herz ständig auf der Zunge zu tragen und dem Gegenüber zu jedem Zeitpunkt seine Gefühle und Eindrücke mitzuteilen. Wenn nötig, tut er dies mit „selektiver Offenheit" (Ruth *Cohn*).

2. Akzeptanz/Wertschätzung

Gemeint ist die Haltung, dem Ratsuchenden grundsätzlich positiv gegenüberzutreten, ihn mit seinem Problem anzunehmen (also nicht zu verurteilen, – auch ohne Worte!), das Gegenüber spüren zu lassen, daß er oder sie als Mensch akzeptiert wird ohne Vorbehalte, – so weit es irgend geht. Das bedeutet nicht, daß der Berater das Verhalten oder die Gefühle des Ratsuchenden grundsätzlich gutheißen muß. Aber er bemüht sich um eine respektvolle Haltung, – gerade wenn er die Diskrepanz seiner eigenen Einstellung zu der des Gegenübers wahrnimmt.

3. Einfühlendes Verstehen/Empathie

Der Berater bemüht sich, die Sicht der Dinge durch den Ratsuchenden zu erfassen, sich in dessen Erlebnisse und Gefühle hineinzuversetzen, es geht um das „standing in the other's shoes". Wer einmal selbst in der Rolle des Ratsuchenden war, der weiß es zu schätzen, wenn dieses Gefühl entsteht: „Ja, du verstehst mich." Trotzdem wahrt der Berater die nötige Distanz, sonst verlieren sich beide im gegenseitigen „Verstehen", und der Berater hat nicht den nötigen Abstand, um auch kritische Impulse in das Gespräch zu bringen.

4. Freiwilligkeit/Partnerschaft

Grundsätzlich kann eine Beratung nicht „verordnet" werden. Der Ratsuchende kommt, weil *er* oder *sie* es will, auch wenn zunächst ein Dritter „Anschiebefunktion" hatte. Das hat zur Folge, daß Lösungen nicht aufgedrängt werden, Befehle keinen Platz haben, Überredungen nicht stattfinden. Es gibt nicht den Berater, der schon alles weiß, und den Ratsuchenden, der eigentlich nur über den richtigen Weg aufzuklären ist. A. Mitscherlich hat dagegen einmal die schöne Formulierung gebraucht, daß es um „die Solidarität in der Suchhaltung" geht.

Fünfzehn Methodische Hilfen für Beratungsgespräche

1. Selbstüberprüfung

Ich mache mir bewußt, wie *ich selbst* in das Gespräch gehe: mit welchem Gefühl, welcher Einstellung, welcher Zeitvorgabe, welchen praktischen Möglichkeiten. Ich mache mir auch bewußt, daß ich kein Magier bin, nicht allmächtig, nicht allverantwortlich, nicht verpflichtet, jedes Problem zu lösen. Ich mache mir meine Grenzen klar und bin offen zur Kooperation mit professionellen Beratern. Vielleicht haben sogar „Fehler" oder „Umwege" im Gespräch ihren Platz. – Es hilft schon, sich eine Minute Zeit zu nehmen, die Augen zu schließen und sich auf diese Fragen einige Augenblicke zu konzentrieren. Ich spreche im folgenden Text immer wieder in der Ich-Form, weil ich es selbst so praktiziere. Sie dürfen aber getrost dafür auch „man" einsetzen.

2. Kontext – Kontakt – Kontakt/Die Drei K'S

Ich schaffe den nötigen *Kontext*, zunächst im äußeren: ein ruhiger Raum, eine klare Zeitabsprache, eine eindeutige Situationsdefinition (es geht jetzt um ein Beratungsgespräch, nicht um Ermahnung oder Bestrafung); ich mache mir aber auch klar, wo z. B. der Kontext „Schule" meiner Beratung Grenzen setzt und wo über diese Beratung hinaus am Kontext etwas geändert werden muß; schließlich achte ich im Gespräch auch immer auf den sozialen Kontext des Problems, um es z. B. nicht einseitig zu „psychologisieren". – Ich vereinbare kurz den *Kontrakt*: Wie oft wollen wir uns treffen, wann entscheiden, ob jemand anderes hinzugezogen werden sollte. – Und ich achte auf den *Kontakt* zwischen uns: Am Anfang vielleicht nur ein aufmunternder Blick, eine offene Körperhaltung. Und dann: Zuhören und Geduld. Während des Gesprächs achte ich darauf, ob ein „innerer Draht" entsteht, wirklicher Kontakt zwischen uns, – oder ob wir aneinander vorbeireden. Ich versuche, meinem Gegenüber zu zeigen: Ich bin jetzt für dich da und höre dir erst einmal einfach zu. Ich suche den Kontakt zu deiner Welt, – ohne den zu meiner zu verlieren.

3. Aktives Zuhören

Zuhören und zuhören ist nicht dasselbe. Wer *aktiv* zuhört, ist konzentriert, dem Gegenüber zugewandt (schaut ihn an, nickt, äußert vielleicht gelegentlich ein verstehendes „hm"), fragt nach, wenn er etwas nicht verstanden hat, ist nicht nur „ganz Ohr", sondern „sieht" auch und „fühlt mit", zumindest indem er genau wahrnimmt, was sein Gegenüber ausdrückt und wie er selbst darauf reagiert. Kurz: Er gibt durch vielerlei Signale zu erkennen, daß er aktiv bemüht ist zu erkennen, was sein Gegenüber von sich gibt, denn der gibt etwas *von sich*!

4. Spiegeln

An wichtigen Punkten des Gesprächs fasse ich Schlüsseläußerungen des Ratsuchenden sehr kurz mit meinen eigenen Worten wiederholend zusammen, um mich zu vergewissern, daß ich richtig verstanden habe, aber auch um meinem Gegenüber zu zeigen: Ich verstehe dich. Über diese inhaltliche Ebene hinaus spiegele ich auch die vom Ratsuchenden (oft „zwischen den Zeilen") ausgedrückten Gefühle. Ein Glücksfall ist es, wenn einem dabei ein anschauliches Bild einfällt, das dem Ratsuchenden genau hilft zu verstehen, wie seine Situation ist, z. B. „Du fühlst dich dann wie die Maus in der Falle" oder „Dann bist du so glücklich, daß du die ganze Welt umarmen könntest" o. ä. – Auch wenn ich mit meiner spiegelnden Äußerung danebenliege, sagt mein Gegenüber manchmal: „Nein, nicht so ..., sondern so und so." Und damit ist er/sie einen kleinen Schritt in der Erforschung des Problems weitergekommen. Spiegeln soll kurz und konkret sein, aber nicht zum mechanischen Echo verkommen („Papageieneffekt"). – Diese Methode gehört zur hohen Kunst der nicht-direktiven Gesprächstherapie, andererseits gibt es Menschen, die auf ganz natürliche Weise ihr Verstehen so ausdrücken.

5. Feedback geben

Wenn ich den Eindruck habe, mein Gegenüber nimmt sich selbst sehr lückenhaft wahr oder hat keine Vorstellung davon, was er/sie bei andern auslöst, hilft oft ein kurzes feedback, eine Rückmeldung über das, was ich gehört, gesehen usw. habe: „Du wirkst auf mich sehr kühl und beherrscht, wenn du über deine Wut auf Frau M. sprichst." Oder: „Das klingt für mich ganz optimistisch, wenn du mir deine Pläne für das nächste Jahr erzählst." Feedback soll nicht wertend sein, nicht verletzend, und soll auch das Positive hervorheben, – es gibt einfach Informationen, macht aufmerksam, oft wichtig für den weiteren Gesprächsverlauf.

6. Auf Körpersignale achten

Bekanntlich sagt der Körper oft mehr oder anderes als das gesprochene Wort. Gemeint ist damit nicht das neuerdings moderne „body reading", sondern das Aufmerksamsein auf das, was jeder Beobachter wahrnehmen und spüren kann: Wenn jemand ganz verkrampft dasitzt, rot wird, nervös mit dem Bein wippt, anfängt zu schwitzen, sich wegdreht, ruhiger zu atmen beginnt, sich entspannt, u. v. a. – dann spricht sein Körper, entweder kongruent zur verbalen Rede oder dazu diskrepant. Umso wichtiger kann es dann sein, dies zu registrieren und ggf. anzusprechen. Der Berater tut auch gut daran, auf seinen *eigenen* Körper zu achten, weil dieser oft wichtige Hinweise darüber gibt, was in ihm selbst unbewußt abläuft, z. B. spanne ich die Schultern, wenn ich Angst kriege vor dem Thema „Aggression" im Gespräch. Das ist dann aber wichtig zu merken, um nicht unbewußt Opfer der eigenen Angst zu werden.

7. Erleben im Hier-Und-Jetzt fördern

Probleme liegen oft in der Vergangenheit oder in der Zukunft. Um wirklichen Kontakt zu einem „Thema" zu bekommen, ist es nötig, es in das Hier-und-Jetzt zu holen, es zu reaktivieren und so seiner momentanen Bedeutung für den Ratsuchenden auf die Spur zu kommen. Ich bitte daher mein Gegenüber z. B., das Geschehen so zu erzählen, als ob er es gerade hier und jetzt erleben würde, im Präsens und in der Ich-Form: „Ich stehe vor dem Zimmer des Rektors. Ich fühle mich klein und unterlegen, mir zittern die Knie. Dann kommt Herr K. vorbei und schnauzt mich an, wieso ich hier herumstehe. Ich werde wütend und schreie ihn an: Sie wissen ja gar nicht ..." So kann mein Gegenüber sehr genau die aktuellen und wichtigen Gefühle erleben und artikulieren, er bekommt Kontakt zu den Facetten des Problems, kann die Zusammenhänge (nach)erleben und die Weichenstellungen für ein anderes Verhalten erforschen.

8. Beziehungsappelle

Nachrichten enthalten neben ihrem „Inhalt" oft auch einen Beziehungsappell: „Hilf mir" oder „Laß mich in Ruhe" oder „Rück' mir nicht so auf den Pelz". Ich achte auf meine eigenen Antwortimpulse bei bestimmten Äußerungen, weil sie mir oft sagen, was auf der Ebene der unbewußt gesendeten Beziehungsappelle bei mir angekommen ist.

9. Deutungen

Mit Deutungen halte ich mich sehr zurück. Gelegentlich kann es aber hilfreich sein, z. B. in Frageform einen Zusammenhang, den ich sehe, anzusprechen. „Könnte es sein, daß du auf deinen Lehrer so sauer bist, weil du dich eigentlich gegen deinen Vater wehren möchtest?" Auf jeden Fall sollte eine Deutung keine psychologische Guru-Attitüde spiegeln, sondern ein vorsichtiges Angebot sein, Zusammenhängen auf die Spur zu kommen.

10. Katharsis

In einem Gespräch muß gelegentlich Raum gegeben werden, einfach kräftig Dampf abzulassen. Ich verhalte mich dabei nicht beschwichtigend, sondern ermutige, angestaute Gefühle offen auszudrücken. Oft tut es schon gut, einmal richtig zu schimpfen oder zu weinen, – ohne dafür bestraft zu werden. Wer alles in sich hineinfrißt, darf sich nicht wundern, wenn es ihm dann allzu schwer im Magen liegt ...

11. Selbstexploration fördern

Ich prüfe ständig, welche Interventionstechnik meinem Gegenüber hilft, *selber* sich auf die Spur zu kommen. Wenn der Focus (also der momentane Brennpunkt) des Gespräches darauf liegt, erstmal Einsichten zu fördern (bevor ich etwas verändern kann), dann bitte ich ihn/sie z. B.
• einen Satz zu wiederholen und genau zu spüren, was er/sie dabei empfindet
• ich mache ihn/sie darauf aufmerksam, indem ich eine Äußerung wiederhole, manchmal auch übertreibe
• ich frage nach eigenen Vermutungen oder Ideen meines Gegenübers
• ich bitte ihn/sie, allgemeine Aussagen zu konkretisieren
• ich lasse die Anteile eines Konfliktes auf zwei Stühlen darstellen, auf die sich der/die Ratsuchende abwechselnd setzt und als der jeweilige Teil spricht; weitere Techniken der Gestaltberatung sind bei D. *Rahm* (s. u.) beschrieben.
Oder wenn es schon um mögliche Lösungen geht:
• vereinbare ich kleine Zwischenschritte
• mache kleine „Verträge" bis zur nächsten Sitzung
• mache mit meinem Gegenüber ein brainstorming zu Ideen einer Lösung (ohne sie gleich auf Realisierbarkeit zu filtern)
• lasse ich Lösungen ausmalen und laut durchdenken

- fordere ich mein Gegenüber auf, sich bewußt für etwas zu entscheiden
- stärke ich das Vertrauen in die eigenen Kräfte, mache Zwischenerfolge bewußt.

12. Gespräch strukturieren

Obwohl grundsätzlich der Ratsuchende führt, fasse ich ab und zu zusammen, mache den roten Faden deutlich und sorge für ein klares Ende des Beratungsgespräches, z. B. indem ich dazu auffordere, nochmal einen Moment sich bewußt zu machen, was heute das wesentliche für den Ratsuchenden im Gespräch war, bitte auch darum, dies zu formulieren.

13. Beratersprache

Der Berater spricht einfach, klar, offen, direkt und konkret. Er vermeidet Fachausdrücke und einschüchterndes „Herrschaftswissen".

14. Gesprächsnotizen

Nach dem Gespräch mache ich mir kurze Notizen, z. B. auf einer Karteikarte mit Namen/Datum, zu Gesprächsinhalten, meinen Eindrücken und meinem eigenen Gefühl zu dem Gespräch.

15. Metakommunikation/Gesprächsreflexion

In gewissen Abständen oder bei Kommunikationsschwierigkeiten spreche ich mit meinem Gegenüber über die Art, *wie wir* miteinander reden oder umgehen. – Eine gute Möglichkeit, mir selber über die abgelaufene Kommunikation klarer zu werden, ist die Methode des „nachträglichen lauten Denkens". Ich mache mir also nicht nachträglich Gedanken *zum* Gespräch, sondern gehe in der Ich-Form das Geschehene nochmal (laut)denkend durch, um mir meine Gedanken und Gefühle *in* der Situation bewußt zu machen. – Schließlich nutze ich jede Gelegenheit, in einer Supervisionsgruppe oder mit kompetenten Kollegen oder Kolleginnen meine Gespräche selbstkontrollierend durchzugehen.

Hilfreiche Literatur

D. Lüttge: Beraten und Helfen. Beratung als Aufgabe des Lehrers. Bad Heilbrunn 1981.

W. Pallasch: Pädagogisches Gesprächstraining. Weinheim 1990.

D. Rahm: Gestaltberatung. Paderborn 1986.

W. Weber: Wege zum helfenden Gespräch. München 1982.

Eben sage ich noch: "Wir öffnen die Schule"– und plötzlich sind sie alle weg.

10. Das Leben in die Schule holen

Unterricht und Schulleben

„In der Schule tobt das Leben"

So lautet der Titel des Buches, in dem Hildburg *Kagerer* (1978) ihre Erfahrungen mit der Hauptschule beschreibt, in einer Klasse, die eine eigene Dynamik entfaltet. Faszinierend – bei allen Problemen von Hauptschülern und -schülerinnen. Soweit so gut.

Aber das Toben des Lebens in der Schule ist ambivalent: Es wird eben „getobt", und das ist dem Ziel der Schule nicht immer zuträglich. Wenn das „Leben" sich in Störungen, Aggression, Feindseligkeiten oder in destruktiver Cliquenbildung zeigt, ist diese Art von „Leben" für den Zweck eines rücksichtsvollen Zusammenlebens und eines geordneten Unterrichtsablaufes nicht immer funktional. Oder die Schüler und Schülerinnen entwickeln eigenen Taktiken, um in der Schule zu über"leben" (*Heinze* 1980): vom abgeschirmten Engagement („Bei Herrn M. in Mathe tue ich so, als ob ich angestrengt nachdenke, in Wirklichkeit bin ich mit den Gedanken woanders." – S. 86) über die egozentrierte, selbstvergessene Handlung (Briefchen schreiben, kritzeln, Fingernägel mit dem Zirkel reinigen) bis zu „situationellen Unbotmäßigkeiten", deren subjektive Bedeutung dem Schüler nicht bewußt ist (den Nachbarn vom Stuhl schubsen, um die eigene Unzufriedenheit mit einer Situation auszudrücken). Man kann in solchen eher widerständigen Akten auch eine Artikulation des „Lebens" sehen, das sich gegen ein „tod"langweiliges Lernen in der Schule artikuliert.

Aber auch die andere Seite gehört dazu: Ein Thema zündet, der Unterricht ist spannend und lebendig. Oder: Die produktive „Unruhe" in einer Gruppenarbeitsphase ist Ausdruck von Aktivität und Engagement. Oder: Schüler trösten eine Mitschülerin, deren Mutter in der letzten Nacht gestorben ist. Oder: Zwei Jugendliche verlieben sich in der Schule. Oder: Es entstehen Freundschaften, die oft über die Schule hinausreichen. Oder: Ein Klasse entwickelt eine sozial förderliche Klassengemeinschaft. Oder: Es bilden sich Nischen und Freiräume für die Ausprägung jugendspezifischer Stile u. v. a. Wie die Schule auch ist, nüchtern sozialwissenschaftlich betrachtet ist sie immer „Lebensraum" im Sinn einer gegebenen, subjektiv angeeigneten Sozialumwelt (*Loser/Terhart* 1991, S. 859)

Die Verbindung von Schulleben und Unterricht

Lebendig kann es schon im Unterricht werden, z. B. wenn die Belehrungsmonotonie unterbrochen und gemeinsam über den abgelaufenen Unterricht gesprochen wird, ja sich auch die Lehrkraft der Kritik stellt. Unterrichtsanalysen mit Schülern und Schülerinnen bedeuten immer auch ein Stück Aufgeben des Machtmonopols der Lehrkraft zugunsten der Dynamik einer Klasse oder Lerngruppe. Wie eine solche zurückhaltende (nur sparsam gezielt eingreifende) Rolle der Lehrerin z. B. die für eine Jenaplan-Schule selbstverständliche Gruppenarbeit zum Leben bringt, hat Peter *Petersen* (1884–1952) in einer klassischen Unterrichtsanalyse gezeigt. (*Petersen* 1950, S. 178 ff.) Bei Peter *Petersen* ist der gesamte Unterricht in ein vorgeordnetes Schulleben eingebettet, „alles Unterrichten ist im Schulleben verankert, wird vom Schulleben getragen wie das Schiff vom Meere." (Ebd. S. 81) In der Schule des Jenaplans ist die gesamte Schulatmosphäre, von den Räumen über die Beziehungen bis zum Unterricht pädagogisch so gestaltet, daß das Schulleben zur Grundlage des Unterrichts in einer „Lebensgemeinschaftsschule" wird.

Beeindruckend ist auch heute noch die weniger organisatorisch differenzierte Jugendgemeinschaftsschule des von den Nationalsozialisten in eine Dorfschule verbannten Adolf *Reichwein* (1898–1944), die als Schicksalsgemeinschaft zugleich „Bildungs- und Lebensgemeinschaft" ist. Die 150 Jahre alte Auseinandersetzung „Schulleben oder Unterricht" (*Dietrich* 1980, S. 1 ff.) geht angesichts dieser Modelle von einer falschen Fragestellung und Alternative aus.

Das Leben ist also aus der Schule nicht zu verbannen, es ist da – spontan in eigener Dynamik oder pädagogisch gestaltet. Informell oder als Konzept, so oder so. Aber Schule muß mehr sein als eine Subkultur mit informell tobendem Leben. Es geht darum, Schule und Leben stärker miteinander zu verbinden. Damit ist vor allem das „Leben" draußen gemeint, jenes Leben, das seit Senecas Kritik, daß wir nur für die Schule lernten, aber nicht für das Leben (non vitae sed scholae discimus), immer wieder Anlaß war, über das Verhältnis von Schule und Leben zu streiten. Ein wesentliches Element in Hartmut von *Hentigs* Formel „Schule als Lebens- und Erfahrungsraum" (v. *Hentig* 1993, S. 189) ist gerade dieses Leben außerhalb der Schule, sozusagen die „wirkliche Wirklichkeit". Doch so einfach ist es nicht, am Leben selbst zu lernen.

Die Notwendigkeit der „künstlichen" Schule

Zwei gegenläufige Entwicklungen kennzeichnen die Entstehung und Entwicklung von Schule.

Die erste Tendenz: Historisch steht fest: Schule ist entstanden, weil das Leben zu komplex wurde. Gerade in der *Herausnahme* des Lernens aus dem Leben liegt die Wurzel von Schule. Das läßt sich bei *Pestalozzi* gut studieren: Als nämlich die Kinder der Landbevölkerung die neuen, durch die heraufziehende Industriegesellschaft geforderten Kenntnisse und Fähigkeiten nicht mehr allein „im Stall, im Tenn, im Holz und Feld", im „freyen Hörsall der ganzen Natur" lernen konnten, entwickelt der ursprüngliche Schulskeptiker Pestalozzi seinen Unterricht als „Methode" und wird später Schul- und Internatsleiter. In dem Augenblick, da die benötigten Fähigkeiten (für die heimarbeitenden Landkinder z. B. Rechnen, Umgang mit Gewichten, Schreiben etc.) nicht mehr durch Mittun im „Leben" erworben werden konnten, wird „eine kunstvoll Schritt für Schritt vorgehende, vom Einfachen in das komplizierte Ganze allmählich einführende Unterweisung nötig." (*Geißler* 1969, S. 165)

Gerade also in diesem Herausnehmen des Lernens aus dem Leben liegt die Geburtsstunde des systematischen geordneten, methodisch geplanten Unterrichts, der das Rückgrat von Schule überhaupt wird. Weil das gesellschaftlich benötigte Wissen in einer komplexer und komplizierter gewordenen Welt nicht mehr nebenbei im natürlichen und traditionellen Umgang zu lernen ist, entwickeln sich Formen institutionalisierter Unterrichtung. Während das „Leben" den heranwachsenden Menschen unsystematisch bildet, tut dies die Schule – z. B. in der Grundform des Lehrgangs – planmäßig. Sie folgt damit nicht mehr der natürlichen Ordnung der Dinge, sondern isoliert Sachverhalte, ordnet sie neu, baut sie zum Zwecke der Lehrbarkeit nach pädagogischen (didaktischen) Kategorien um (vom Leichten zum Schweren, vom Anschaulichen zum Abstrakten, vom Konkreten zum Allgemeinen, vom Beispiel zum System usw.). Die Schule trennt sich darum notwendiger Weise vom Leben ab. Ihre Lehrkunst ist ihre Stärke, – aber zugleich auch ihre Schwäche, weil die Weitergabe didaktisch aufbereiteter Wissensbestände in Form perfektionierter, rational durchgeplanter Instruktion jederzeit bis zur Erstarrung degenerieren kann.

Und tatsächlich stellten sich im Laufe der Entwicklung bedenkliche Folgen ein, nämlich

- „eine künstliche Systematisierung des Wissens in der Form des Unterrichts,
- eine künstliche Trennung des Lernens aus dem natürlichen Lebens- und Handlungszusammenhang, und damit
- eine Theoretisierung der gesellschaftlichen Praxis und eine Kanalisierung der Ausbildung unter starker Anpassung an die Wissenschaftsentwicklung von Fächern." (*Keck/Sandfuchs* 1979, S. 15)

In *der zweiten – gegenläufigen – Tendenz* ist immer wieder gefordert worden, die institutionsbedingte Lebensferne der Schule zu überwinden, wenigstens zu mildern: mehr Lebensnähe, mehr Praxis, Ganzheitlichkeit, Schule als Welt des Kindes u. a. m. „Schule als Lebensraum" ist dann eine Art reformpädagogischer Kampfbegriff gegen eine scholastisierte Schule.

Schafft die Schule ab! (?)

So sehr wir versucht sein mögen, angesichts der Entfernung der Schule vom Leben die Entwicklung wieder zurückzudrehen, eine bloße Abschaffung der Schule wäre ein historischer Rückfall. Sie trüge der Tatsache nicht Rechnung, daß die moderne, hochkomplexe und nicht mehr überschaubare gesellschaftliche Wirklichkeit eben nicht mehr allein über das Erfahren, das Mittun und das Lernen im Leben selbst einholbar ist und daß Handlungskompetenz durch informelles – gleichsam natürliches Lernen by the way – nur sehr unvollständig erworben werden kann. Wir können uns drehen wie wir wollen: Unsere moderne Welt erfordert systematisches Lernen und methodisch geordnetes Lehren, wobei dies ohne Institutionen nicht denkbar ist. Schule bereitet insofern immer auf das künftige Leben vor. Ihre Chance liegt darin, daß man hier „etwas Besonderes lernt", etwas, von dem man sich nicht einbilden kann, das werde man schon irgendwie 'mitbekommen' – im Leben". (v. *Hentig* 1993, S. 231)
Die „originale Begegnung als methodisches Prinzip" (als Lernen am und im Leben selbst) wird also allein nicht ausreichen, sondern muß ergänzt werden durch das Konzept des „orientierenden Lernens", wie Heinrich *Roth* dies schon 1963 (S. 111) begründet hat. Dorit *Grieser* (PÄDAGOGIK H. 12/1996) zeigt am Beispiel „Stadt – als – Schule" auf, daß die Schule außerschulische Erfahrungen der Schüler und Schülerinnen in den Mittelpunkt stellt, diese aber nicht nur sehr genau vorbereitet, sondern auch systematisch in Verbindung mit Unterrichtsfächern und neuen Lernbereichen auswertet und verarbeitet. Schule und Unterricht werden damit keineswegs ersetzt durch Erfahrungen an andern Lernorten, dazu ist unsere Welt auch im Stadtteil trotz aller Anschauungsmöglichkeiten insgesamt viel zu komplex, voller eben nicht allein durch Anschauung erfahrbarer Zusammenhänge, zu abstrakt und verflochten.

Mit dem „Leben" gegen die „Schule"?

Damit stellt sich die entscheidende Frage, wie denn die Schule in all' ihrer prinzipiell notwendigen „Künstlichkeit" wieder mit dem Leben verbunden werden kann. Pestalozzi versuchte dies, indem er die Schule nach den Lebensprinzipien der „Wohnstube" gestalten wollte. Uns erscheint dies heute sicher nicht mehr ausreichend. Die Klagen über die Entfernung der Schule vom Leben, das Lernen auf Vorrat, die lebensfremde „Hirnbewirtschaftung" (*Ballauf*, zit. nach *Wittenbruch* 1980, S. 22), die Schulmüdigkeit in einer äußerlich funktionierenden Schule, das instrumentelle Verständnis von Bildung, die Belehrungs- und Unterrichtsschule u. v. a. sind unüberhörbar. Reinhard *Kahl* hat diese Kritik in journalistischer Pointierung zusammengefaßt und zugespitzt: „Schüler verlassen sie (die Schule, H. G.) nach 10 oder 13 Jahren Belehrung wie Landsknechte eine aufgelöste Armee. Sie haben sich in Teilnahmslosigkeit geübt, ... funktionieren ganz gut, aber sie sind innerlich unbeteiligt, und wenn ihr Leben dennoch gelingt, dann deshalb, weil sie jenseits der Institution das Patchwork ihrer persönlichen Autodidaktik entwickelt haben." (*Kahl* 1995, S. 10)

Die Überwindung eben dieses Zustandes ist möglich durch (Re-) Integration von Schule und Leben. Damit wird auch der traditionelle Begriff Schulleben neu akzentuiert. Man kann Schulleben begreifen als „den ideellen und faktischen Zusammenhang von Maßnahmen, Traditionen, Anregungen und Vorstellungen, die Schule als lebendige Gemeinschaft zu gestalten, d. h. atmosphärische und institutionelle Bedingungen dafür zu schaffen, daß der einzelne Schüler, seine Beziehungen zu den Mitschülern in der Klasse, der Jahrgangs- und Schulstufe, zu den Lehrern und zu der zugeordneten Elternschaft als positiv erfahren werden können." (*Keck* 1994, S. 293) Hier werden die „gemeinschaftsbildenden Formungselemente" (ebd.) betont, die Schule verwirklicht Schulleben weitgehend in den eigenen Mauern. Die außerschulischen Lernorte werden durchaus einbezogen, aber sie stehen nicht im Mittelpunkt. Ein neuer Akzent liegt darin, gerade die *Ernsthaftigkeit* des Lebens in die Schule hineinzuholen, wo immer dies pädagogisch möglich und verantwortbar ist.

Vier Möglichkeiten zur Wiedervereinigung von Schule und Leben

Schulleben im hier gemeinten Sinn ist also mehr als die Kultivierung der Schule im Sinne einer lebendigen 'Gemeinschaft'.

1. Dennoch liegt in der lebendigen Gemeinschaft eine großartige Möglichkeit, daß die Schule eine „corporate identity" entwickeln kann, d. h. daß Schüler und Schülerinnen eine gemeinschaftsbezogene Persönlichkeit aufbauen können. Gemeinschaftsbildende Fest, Feiern, Umgangsformen und Rituale usw. sind keineswegs gering zu schätzen. Warum sollte es nicht dem Leben in der Schule dienlich sein, wenn die Räume Dokumentationen der gemeinsamen Arbeit ausstellen, wenn das Schülerorchester oder die schulische Rockband Schwung in die Schule bringen, wenn eine professionell gestaltete Schülerzeitung, eine aktive Mitwirkung der Eltern, Klassenreisen mit Projektcharakter usw. zum Engagement Anlaß bieten?

Problematisch wird es nur dann, wenn dieses Schulleben als schmückendes Beiwerk, als Verzierung des eigentlichen Zieles dient: als Garnierung des Fachunterrichtes. Mein Verdacht ist, daß bei vielen außerunterrichtlichen Aktivitäten von diesem Selbstverständnis der Schule ausgegangen wird: Schulleben ja, – aber der Fachunterricht bleibt unverändert. *Wittenbruch* (1980, S. 77) nennt dies das „Zugabe-Modell":

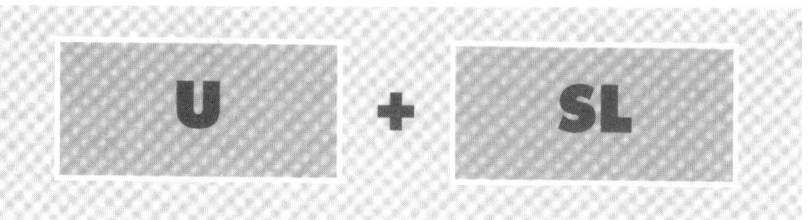

Abb. 1: Das Zugabe-Modell

Schulleben wird im Grunde als additives Element aufgefaßt. Heute versuchen manche Schulen im Zuge der Autonomie- und Profildebatte bisweilen, sich einen Konkurrenzvorteil gegenüber anderen Schulen dadurch zu verschaffen, daß sie besondere Dekorationsstücke präsentieren, vom Schulzoo bis zu exklusiven Arbeitsgemeinschaften wie Kanusport, Bergsteigen oder Mopedführerschein, um sich angesichts sinkender Schülerzahlen ein gutes Stück vom Verteilungskuchen zu sichern.

2. Eine weitere Möglichkeit zur Integration von Schule und Leben liegt darin, daß *Leben in die Schule hineinzuholen.* (Vgl. die folgenden Beispiele in PÄDAGOGIK H. 2/1996) Auch das ist sinnvoll: Vom Schulgarten über die ökologische Pausenhalle bis zum Versuch, in der Schule mit einem simulierten Unternehmen zu arbeiten. Das Projekt „Entenpower" (Schüler/ innen stellen Janosch-Eulen her und vermarkten sie) zeigt, wie das „wirkliche Leben" als von Schülern und Schülerinnen verantwortetes Mini-Unternehmen in der Schule plötzlich ernst wird. – Im wörtlichsten Sinne wird das Leben in die Schule hineingeholt, wenn sie sich selbst der „Biologie" (d. h. der Lehre vom Leben) öffnet. Wenn z. B. der Schulhof von einer Betonwüste zu einem ökologischen Lebensraum gestaltet wird, zieht das Leben in Gestalt grüner Pflanzen, kommunikativer Arrangements und sportlicher Angebote unmittelbar ins Schulgebäude ein. Schule wird dann vom bloßen Aufenthaltsraum ein Stück weit zum Lebensort.

Wichtig sind solche Beispiele vor allem deshalb, weil sie zeigen, daß der Unterricht auf diese Schulleben-Aktivitäten bezug nimmt und daß sich praktisches

Handeln nicht ohne unterrichtliche Begleitung und Vorbereitung realisieren läßt. *Wittenbruch* (1980, S. 77) nennt dies das „Bezugsmodell" von Schulleben und Unterricht.

Abb. 2: Das Bezugs-Modell

3. Leben und Schule sind auch dadurch zu verbinden, daß der *Lernort Schule verlassen* wird. Heraus aus der Schule, zum Arbeiten und Forschen hinein in die Gesellschaft. Dabei ist eine sorgfältige Auswahl der außerschulischen Lernorte notwendig. Mitarbeit in Altersheimen, in Bürgerinitiativen, in Firmen, in Restaurants und Museen z. B. muß durch die Schule vorbereitet, begleitet und ausgewertet werden. Sonst bleibt es bei „Erlebnissen", diese werden aber nicht zu Erfahrungen, indem aus praktischem Handeln lebensbedeutsames Lernen wird.

4. Eine *umfassende Vernetzung der Schule mit ihrer sozialen Umgebung* schließlich ist die anspruchsvolle Form der Verbindung von Schule und Leben. Alles schulische Handeln hat eine bestimmte Grundausrichtung, nach der auch der Unterricht konzipiert wird: das Leben selbst. *Wittenbruch* (1980, S. 79) nennt dies das „Umfassungs-Modell".

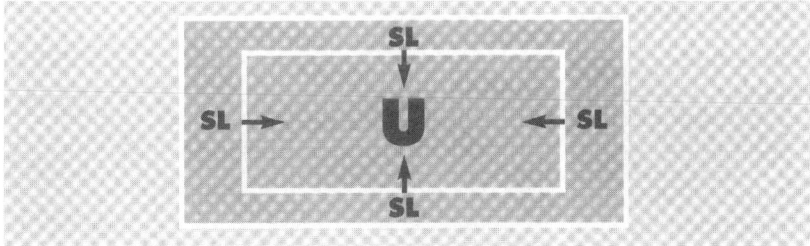

Abb. 3: Das Umfassungs-Modell

Schule organisiert Unterricht als lebendiges Lehren und Lernen zunächst intern (siehe auch obige Beispiele), nimmt aber auch das Leben draußen in sich auf, ohne sich als Schule überflüssig zu machen. Sie öffnet sich praktisch in die Gesellschaft hinein. Das Konzept des Social Sponsoring zielt darauf, die vielen außerschulischen Potentiale und Ressourcen für die Schule fruchtbar zu machen: den Klempner in der Nachbarschaft ebenso einzubeziehen wie die „Ehemaligen", Parteien, Verbände und Nachbarschaft ebenso wie Freizeitwelt oder Informations- und Medienwelt. Es geht nicht nur um Geld zur Aufbesserung des Schuletats (das ist auch wichtig zum Aufbau des Schullebens), sondern um eine umfassende Verzahnung der Schule mit ihrer sozialen, kulturellen, ökonomischen, betrieblichen, multikulturellen Umgebung. Und: Auch die Schule hat Dienstleistungen anzubieten, die von gesellschaftlichen Abnehmern genutzt werden könnten!

Damit sind nicht Einzel- oder Sonderaktionen von Lehrern und Lehrerinnen gemeint, die sie zusätzlich belasten, sondern die umfassende Gestaltung der Schule als „polis" (als „poli"tische Gemeinschaft), wie Hartmut von *Hentig* fordert (*Hentig* 1993). Schule kann dann zu dem werden, was der Gestaltpädagoge und radikale Reformer Paul *Goodman* bezeichnet hat als „place for kids to grow up in". Dafür bietet sich vor allem eine ganztägig eingerichtete Schule an. Schulleben korrespondiert didaktisch mit Projekt- und handlungsorientiertem Unterricht (*Gudjons* 1997), sozial-kommunikativ mit interkulturellem Lernen, schulorganisatorisch mit Öffnung der Schule.

Es ist wohl doch ein etwas weiterer Weg, bis das Leben wirklich in der Schule tobt ...

Literatur

Dietrich, T.: Schulleben oder Unterricht? Eine 150 Jahre alte Auseinandersetzung. In: *Gudjons*, H./ *Reinert*, G.-B. (Hg.): Schulleben. S. 1–0. Königstein 1980.
Geißler, G.: Strukturfragen der Schule und der Lehrerfortbildung. Weinheim 1969.
Gudjons, H.: Handlungsorientiert lehren und lernen. Bad Heilbrunn 1997, 5. Auflage.
Gudjons, H./*Reinert*, G.-B. (Hg.) Schulleben. Königstein 1980.
Heinze, T.: Schülertaktiken. München 1980.
Hentig, H. v.: Die Schule neu zu denken. München 1993.
Kagerer, H.: In der Schule tobt das Leben. Berlin 1978.
Kahl, R.: Multimedia in den Köpfen. In: Die Tageszeitung, 26. Oktober 1995, S. 10.
Keck, R.-W.: Schulleben. In: Keck, R.-W./Sandfuchs, U. (Hg.): Schulpädagogisches Wörterbuch, S. 293 f. Bad Heilbrunn 1994.
Keck, R.-W./Sandfuchs, U. (Hg.): Schulleben konkret. Bad Heilbrunn 1979.
Loser, F./Terhart, E.: Schule als Lebensraum – Schüler und Lehrer. In: Roth, L. (Hg.): Pädagogik. S. 859–868. München 1991.
Petersen, P.: Führungslehre des Unterrichts. Braunschweig 1950.
Roth, H.: Pädagogische Psychologie des Lernens und Lehrens. Hannover 1963.
Wittenbruch, W.: In der Schule leben. Stuttgart 1980.

Nachweise

Die Lehrer/inpersönlichkeit – Grundlage aller pädagogischen Arbeit. Überarbeitete Fassung von: Lehrerpersönlichkeit im Aufwind. In: Westermanns Pädagogische Beiträge H. 6/1982, S. 249–252.

Klassenlehrer/in sein – Verantwortung übernehmen, Beziehungen gestalten. Überarbeitete Fassung von: Die intensivste Form der pädagogischen Beziehung. Funktionsbild und Handlungsmöglichkeiten des Klassenlehrers. In: Lehrer-Schüler-Unterricht. Handbuch des Raabe-Verlages. Berlin 1992.

Fallbesprechungen in Lehrer/innengruppen – Berufsbezogene Selbsterfahrung: Ein Leitfaden, wie man es macht. Überarbeitete Fassung von: Berufsbezogene Selbsterfahrung durch Fallbesprechungen in Lehrergruppen – mit einem Leitfaden. In: Mutzeck, W./Pallasch, W. (Hg.): Handbuch zum Lehrertraining. Weinheim und Basel 1983, S. 258–266.

Entlastung im Lehrberuf – Bildungspolitik und seelische Gesundheit. Überarbeitete Fassung von: Entlastung im Lehrberuf. Zwischen Bildungspolitik und seelischer Gesundheit. In: PÄDAGOGIK H. 10/1990, S. 6–9.

Als Lehrer/in älter werden – Ein Tabu jenseits pädagogischer Illusionen. Überarbeitete Fassung von: Jenseits der Illusionen. Als Lehrer/in älter werden. In: PÄDAGOGIK H. 2/1994, S. 6–9.

Lebendig lehren und lernen. Die Themenzentrierte Interaktion (TZI) als Weg zum ganzheitlichen Unterricht. Überarbeitete Fassung von: Die Themenzentrierte Interaktion (TZI) – ein Weg zum ganzheitlichen Unterricht. In: Lehrer-Schüler-Unterricht. Handbuch des Raabe-Verlages. Berlin 1994.

Handlungsorientierter Unterricht – Vom Konzept zur Praxis. Überarbeitete Fassung von: Handlungsorientiert unterrichten. In: Lehrer-Schüler-Unterricht. Handbuch des Raabe-Verlages. Berlin 1992.

Projektunterricht – Begründung, Merkmale, Schritte. Überarbeitete Fassung von: Projektunterricht – was ist das, wie macht man das? In: Praxis Schule, H 4/1994, S. 6–9.

Gruppenunterricht – Kooperativ arbeiten und lernen. Überarbeitete Fassung von: Gruppenunterricht. Eine Einführung. In: Herbert Gudjons (Hg.) Handbuch Gruppenunterricht. Weinheim und Basel 1993, S. 12–53.

Interaktionsspiele – Eine produktive Klassengemeinschaft fördern. Überarbeitete Fassung von: Interaktionsspiele im Unterricht. Ideen zur sozialen Gestaltung von Lernprozessen. In: Lehrer-Schüler-Unterricht. Handbuch des Raabe-Verlages. Berlin 1995.

„Lohn der Angst" – Die Lehrer/inrolle in offenen Unterrichtsformen. Überarbeitete Fassung von: Die Welt im Wassertropfen. Exemplarisch lernen und entlastet lehren. In: PÄDAGOGIK H. 10/1993, S. 10–12.

Unterrichtsstoff darbieten – Wirksame Präsentation im darstellenden Unterricht. Überarbeitete Fassung von: Unterrichtsstoff darbieten – Hilfen zur wirksamen Präsentation. In: Lehrer-Schüler-Unterricht. Handbuch des Raabe-Verlages. Berlin 1995.

In Ruhe unterrichten – Mehr als ein Traum. Überarbeitete Fassung von: „Ja, mach wieder Stille!" – Über die Ruhe im Unterricht. In: PÄDAGOGIK H. 12/1994, S. 6–9.

Das gute Beratungsgespräch – Methodische Hilfen. Überarbeitete Fassung von: Hilfen für ein gutes Beratungsgespräch. In: PÄDAGOGIK H. 10/1991, S. 10–12.

Das Leben in die Schule holen – Unterricht und Schulleben. Überarbeitete Fassung von: Das Leben in die Schule holen – oder ist es schon da? Unterricht – Schulleben – Schulöffnung. In: PÄDAGOGIK H. 2/1996, S. 6–9.